De logica van geluk

Ontdek de formule

Mo Gawdat

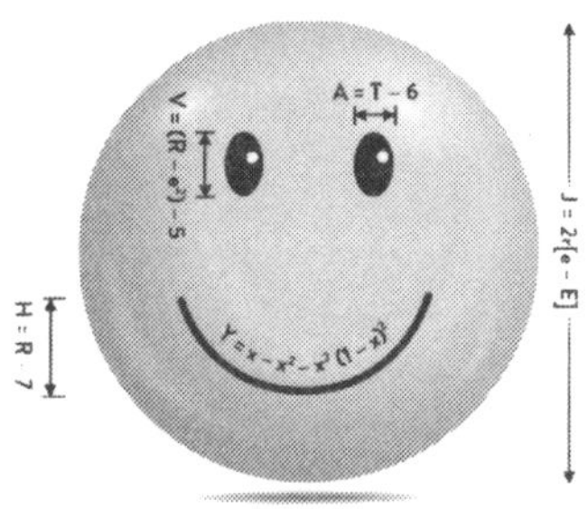

Uitgeverij Brandt
Amsterdam 2017

MIX
Papier van verantwoorde herkomst
FSC® C004472

Eerste druk juli 2017
Tweede druk augustus 2017
Derde druk september 2017
Vierde druk oktober 2017
Vijfde druk oktober 2017
Zesde druk oktober 2017
Zevende druk oktober 2017
Achtste druk november 2017

Oorspronkelijke titel: *Solve for happy*
Oorspronkelijke uitgave: North Star Way, imprint van Simon & Schuster, Inc., New York

Redactie: Katja Hunfeld en Annemieke Heinen
Typografie: Zeno

Dit boek is mede tot stand gekomen door bemiddeling van Sebes & Bisseling Literary Agency

NUR 740/734
ISBN 978 94 92037 65 7

The gravity of the battle means nothing to those at peace

Voor Ali

Ik weet zeker dat je gelukkig bent,
waar dat dan ook is.

Inhoud

Inleiding

Zeventien dagen na de dood van mijn lieve zoon Ali begon ik met het schrijven van dit boek. En ik kon er niet mee ophouden. Mijn onderwerp was *geluk*, een onwaarschijnlijke keuze gezien de omstandigheden.

Ali was echt een engel. Alles wat hij aanraakte werd mooier en iedereen die hij ontmoette maakte hij gelukkiger. Hij was eigenlijk altijd evenwichtig, altijd tevreden. Zijn energie was voor iedereen voelbaar, in combinatie met de liefde die hij uitstraalde voor iedereen die zijn pad kruiste. Toen hij ons verliet, hadden wij alle reden om vreselijk ongelukkig te zijn. Dus hoe bracht zijn vertrek mij tot het schrijven van dit boek? Nou, ik denk dat dat verhaal begon met zijn geboorte, of misschien zelfs eerder.

Sinds ik ben gaan werken heb ik flink wat succes, rijkdom en erkenning gehad. Al vroeg in mijn carrière bij IBM en Microsoft vond ik intellectuele uitdagingen en werd mijn ego voortdurend gestreeld. En ja, ik verdiende er ook nog behoorlijk mee. Maar hoe meer fortuin ik vergaarde, hoe ongelukkiger ik werd. En dat kwam niet omdat mijn leven ingewikkelder werd, zoals wordt gezongen in die *rap* uit de jaren negentig *Mo' money, mo' problems*. Het probleem was dat ik ondanks al die financiële en intellectuele prikkels niet in staat bleek om plezier te hebben in het leven. Zelfs mijn grootste geschenk, mijn gezin, maakte me niet echt blij, omdat ik niet wist hoe ik dat gevoel kon bereiken.

De ironie was dat ik me wel heel gelukkig had gevoeld op jongere leeftijd, toen ik nog moest knokken om mijn weg te vinden en vaak maar net kon rondkomen. Maar in 1995, toen mijn vrouw en ik met onze twee kinderen naar Dubai verhuisden, veranderde er iets. Niet dat ik iets tegen Dubai heb, hoor. Het is een prachtige stad met hartelijke inwoners waardoor we ons er meteen thuis voelden. Onze komst viel samen met het begin van Dubais explosieve groei; ongekende carrièrekansen lagen voor het oprapen. Er waren miljoenen manieren om gelukkig te worden, of om dat in ieder geval te proberen.

Maar Dubai kan ook surrealistisch aanvoelen. Midden in een schitterend landschap van heet zand en turquoise water doemt een skyline op, volgebouwd met futuristische kantoorgebouwen en peperdure woontorens, gekocht door een niet-aflatende stroom van rijken der aarde. In de straten knokken Porsches en Ferrari's om parkeerplaatsen met Lamborghini's en Bentleys. De indruk van die extreme rijkdom in zo'n klein gebied doet je duizelen. Tegelijkertijd ben je geneigd te twijfelen of je, vergeleken daarmee, zelf eigenlijk wel iets bereikt hebt.

Toen wij in de Emiraten aankwamen, vond ik het al heel normaal mezelf steeds te vergelijken met mijn superrijke vrienden en had ik altijd het gevoel dat ik tekortschoot. Ging ik met die deprimerende gedachten naar de psych of naar de ashram? Nee, ik ging nog harder werken en deed wat ik als nerd sinds mijn jeugd altijd al obsessief had gedaan: ik kocht een stapel boeken. Ik wilde de beurstrends begrijpen door een technische analyse te maken van de grafieken die ze gebruikten. En door die te doorgronden kon ik de fluctuatie op korte termijn al snel als een expert voorspellen. Na een dag op kantoor kwam ik precies op tijd thuis om de Amerikaanse NASDAQ te zien openen en gebruikte ik mijn wiskundige kennis om onbehoorlijk veel geld te verdienen als daghandelaar (of in mijn geval eigenlijk meer als nachthandelaar).

En tóch – ik realiseer me dat ik vast niet de eerste ben van wie je dit hoort – hoe meer geld ik verdiende, hoe ongelukkiger ik werd. Waardoor ik nog harder ging werken en nog meer speeltjes kocht, in de foute veronderstelling dat al mijn inspanningen vroeg of laat zouden worden beloond en ik de pot met goud – absoluut geluk – zou vinden aan het einde van de prestatieregenboog. Ik was de spreekwoordelijke hamster geworden in wat psychologen de 'hedonistische tredmolen' noemen. Hoe meer je krijgt, hoe meer je wilt. Hoe meer je begeert, hoe meer argumenten je hebt om nog meer te begeren.

Op een avond ging ik online en kocht ik met een muisklik twee vintage Rolls-Royces. Waarom? Omdat het kon. En omdat ik wanhopig bezig was een gat in mijn ziel te vullen. Het zal je niet verbazen dat ik niet bepaald vrolijker werd toen die twee prachtige klassiekers, het summum van de Britse auto-industrie, werden afgeleverd.

Als ik terugkijk op deze fase in mijn leven, was ik geen prettig figuur om in de buurt te hebben. Mijn werk ging over de uitbreiding van Microsoft in Afrika en het Midden-Oosten, waardoor ik veel te vaak in vliegtuigen zat. En met mijn onverzadigbare honger naar *meer* was ik een vervelend en onuitstaanbaar mannetje geworden, ook thuis. En dat wist ik maar al te goed. Ik besteedde veel te weinig aandacht aan mijn geweldige vrouw, had te weinig tijd voor mijn zoon en dochter en was niet in staat om stil te staan bij de dag en de dingen gewoon te laten gebeuren.

In plaats daarvan werd ik dag in dag uit geleefd, was ik prikkelbaar en kritisch. Ik eiste prestatie en focus, zelfs van mijn kinderen. Ik was op een manische manier bezig de wereld naar mijn hand te zetten.

In 2001 belandde ik door mijn onophoudelijke rusteloosheid en leegheid op een wel heel donkere plek. Ik realiseerde me dat ik niet kon doorgaan met het probleem ontkennen. Die neurotische, ontevreden man die me aankeek in de spiegel wilde ik niet zijn. Ik miste de gelukkige, optimistische jonge gast die ik altijd was geweest en ik was klaar met de vermoeide, recalcitrante man die ik was geworden. Om uit dit dal te klimmen koos ik ook nu weer voor zelfstudie op basis van mijn analytisch denkvermogen.

Ik ben opgegroeid in Caïro. Met een moeder die Engelse literatuur doceerde, verslond ik boeken al lang voor mijn eerste schooldag. Op mijn achtste besloot ik elk jaar een specifiek onderwerp te kiezen en van mijn zakgeld kocht ik vervolgens zoveel mogelijk boeken over dat onderwerp. Vervolgens leerde ik het hele jaar door al die kennis uit mijn hoofd. Dit obsessieve gedrag vonden mijn vrienden hilarisch, maar deze gewoonte heb ik tot op de dag van vandaag behouden. Als ik in het leven een uitdaging tegenkom, pak ik een boek.

Zo leerde ik mezelf timmeren, mozaïek leggen, gitaarspelen en Duits. Ik verdiepte me in de relativiteitstheorie, bestudeerde de speltheorie en wiskunde, en ik ontwikkelde complexe computerprogramma's. Als kind en als tiener beet ik me vast in mijn stapels boeken, en toen ik ouder werd stortte ik mij met dezelfde passie voor leren op het restaureren van oldtimers, koken en het tekenen van hyperrealistische houtskoolportretten. Op het gebied van zakendoen, management, financiën, economie en beleggingen bereikte ik een redelijk kennisniveau, puur door te *lezen*.

Als er beproevingen op ons pad komen, zijn we geneigd om meer van hetzelfde te doen. Dus dook ik in de boeken toen ik dertiger was en me ellendig voelde, om te lezen over mijn problematiek. Ik kocht elke titel die ik kon vinden over geluk. Ik ging naar elke lezing, keek naar elke documentaire en analyseerde daarna ijverig alles wat ik had geleerd. Maar ik benaderde het onderwerp niet vanuit hetzelfde perspectief als de psychologen die van 'gelukskunde' zo'n geliefde academische discipline hebben gemaakt. En ik liep zeker niet achter de filosofen en theologen aan die al sinds de oorsprong van de beschaving worstelen met het fenomeen menselijk geluk.

Ik deelde op mijn manier het geluksprobleem op in de kleinste componenten en paste er een technische analyse op toe. Ik koos een op feiten gebaseerde aanpak die schaalbaar was en gekopieerd kon worden. Gedurende het traject toetste ik elk proces waarvan me werd gezegd dat ik het blind kon toepassen, testte ik elk bewegend deel en verdiepte ik me grondig in de geldigheid van alle input terwijl ik een algoritme ontwikkelde dat het gewenste resultaat zou opleveren. Als softwareontwikkelaar probeerde ik de code te vinden die ik te allen tijde op mijn leven kon toepassen om voorspelbaar geluk te genereren.

Gek genoeg bereikte ik de eerste echte doorbraak in mijn hyper-rationele inspanning tijdens een gesprekje met mijn moeder. Zij had me altijd aangespoord om hard te werken en vooral veel geld te verdienen. Ze gebruikte vaak een Arabisch spreekwoord dat losjes vertaald betekent: *eet een jaar lang weinig en kleed je nog een extra jaar sober en je zult voor altijd gelukkig zijn.* Dat advies had ik als jonge man met bijna religieuze ijver opgevolgd. Ik had hard gewerkt, veel gespaard en veel bereikt. Ik had van mijn kant dus aan alle voorwaarden voldaan. En nu wilde ik van mijn moeder weleens weten waar al dat geluk was waar ik recht op had.

Tijdens het gesprek begreep ik opeens dat geluk niet iets is waarop je wacht en waarvoor je werkt alsof het *verdiend* moet worden. Het moest ook niet afhankelijk zijn van externe factoren en nog minder van grillige omstandigheden als carrièresucces en toenemend vermogen. Tot op dat moment had ik steeds de weg van groei en succes gevolgd, maar elke keer als ik een mijlpaal had bereikt, leek het wel of de doellijn weer een stukje werd opgeschoven. Wat ik me realiseerde was dat ik nooit gelukkig zou worden als ik zou vasthouden aan het idee dat als-ik-maar-dit-of-dat-doel-behaal, het geluk voor het oprapen ligt.

In de algebra worden vergelijkingen op vele manieren opgelost. Als bijvoorbeeld A=B+C, dan B=A-C. Als je A wilt weten, kijk je naar de waardes van de twee parameters B en C en als je de waarde van B wilt weten, neem je weer andere stappen. De parameter die je wilt oplossen, verandert de benadering. Hetzelfde geldt als je besluit de Geluksformule te kraken.

Ik kwam tot het inzicht dat in al mijn ambitie ik het verkeerde probleem had proberen op te lossen. Ik had mijzelf tot doel gesteld materiële rijkdom en status te vergaren, ervan uitgaande dat het product van al die inspanningen uiteindelijk geluk zou zijn. Wat ik in plaats daarvan moest doen was alle tussenliggende stappen overslaan en de 'gelukscode' zelf kraken.

Mijn reis duurde bijna tien jaar, maar in 2010 ontwikkelde ik een formule en een goed onderbouwd, eenvoudig kopieerbaar én duurzaam geluksmodel dat helemaal klopte. Ik testte het systeem en het werkte. Stress bij het mislukken van een zakendeal, lange wachtrijen op het vliegveld, slechte klantenservice: er was niets meer dat mijn geluk kon temperen. Het dagelijks leven als echtgenoot, vader, zoon, vriend en medewerker had zijn onvermijdelijke ups en downs, maar hoe een dag ook verliep – goed of slecht, of een beetje van allemaal – ik was in staat om van de rit te genieten. Ik keerde eindelijk terug naar de staat van geluk die ik herkende, die bij mij hoorde en ik bleef een lange tijd gelukkig. Ik deelde mijn rigoureuze aanpak met honderden vrienden. Ook bij hen werkte de Geluksformule. Hun feedback hielp mij om het model verder te verfijnen. En dat bleek uiteindelijk heel nuttig, want ik wist toen nog niet hoezeer ik het nodig zou gaan hebben.

Mijn vader was een vooraanstaand ingenieur en een buitengewoon aardige man. Alhoewel mijn passie altijd computerkunde was geweest, ging ik civiele techniek studeren om hem een plezier te doen. Mijn studierichting was sowieso niet het belangrijkste, want, zo vond mijn vader, het ware leven was de echte leerschool. Vanaf het moment dat ik op de middelbare school zat, moedigde mijn vader me aan elk jaar naar een ander land met vakantie te gaan. In het begin gaf hij daar al zijn geld aan uit en zorgde hij ervoor dat ik bij vrienden of familie kon logeren als ik op reis was. Later ging ik zelf werken om de reizen te bekostigen. Deze ervaringen waren zo waardevol dat ik mezelf voornam ze aan mijn kinderen door te geven.

Ik had het geluk op een universiteit terecht te komen die een grote zegen bleek en waar ik enorm veel heb opgestoken. Ik ontmoette er een charmante en intelligente vrouw, Nibal. We trouwden een maand nadat ik was afgestudeerd en een jaar later werd ze Umm Ali, moeder van Ali, een koosnaam voor jonge moeders in het Midden-Oosten. Anderhalf jaar later werd onze dochter Aya geboren, de vrolijke, sprankelende spil van ons gezin. Met Nibal, Ali en Aya was mijn geluk compleet. Door de liefde voor mijn gezin ging ik hard aan de slag, want ik wilde ze het mooist mogelijke leven bieden.

In 2007 ging ik voor Google werken. Het succes van het bedrijf bleef op wereldwijd niveau een beetje achter. Mijn taak was om activiteiten van Google uit te breiden naar Oost-Europa, het Midden-Oosten en Afrika. Zes jaar later verkaste ik naar Google X, nu een aparte afdeling met de naam X, waar ik uiteindelijk chief business officer werd.

Bij X brengen we geen stapsgewijze verbeteringen aan in hoe de wereld werkt. Wij ontwikkelen nieuwe technologieën waarmee we dingen eigenlijk opnieuw uitvinden. Zo werken we aan sciencefictionachtige ideeën als autonome vliegers van koolstofvezel die dienen als vliegende windturbines, miniatuurcomputers in contactlenzen die fysiologische data verzamelen en draadloos met andere computers communiceren, en ballonnen die telecomtechnologie meevoeren naar de stratosfeer en vandaaruit internet verzorgen voor iedereen waar dan ook ter wereld. Bij X noemen we onze plannen *moonshots*.

Als je doel is kleine verbeteringen aan te brengen in wat al bestaat, werk je met hetzelfde gereedschap en vanuit dezelfde veronderstelling waarop de oude technologie is gebaseerd. Maar als de uitdaging is vooruitgang te boeken met factor 10, begin je met een schone lei. Als je je wijdt aan een moonshot word je verliefd op het probleem, niet op het product. Je wijdt je aan de missie zonder te weten of die missie gaat slagen. En je stelt jezelf gedurfde doelen. De auto-industrie bijvoorbeeld heeft zich decennialang gericht op veiligheid. Er is stapsgewijze vooruitgang geboekt door de bestaande auto steeds meer te verbeteren en veiliger te maken. Bij X is de eerste vraag: waarom moet er eigenlijk steeds een ongeluk gebeuren? Dat is het moment waarop de moonshot ontstaat: de zelfrijdende auto.

Intussen werkte mijn geluksmodel prima en was ik heel gelukkig met mijn werk. Ik leverde mijn deel aan de uitvinding van de toekomst, en mijn zoon en dochter leerden en groeiden. Net als ik van mijn vader had geleerd, gingen ook zij elke zomer naar een nieuwe plek. Ze hadden over de hele wereld genoeg vrienden om te bezoeken en er viel van alles te ontdekken.

In 2014 studeerde Ali in Boston. Hij had een lange reis door Noord-Amerika gepland en we verwachtten hem niet in Dubai voor zijn gebruikelijke bezoek. Ik was dus blij verrast toen hij in mei belde om een paar dagen bij ons door te brengen in de zomervakantie. Op de een of andere manier voelde hij een grote behoefte ons te zien. Aya was ook van plan te komen. Nibal en ik verheugden ons enorm. Wij boekten de vluchten, regelden alles en zagen uit naar de hereniging van ons gezin in juli.

Vier dagen nadat Ali aankwam kreeg hij buikpijn en moest hij naar het ziekenhuis waar de artsen een acute blindedarmontsteking constateerden. Ik maakte me geen zorgen. Sterker nog, ik was opgelucht dat het bij ons thuis gebeurde zodat we voor hem konden zorgen. De vakantie begon misschien niet zoals ik had gehoopt, maar de plannen konden zonder problemen worden aangepast.

Op de operatietafel werd er via een naald koolstofdioxide in Ali's buikholte ingespoten om die te vergroten en ruimte te maken voor de chirurg. Maar de naald werd een paar millimeter te ver doorgeduwd, waardoor Ali's dijbeenslagader werd geperforeerd, een van de belangrijkste vaten om bloed door het lichaam te voeren. Daarna ging het van kwaad tot erger. Kostbare tijd ging verloren zonder dat de blunder werd ontdekt en daarna volgde een opeenhoping van fouten met fatale afloop. Binnen een paar uur was mijn geliefde zoon dood.

Voordat we ook maar de omvang van het drama konden bevatten werden Nibal, Aya en ik omringd door vrienden die ons hielpen met praktische zaken en ons steunden terwijl wij deze mokerslag probeerden te bevatten. Het verlies van een kind is het ergste wat je kan overkomen. Ali verliezen in de bloei van zijn leven was nog pijnlijker en hem onverwacht kwijt te raken door een vermijdbare menselijke fout was misschien wel het zwaarst van alles.

Voor mij was het verlies nog moeilijker, omdat Ali niet alleen mijn zoon was maar ook mijn beste vriend. Hij werd geboren toen ik nog vrij jong was en het voelde alsof wij samen opgroeiden. We speelden videospelletjes, luisterden samen naar muziek, lazen samen boeken en hebben samen veel gelachen. Op zijn achttiende was Ali een duidelijk slimmere man dan veel andere mannen die ik ken. Hij was mijn steun en toeverlaat. Af en toe dacht ik zelfs: als ik later groot ben wil ik zo worden als Ali.

Hoewel alle ouders denken dat hun kinderen bijzonder zijn, denk ik dat Ali dat echt was. Nadat hij ons had verlaten kregen we berichten uit de hele wereld, van honderden mensen die beschreven hoe deze 21-jarige hun leven had veranderd. Sommigen waren nog geen twintig, anderen waren al in de zeventig. Waar Ali de tijd vandaan haalde om zoveel mensen te raken zal ik nooit weten. Hij was een en al vredelievendheid, geluk en vriendelijkheid. En hij had een soort aanwezigheid waarmee hij al die kwaliteiten losliet op de mensen die hij tegenkwam. Ik zag ooit op een afstandje hoe hij naast een dakloze ging zitten en een tijd met haar sprak. Hij haalde zijn zakken leeg en gaf haar de inhoud. Toen hij wegliep haalde ze hem in en groef ze diep in haar tas om hem haar waarschijnlijk meest kostbare bezit te geven: een ongeopend potje handcrème. Dat cadeautje werd een van zijn dierbaarste bezittingen, nu is het een van de onze.

Vanwege een medische fout was ik mijn zoon plotseling kwijt. Alles wat ik had geleerd over geluk werd zwaar op de proef gesteld. Ik dacht dat als ik mijzelf en mijn gezin zou kunnen behoeden voor de diepste dalen van depressie, het al een succes genoemd mocht worden. Maar toen liep het zelfs beter dan dat. Toen Ali onze wereld zo plotseling verliet voelden wij als gezin natuurlijk een diep verdriet. Het verlies is nog steeds pijnlijk en we huilen nog regelmatig omdat we hem niet meer kunnen knuffelen, een praatje met hem maken of een spelletje doen. Maar de pijn die wij voelen maakt dat wij zijn herinnering koesteren. Opvallend genoeg is het ons gelukt om een staat van rust te bereiken, zelfs van geluk. We zijn soms droevig maar we lijden niet. Onze harten zijn tevreden, blij zelfs. Simpel gezegd, het geluksmodel werkt voor ons. Zelfs op momenten dat we het verdrietigst waren over het verlies van Ali, waren we nooit boos of rancuneus. We voelden ons niet verraden of depressief. We ondergingen de moeilijkste ervaring ooit zoals Ali dat zou hebben gedaan: vredig.

Bij Ali's herdenking kwamen honderden mensen naar ons huis om hun medeleven te betuigen. Een lange rij mensen stond buiten te wachten in de zengende hitte van Dubais zomer. Het was een buitengewone herdenking, volledig in de geest van het geluk dat Ali had uitgestraald. Mensen kwamen verdrietig binnen, maar werden al snel beïnvloed door de positieve energie van het moment. Ze huilden in onze armen, maar als we uitlegden hoe wij de situatie konden accepteren, met de hulp van ons geluksmodel, droogden de tranen. Ze liepen door ons huis en bewonderden de honderden foto's van Ali (altijd met een brede glimlach) aan de muur. Ze proefden zijn favoriete snacks die op tafel stonden of ze namen iets van hem mee als souvenir en ze memoreerden de gelukkige momenten die hij hun had gegeven. Er hing zoveel liefde en positiviteit in de lucht. Er werd zoveel geknuffeld en gelachen dat je, als je de omstandigheden niet had gekend, zou hebben gedacht dat dit gewoon een gezellige vriendenbijeenkomst was geweest, een bruiloft misschien, of een afstudeerfeestje. Zelfs onder deze droevige omstandigheden vulde Ali's positieve energie ons huis. In de dagen na de herdenking vroeg ik me af wat Ali zou hebben gedaan in deze situatie. Iedereen die Ali kende vroeg hem om advies, maar nu was hij er niet meer. Ik wilde hem zo graag vragen hoe ik zijn verlies moest verwerken, al wist ik het antwoord al.

Hij zou hebben gezegd: '*Khalas ya, papa* – het is voorbij. Ik ben al overleden. Er is niets wat je ertegen kunt doen, dus maak er het beste van.'

Op momenten van stilte maalt Ali's stem in mijn hoofd en zegt hij dit. Khalas ya, papa. En zo begon ik te schrijven, zeventien dagen na Ali's dood. Ik besloot zijn advies op te volgen en iets positiefs te doen: ons geluksmodel delen met de mensen die overal ter wereld nodeloos lijden. Vierenhalve maand later had ik een eerste versie. Ik ben geen wijze man of een monnik die zich kan terugtrekken in een klooster. Ik ben een man van vlees en bloed, doe mijn werk, ga de confrontatie aan in vergaderingen en maak soms grote fouten waar ik lieve mensen pijn mee doe. Zeer tot mijn spijt. Natuurlijk ben ik ook niet *altijd* gelukkig. Maar ik heb een model gevonden dat werkt, een model dat ons door het verdriet heen heeft geloodst, het model dat door Ali's voorbeeld tot stand is gekomen.

Dit is wat ik je wil aanbieden in mijn boek. Ik hoop dat ik door het delen van Ali's boodschap, zijn vredige manier van leven, de herinnering aan hem en zijn gedachtegoed levend houd. Ik heb geprobeerd te bedenken hoe ik impact kon creëren en vond dat ik niet voor niets zo'n topbaan heb, met wereldwijde contacten. Een ambitieus project was geboren: tien miljoen mensen helpen gelukkig te worden, een beweging (#10millionhappy) waarvan ik hoop dat je je erbij aansluit om samen een kleinschalige pandemie te creëren van Ali-style blijdschap.

Ali's dood was een klap die ik nooit heb zien aankomen, maar als ik terugkijk, denk ik dat hij dat wel deed. Twee dagen voor zijn onverwachte afscheid verzamelde hij ons om zich heen als een wijze pater familias en zei dat hij iets belangrijks wilde delen. Hij zei te begrijpen dat het misschien raar overkwam zijn eigen ouders advies te geven, maar dat hij dat toch graag wilde doen. Ali zei nooit veel, maar nu nam hij de tijd en vertelde hij wat hij het meest bijzonder aan ons vond. Hij bedankte ons voor wat wij betekenden in zijn leven. Zijn woorden maakten ons warm vanbinnen. Ten slotte vroeg Ali ons om specifieke dingen.

Hij zei tegen mij: 'Papa, jij moet nooit stoppen met werken. Blijf het verschil maken en vertrouw vaker op wat je hart je zegt. Jouw werk hier is nog lang niet af.'

Hij was even stil, zakte onderuit in zijn stoel, alsof hij wilde zeggen: mijn werk hier is af. Vervolgens zei hij: 'Dat was het. Ik heb niks meer te zeggen.'

Dit boek is een poging de taak te vervullen die mijn geluksgoeroe me heeft opgedragen. Zo lang ik leef zal geluk mijn persoonlijke missie zijn, mijn moonshot voor Ali.

Deel 1

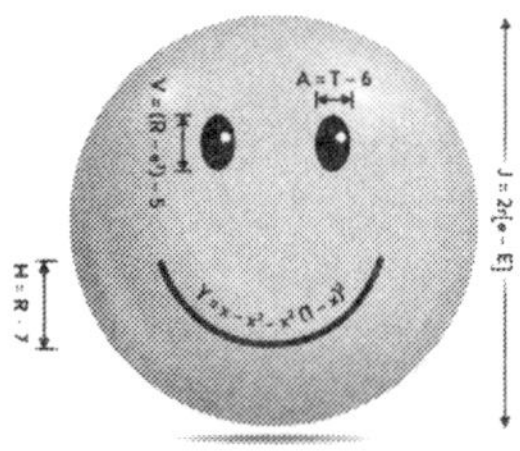

Het begrip geluk wordt tegenwoordig omgeven door mythes. Veel van wat wij weten over geluk en waar we het moeten vinden, klopt niet. Als je weet waar je naar zoekt wordt de zoektocht makkelijker. Het kan even duren voor je oude gewoontes afleert, maar als je gewoon het pad blijft volgen, kom je er wel.

HOOFDSTUK 1

De formule bepalen

Het maakt niet uit of je rijk bent of arm, groot of klein, man of vrouw, jong of oud. Het maakt niet uit waar je vandaan komt, wat voor beroep je hebt, welke taal je spreekt of wat voor ellende je hebt meegemaakt. Waar je ook bent, wie je ook bent, je wilt gelukkig zijn. Het is een menselijk verlangen, even elementair als de behoefte om adem te halen. Geluk is dat verrukkelijke gevoel waarbij alles op zijn plaats valt, het moment dat alle kronkels en scherpe randjes van het leven verdwenen lijken te zijn. In deze vaak veel te korte flitsen van echt geluk is elke gedachte die in je opkomt prettig. Je zou het niet erg vinden als de tijd stil stond en dit moment voor altijd zou duren.

Wat we ook willen met ons leven, uiteindelijk is alles een poging om dit gevoel te vinden en het geluk vast te houden. Sommige mensen zoeken het in de liefde, anderen in rijkdom of roem en weer anderen in een bepaalde prestatie die ze hebben geleverd. Toch kennen we allemaal mensen die zeer geliefd zijn, die geweldige dingen hebben bereikt, de wereld hebben gezien, alles gekocht hebben wat ze maar wilden, gebaad hebben in luxe, en die toch nog steeds verlangen naar dat ongrijpbare toppunt van bevrediging, tevredenheid en rust – ook wel geluk genoemd.

Waarom is zoiets elementairs zo moeilijk te vinden?

Eerlijk gezegd is het niet zo moeilijk. *We zoeken alleen op de verkeerde plaatsen.* We zien geluk als een bestemming, terwijl het in wezen de plek is waar wij allemaal zijn begonnen.

Heb je weleens naar je sleutels gezocht terwijl ze al die tijd gewoon in je zak zaten? Weet je nog hoe je je bureau overhoop haalde, onder de bank zocht en steeds gefrustreerder raakte naarmate je langer zocht? Zoiets doen we ook als we geforceerd ons geluk zoeken, terwijl het in feite zit waar het altijd heeft gezeten: in onszelf, als onderdeel van de blauwdruk van onze soort.

Onze standaardinstelling

Kijk naar je computer, je smartphone of andere gadgets. Ze worden allemaal geleverd met voorkeuren die zijn ingesteld door de ontwerpers en programmeurs. Er is een bepaalde schermhelderheid bijvoorbeeld, of een lokale gebruikersinstelling voor taal. Een apparaat vers uit de fabriek, ingesteld zoals de makers het graag willen, heeft een zogenaamde standaardinstelling.

Voor mensen, simpel gezegd, geldt de standaardinstelling geluk. Als je me niet gelooft moet je maar eens wat tijd doorbrengen met een mens dat net uit de fabriek komt: een peuter of kleuter. Er wordt natuurlijk veel gehuild en er is een hoop gedoe gemoeid met de opstartfase van een klein mens, maar feit blijft dat als aan de basisvoorwaarden wordt voldaan: geen acute honger, geen directe dreiging, geen enge eenzaamheid, geen fysieke pijn of langdurige slapeloosheid, ze leven in het moment, volkomen gelukkig. Zelfs in arme delen van de wereld zie je kinderen die kiezelstenen als speelgoed gebruiken en een plastic bord als denkbeeldig stuur van een sportauto. Ze mogen d een krot wonen, zo lang ze eten hebben en een beetje veiligheid, zie je ze vrolijk rondrennen. Zelfs op het journaal, bij beelden van vluchtelingenkampen, waar duizenden ontheemden wonen vanwege oorlog of honger, zie je volwassenen mismoedig kijken terwijl je op de achtergrond de geluiden van lachende kinderen hoort die voetballen met een knot vodden als bal.

Maar het gaat niet alleen over kinderen. Deze standaardinstelling geldt ook voor jou.

Kijk eens terug in je leven. Denk aan een periode waarin niets vervelend was, je geen zorgen had en je je door niets uit het veld liet slaan. Je was gelukkig, rustig en ontspannen. Ik wil maar zeggen, je had geen reden nodig om gelukkig te zijn. Jouw club moest niet per se de Champions League winnen. Je had geen belangrijke promotie nodig of een spannende date of een jacht met een landingsplek voor een helikopter. Je hoefde gewoon geen reden te hebben om ongelukkig te zijn. En dat is een andere manier om te zeggen:

Onthoud!
Geluk is de afwezigheid van ongeluk.

Het is onze rusttoestand waarin het plaatje niet wordt verstoord.

Onthoud!
Geluk is onze standaardinstelling.

Als je een geprogrammeerd apparaat gebruikt, verander je soms per ongeluk de standaardinstellingen waardoor je bepaalde functies moeilijker kunt gebruiken. Je installeert een app die veel contact maakt met internet, waardoor je accu sneller leegloopt. Of je downloadt schadelijke software waardoor alles op hol slaat.

Hetzelfde gebeurt met de menselijke standaardinstelling voor geluk. Ouderlijke of sociale druk, geloofssystemen en onredelijke verwachtingen komen om de hoek kijken en die overschrijven de oorspronkelijke programmering. De 'jij' die ooit zo lekker onbevangen lag te kirren en spelen in de wieg, komt terecht in een storm van misvattingen en illusies. Geluk wordt een mysterieus doel dat je niet echt meer kan bevatten, in plaats van iets dat er gewoon is elke morgen als je je ogen opendoet. Als we het visualiseren zou ongelukkig zijn er zo uitzien: je ligt onder een stapel stenen, opgebouwd uit illusies, sociale druk en verkeerde aannames.

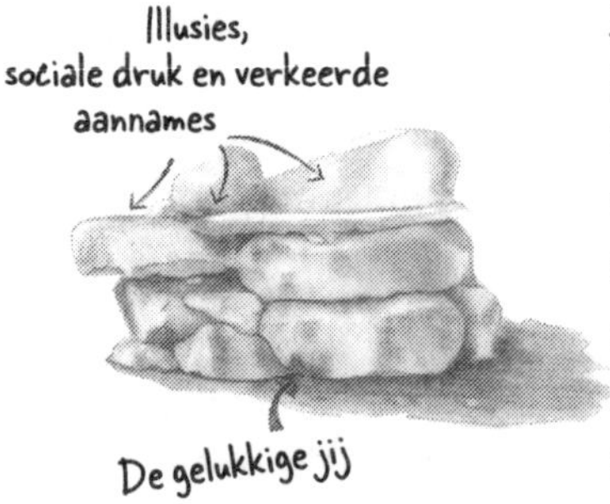

Iedereen die ooit een technische dienst heeft gebeld weet dat je een apparaat vaak weer aan de praat krijgt als je de fabrieksinstellingen herstelt. Maar wij mensen zijn geen gadgets, we hebben geen resetknop. In plaats daarvan kunnen wij dingen afleren en de gevolgen terugdraaien van wat er gaandeweg met ons misging.

Hoe hebben we ooit kunnen denken dat geluk buiten onszelf ligt? Dat het iets is om naar te streven, iets wat je kunt bereiken of zelfs verdienen? Waar ging alles zo vreselijk mis dat we hebben geaccepteerd dat geluk slechts tijdelijk is? Hoe hebben we ons geboorterecht op geluk kunnen verkwanselen?

Het antwoord is misschien verrassend: wellicht *omdat we het onszelf hebben aangeleerd.*

Gaan voor geluk

Misschien heb je een vergelijkbaar advies gekregen als ik van mijn moeder kreeg: dat ik moest studeren en hard werken en bereid moest zijn soms de beloning maar even uit te stellen om bepaalde doelen te bereiken. Haar advies heeft veel bijgedragen aan mijn succes. Maar ik begreep haar verkeerd. Ik dacht dat ze bedoelde dat ik het geluk onderweg maar moest opschorten. Of dat geluk op me wachtte als ik eenmaal succesvol was.

Een aantal van de gelukkigste samenlevingen in de wereld vind je in de armste landen van Zuid-Amerika. Mensen hier lijken niet bezig te zijn met financiële zekerheid of met wat wij succes noemen. Ze werken hier elke dag om te verdienen wat ze nodig hebben. Bovendien hechten ze meer waarde aan geluk en brengen ze veel tijd door met vrienden en familie. Ik wil hun leven beslist niet romantiseren: een bestaan dat lekker ouderwets en kleurrijk lijkt, maar zich wel afspeelt onder de armoedegrens. Toch kunnen we leren van hun mindset: elke dag geluk beleven, los van economische omstandigheden.

Ik heb niets tegen materieel succes. Menselijke vooruitgang komt altijd voort uit een innerlijke nieuwsgierigheid, maar ook uit een volstrekt begrijpelijk verlangen om genoeg in huis te hebben om de winter te overleven, een extreme droogte of een slechte oogst. Duizenden jaren geleden was het zaak voor je familie of stam zoveel mogelijk land te hebben en hoe beter je was in jagen en oogsten, des te groter was je kans om te overleven. Dus het idee om lui onder een boom te blijven zitten, verloor het van het idee van vernieuwing en een beetje haast hebben, het uitbreiden van territorium en een voorraad aanleggen voor barre tijden.

Naarmate de beschaving zich ontwikkelde, betekenden meer gebied en meer rijkdom meestal betere levensomstandigheden en het vooruitzicht op een langer leven. Uiteindelijk ontstond het kapitalisme, bekrachtigd door de protestantse ethiek waarin groeiende welvaart gezien werd als een beloning van God. Individuele daadkracht en ondernemerschap zorgden voor de toename van wat we nu inkomensongelijkheid noemen, die de drang om nog harder te werken vergrootte. Tenslotte wilde je niet voorbijgestreefd worden door anderen. En als je eenmaal een groei had wilde je zeker niet terugvallen. Want naarmate de concurrentie toenam, vielen de traditionele steunpilaren weg die voor zekerheid binnen de familie of het dorp hadden gezorgd.

Het tijdperk voor het onze werd gedomineerd door de grote depressie en twee opeenvolgende wereldoorlogen. Hierdoor moesten zelfs de allerrijksten zich zorgen maken om hun basisbehoeften. Een hele generatie groeide op met ontberingen. Daarna vond iedereen het heel belangrijk nooit meer in zo'n benarde positie terecht te komen. De *levensverzekering* die iedereen nastreefde en doorgaf aan anderen werd *succes* genoemd.

Na de eeuwwisseling vond de middenklasse het steeds belangrijker kinderen naar scholen te sturen om vaardigheden te leren die ze voor de rest van hun leven konden gebruiken, liefst in een vaste baan die hun zekerheid kon bieden. We hebben geleerd hiervan onze prioriteit te maken, zelfs als dit ons ongelukkig maakt. We rekenen erop dat als we maatschappelijk succes hebben, we gelukkig zijn.

Je kunt je afvragen hoe vaak je dat echt ziet gebeuren. En hoe vaak zie je niet een succesvolle bankier of zakenman die zwemt in zijn geld, maar toch doodongelukkig is? Hoe vaak hoor je niet van mensen die zelfmoord plegen terwijl ze op het oog alles hadden wat maar ze wilden?

Waarom denk je dat dit gebeurt? Welnu, omdat het uitgangspunt niet klopt: succes, rijkdom, macht en faam leiden niet tot geluk. Feit is:

Onthoud!

Succes is niet een belangrijke voorwaarde voor geluk.

Ed Diener en Richard Easterlin beweren in hun boek over de samenhang tussen *subjectief welzijn* en *inkomen* dat in de vs het subjectief welzijn proportioneel toeneemt met inkomen, tot aan een bepaald punt. Ja, het voelt waardeloos om twee banen te hebben om je kleine appartement en een afgeragde Honda te kunnen betalen terwijl je ook nog je studiebeurs moet aflossen. Maar als je uiteindelijk een modaal inkomen verdient – in de vs is dat 70.000 dollar – stabiliseert het welzijn. Het is waar dat minder verdienen je gevoel van welzijn kan dempen, maar meer verdienen gaat je niet echt gelukkiger maken.[1]

Dit betekent dat alle dingen waarvan adverteerders zeggen dat ze je gelukkiger maken – een beter mobieltje, een flitsende auto, een enorm huis, dure kleren – echt niet zo belangrijk zijn. Niet alleen zijn rijkdom, macht en heel veel speeltjes geen voorwaarde voor geluk, de keten van oorzaak en gevolg werkt zelfs de andere kant op. Andrew Oswald, Eugenio Proto en Daniel Sgroi van de Universiteit van Warwick concludeerden dat mensen die gelukkig zijn ruwweg twaalf procent productiever zijn en dus sneller carrière maken.[2]

Dus:

Onthoud!

Terwijl succes niet leidt tot geluk, draagt geluk wel bij aan succes.

En toch blijven we succes najagen als ons belangrijkste doel. Een van de eerste psychologen die zijn aandacht richtte op gelukkige individuen en hun psychologische koers was Abraham Maslow. In 1933 vatte hij onze drang naar succes samen in één zin: 'Het verhaal van de mens is het verhaal van mannen en vrouwen die zichzelf tekortdoen.'

Terwijl een zekere mate van succes normaal is bij ons, hebben degenen die het hoogste niveau van succes bereiken één ding gemeen, iets wat hen anders maakt dan de rest. Ze zijn allemaal, bijna dwangmatig, gek op wat ze doen. Veel succesvolle sporters, muzikanten en ondernemers hebben succes omdat ze wat ze doen zó leuk vinden dat ze er experts in worden. Alleen omdat de activiteit zelf ze gelukkig maakt. Zoals Malcolm Gladwell schrijft in *Outliers*: als je tienduizend uur besteedt aan iets, word je vanzelf een van de besten ter wereld.[3] En wat is de makkelijkste manier om zoveel tijd te besteden aan één ding? Besteed het aan iets waar je gelukkig van wordt! Zou dat niet veel beter zijn dan je leven lang succes proberen te krijgen in de hoop dat dat uiteindelijk leidt tot geluk? Op het werk, in ons persoonlijke leven, in relaties of in ons liefdesleven, *wat we ook doen, we zouden meteen moeten...*

Onthoud!

... gaan voor geluk.

Wat is geluk?

Tijdens mijn diepste dal in 2001, realiseerde ik me dat ik nooit het geluk zou terugvinden – het geluk dat mijn geboorterecht was – voordat ik wist waar ik naar op zoek was.

Dus ging ik als een ingenieur te werk en ontwikkelde ik een simpele manier om data te verzamelen die ik nodig had om vast te stellen wat mijn geluk bepaalde. Eerst aarzelde ik nog omdat de techniek zo kinderlijk eenvoudig leek. Maar toen dacht ik: als het model voor de standaardinstelling van ons geluk gebaseerd is op een peuter of kleuter, dan is kinderlijk of kinderachtig misschien helemaal niet zo erg.

Ik begon met het simpelweg verzamelen van mijn geluksmomenten. Ik noemde het mijn *gelukslijstje*. Je zou er zelf ook een moeten maken. Sterker nog, waarom niet nu? Pak een pen en papier en schrijf eens een paar dingen op die je gelukkig maken. Het is geen moeilijke opdracht. De lijst kan bestaan uit een rits korte, verhelderende zinnetjes die *to the point* zijn en deze zin afmaken:

Ik voel me gelukkig als ______________________

Schroom niet! Je hoeft niet terughoudend te zijn want niemand krijgt je lijstje ooit te zien, tenzij jij dat wilt. Je kunt voor de hand liggende dingen noemen zoals je hond onder zijn kin krabben, een mooie zonsopgang, of simpele dingen als praten met je vrienden of iets lekkers eten. Er zijn geen foute antwoorden. Zet zoveel mogelijk momenten op je lijstje. Als je klaar bent met je eerste poging, onderstreep je een paar momenten die als je echt moest kiezen boven aan je lijstje zouden staan. Die dierbare momenten op je shortlist kunnen later in dit boek handig zijn.

Hier is alvast wat goed nieuws: alleen al het maken van je gelukslijstje is een zodanig geluksmoment dat als je ermee klaar bent, je je vast energiek en herboren voelt. Ik werk wekelijks aan mijn lijst, en voeg er nieuwe dingen aan toe. Ik word er niet alleen blij van, maar het helpt me ook iets te cultiveren waarvan psychologen zeggen dat het bijdraagt aan langetermijngeluk: je voelt je dankbaar, omdat je de waarheid achter onze moderne levens doorkrijgt. Je ziet dat er genoeg is om gelukkig over te zijn. Dus, ga je gang en geniet. Ik wacht wel even onder het genot van een kopje koffie. (Ik word trouwens altijd heel gelukkig van mijn koffiemomenten!)

De Geluksformule

Ik gok dat je lijstje volledig bestond uit gewone momenten in het leven: de glimlach van je kind, de geur van koffie vroeg in de ochtend, alledaagse dingen. Dus wat is het probleem? Als de aanleiding voor geluksmomenten zo gewoon is en zo toegankelijk, waarom blijft het vinden van geluk dan zo'n grote uitdaging voor veel mensen? En waarom ontglipt het ons zo snel als we het hebben gevonden?

Als wij ingenieurs worden geconfronteerd met een serie ruwe data, willen we die meteen in kaart brengen en een trend vinden. Laten we dit ook doen met jouw gelukslijstje en zoeken naar een gemeenschappelijk patroon in je verschillende geluksmomenten. Zie jij een trend?

De momenten die jou gelukkig maken kunnen heel erg verschillen van mijn geluksmomenten, maar de meeste lijstjes draaien om een algemene stelling: geluk komt naar je toe als het leven je toelacht. Je voelt je gelukkig als *het leven zich gedraagt zoals jij wilt*. Het is niet zo vreemd dat het tegenovergestelde ook waar is: je bent ongelukkig als jouw werkelijkheid niet overeenkomt met jouw wensen en verwachtingen. Als je zonneschijn verwacht op je trouwdag, betekent een regenbui kosmisch verraad. Je ongeluk over dat verraad kan eeuwig aanhouden, wachtend op een opleving elke keer als je je verdrietig voelt of boos bent op je wederhelft: ik had het kunnen weten! Het regende op onze trouwdag!

De eenvoudigste manier voor een ingenieur om zijn definitie van geluk te uiten, is door middel van een formule – de Geluksformule.

Geluk ≥ Jouw perceptie van de **gebeurtenissen** in je leven − Jouw **verwachtingen** van het leven

Dit betekent dat wanneer je de gebeurtenissen als gelijk aan of groter ervaart dan je verwachtingen, je gelukkig bent – of in ieder geval niet ongelukkig. Maar nu komt het lastige deel: het is niet de gebeurtenis die ons ongelukkig maakt, *maar de gedachte aan die gebeurtenis.*

Geluk in een gedachte

Er is een simpele test om dit concept te checken. Noem het de *Blank Brain Test* (BBT). Die is heel eenvoudig. Roep een moment op dat je heel ongelukkig was, bijvoorbeeld: *Ik was ongelukkig toen een vriend onaardig tegen me deed.*

Neem je tijd en blijf bij die gedachte, bekijk hem van alle kanten en zorg dat je je zo ongelukkig mogelijk voelt. Blijf erin hangen, zoals we altijd doen als we onze dag door gedachten laten verpesten. Neem je tijd om zo'n gedachte op te roepen – en het spijt me echt dat ik je vraag aan iets vervelends te denken.

Pas nu de BBT toe: elimineer die gedachte, zonder iets te veranderen in de echte wereld, al is het maar voor even. Hoe je dat doet? Zorg dat je hersenen op een andere gedachte komen (lees bijvoorbeeld even een paar regels, zoals je nu doet) of zet wat muziek op en zing mee. Of probeer de *Ironic Process Theory,* waarbij je aan iets gaat denken door jezelf te dwingen er niet aan te denken. Je kent het wel: *denk niet aan ijs, denk niet aan ijs* en uiteindelijk denk je aan niets anders dan ijs.

Hoe voel je je nu? Tijdens dat ene moment, dat je niet aan het nare gedrag van je vriend moest denken, was je toen van slag? Ik dacht het niet. Hoewel er niets is veranderd behalve je gedachte, was er verandering in hoe je je voelde. Je vriend was nog steeds onaardig, maar je had er nauwelijks nog last van. Snap je wat dit betekent? Zodra de gedachte verdwijnt, stopt het lijden!

Als een onbeschoft iemand je beledigt kan hij je niet echt ongelukkig maken, tenzij je die gebeurtenis omzet in een gedachte die je vervolgens laat ronddwalen in je hersenen.

Onthoud!

Het is de gedachte, niet de gebeurtenis die je ongelukkig maakt.

Maar gedachten zijn niet altijd een precieze afspiegeling van de werkelijke gebeurtenissen. Dus een kleine verandering in de manier waarop we denken kan een enorme impact hebben op ons geluk. Ik weet dit omdat een van mijn gelukkigste momenten was toen mijn prachtige Saab total loss gereden werd.

Ik hield van die auto. Het was een 900 turbo in een speciale groene racekleur, met een beige linnen dak. Op een dag reed Nibal ermee weg en botste op een vrachtwagen. Mijn speeltje was kapot, maar ik was zo gelukkig dat de airbags, de gordels en alle andere veiligheidsfuncties waar Saab om bekendstond, hun werk hadden gedaan. Mijn vrouw was ongedeerd. Ik was mijn auto kwijt, maar wat maakte het uit? Met Nibal ging het goed.

Bekijk het eens zo: als mijn auto in de prak was gereden terwijl hij ergens geparkeerd stond, zou ik er kapot van zijn geweest. De gevolgen zouden hetzelfde zijn: verwoeste auto en ongedeerde Nibal, maar hoe ik het zou hebben ervaren was volledig anders geweest. De gebeurtenis zelf was irrelevant. Het ging om de manier waarop ik ernaar keek.

De hamvraag luidt: als de gebeurtenissen blijven zoals ze zijn, maar als de manier waarop we erover denken onze ervaring verandert, kunnen we dan gelukkig worden door simpelweg onze gedachte te veranderen? Natuurlijk! Dit gebeurt aan de lopende band. Als een onbeschoft iemand zich verontschuldigt wordt de gebeurtenis niet uitgewist, maar je voelt je beter omdat het gebaar (de verontschuldiging) de manier waarop je erover denkt verandert. Het brengt je emotionele wereld en de wereld van gebeurtenissen om je heen in een betere balans en je Geluksformule in evenwicht. De wereld lacht je weer toe. Het leven lijkt weer wat op jouw ideale leven, dus voel je je weer gelukkig – of in ieder geval niet langer ongelukkig.

Dezelfde omslag vindt plaats als je erachter komt dat de onbeschofte persoon niet meende wat hij zei of dat je hem verkeerd begrepen hebt, een misverstand. Geen lettergreep van wat die persoon zei is veranderd, maar de manier waarop jij erover denkt brengt de balans in evenwicht en ontneemt je de reden om ongelukkig te zijn.

Er is ruim voldoende bewijs dat we onze gedachten kunnen beheersen. We doen dat als ons gevraagd wordt een bepaalde opdracht uit te voeren. (Zoals je nu doet door je hersenen de opdracht te geven om deze regels tekst te lezen.) We vertellen onze hersenen precies wat ze moeten doen en het werkt.

Pijn versus lijden

Net als je gelukslijstje vol staat met alledaagse dingen, zijn er voldoende alledaagse momenten die je niet leuk vindt. Zelfs voor baby's, het rolmodel voor onze standaardinstelling voor geluk, zijn er genoeg dingen die ze chagrijnig kunnen maken: natte luiers, te lang alleen zijn, honger, niet genoeg slaap. Deze vervelende momenten mogen er zijn, ze dienen namelijk een cruciaal, praktisch doel. Het ongemak van een natte luier doet een baby huilen, waardoor een vader, moeder of oppas de luier gaat verschonen, waardoor het probleem is opgelost voordat de baby uitslag kan krijgen. Zodra het probleem verdwijnt is de baby weer gelukkig.

Op vergelijkbare wijze zijn de meeste alledaagse ongemakken bij volwassenen niet alleen van voorbijgaande aard maar ook heel bruikbaar. Als je maag knort, ga je eten. Je chagrijn vanwege slaaptekort zorgt ervoor dat je vroeg naar bed gaat. Als je je prikt aan een distel trek je je hand terug, en de pijn die je hebt van een verstuikte enkel zorgt ervoor dat je rust neemt om te herstellen. Zelfs zeer ernstige fysieke klachten treden op als belangrijke boodschapper tussen ons zenuwstelsel en onze omgeving. Zonder pijn om ons te waarschuwen voor gevaar, zouden we dingen blijven doen die pijn veroorzaken en zouden we niet overleven.

Onthoud!

Hoe vervelend we het soms ook vinden, pijn en de ongemakken van het leven zijn nuttig!

Het zit zo: we hebben pijn, we herstellen. Je brandt je vinger, je doet er ijs op en klaar is Kees. Als het weefsel zich eenmaal herstelt en de brandende pijn of irritatie verdwijnt, heeft de pijn zijn dienst bewezen. De hersenen voelen geen noodzaak meer om het geblesseerde deel te beschermen, dus geven ze geen signalen meer af: weg pijn. Dit is waarom, los van een zware verwonding of chronische aandoening, fysieke pijn over het algemeen geen belemmering is voor geluk.

Het is misschien minder duidelijk maar alledaagse emotionele pijn werkt ook zo: ook die pijn dient als overlevingsmechanisme. Een baby te lang alleen laten kan gevaarlijk zijn voor de baby, dus maakt de aanhoudende eenzaamheid bang en roept hij de verzorger. Voor een volwassene betekent die pijnlijke isolatie – eenzaamheid – dat we misschien iets moeten veranderen, meer contact moeten zoeken en meer moeite doen. Angstgevoelens kunnen nuttig zijn om je erop te wijzen dat je je moet voorbereiden op een examen of presentatie. Gevoelens van schuld of schaamte kunnen nuttig zijn als ze je ertoe zetten om je te verontschuldigen of je best te doen, en zo belangrijke sociale banden herstellen.

Als je emotionele pijn hebt, voel je je even een beetje beurs, een paar minuten, uren, dagen, afhankelijk van de intensiteit van de ervaring. Maar het gevoel van pijn verdwijnt op het moment dat je er niet meer aan denkt. Als de tijd verstrijkt en de ervaring eenmaal is vervaagd, kun je herkennen en accepteren wat je hebt meegemaakt en daar lessen uit trekken. En weer verder gaan. Als je de pijn niet meer nodig hebt verdwijnt die van nature geleidelijk.

Dat geldt niet voor lijden.

Als we het toelaten, heeft de meest onbeduidende emotionele pijn al het vermogen zich in te nestelen en steeds weer op te komen, terwijl je verbeelding steeds maar weer de reden voor je pijn afspeelt. Als we ervoor *kiezen* dat te laten gebeuren, dan overschrijven we onze standaardinstelling voor *geluk* en resetten we de voorkeur op *onnodig lijden*.

Je levendige verbeelding biedt je – mocht je dat willen – bovendien de mogelijkheid je lijden uit te vergroten door je eigen *gesimuleerde* pijn daaraan toe te voegen: ik ben een idioot dat ik mijn vriend pijn heb gedaan. Ik ben gewoon een loser. Ik verdien het om gestraft te worden en te lijden. De aanzwellende innerlijke dialoog leidt alleen maar tot nog meer en nog dieper lijden. Het herkauwen van het verhaal maakt je ellendig. En vergis je niet: de gebeurtenis is al lang voorbij terwijl jij blijft lijden, door je eigen hersenen. Dus:

Onthoud!

We laten ons lijden toe als een vorm van zelfopgelegde pijn.

Al het denken in de wereld – tenzij we er iets mee doen – heeft geen enkele invloed op onze werkelijkheid. Het verandert niets aan de gebeurtenissen zelf. De enige invloed die het heeft zit in ons, in de vorm van nodeloos lijden en verdriet. Anticiperen op vreselijke zaken of terugdenken aan dramatische dingen is niet de zinvolle, leerzame en onvermijdelijke manier om met dagelijkse pijn om te gaan. Die aanhoudende verlenging van pijn is een hardnekkig virus in ons systeem, want:

Onthoud!

Lijden levert niets op. Helemaal niets!

Het interessante hieraan is: net zoals we bewust kunnen zwelgen in ons lijden, kunnen we onze pijn bewust verminderen. Maar we kiezen daar niet altijd voor.

Stel je hebt een wortelkanaalbehandeling nodig en de tandarts komt met twee opties: (a) de standaardprocedure met een paar dagen herstel of (b) een behandeling met als bonus gruwelijke pijn. Waarom zou je in hemelsnaam voor optie b gaan?

Het spijt me dit te moeten zeggen, maar elke dag doen miljoenen mensen in wezen precies dat: ze kiezen voor de behandeling met extra's. Het begint er al mee als je de gedachten in je hoofd accepteert als absolute waarheden. Hoe langer je zo'n gedachte vasthoudt, hoe langer de pijn aanhoudt.

De dag dat Ali ons verliet, werd alles donker. Ik vond dat ik het recht had om de rest van mijn leven te lijden, dat ik geen andere keus had dan de deur dicht te doen en weg te kwijnen. Maar in werkelijkheid had ik de keus: a) ik kon kiezen de rest van mijn leven te lijden en het zou Ali *niet* terugbrengen of b) ik kon kiezen de pijn te voelen maar de destructieve gedachten tegenhouden, alles doen om zijn herinnering levend te houden, en het zou Ali nog steeds *niet* terugbrengen – maar het zou het leven draaglijker maken.

Welke van de twee zou jij kiezen? Ik koos b. Vergis je niet, ik mis Ali elk moment van de dag. Ik mis zijn glimlach, zijn troostende omhelzing op de momenten dat ik hem het meest nodig heb. De pijn is echt en ik denk dat die blijft. Maar ik vecht er niet tegen. Er zitten in mijn hoofd geen onophoudelijk lijdende gedachten die alles uitvergroten. Ik vervloek het leven niet en ik speel geen slachtoffer. Ik voel me niet verraden. Ik voel geen haat of woede als ik aan het ziekenhuis of de dokter denk, en ik verwijt mezelf niet dat ik Ali daarheen heb gereden. Dat soort gedachten heeft totaal geen zin. Ik kies ervoor niet te lijden. Het helpt het leven in perspectief te zien en op een positieve manier door te gaan. Ik stuur Ali liefdevolle boodschappen en houd zijn blijde herinnering levend.

Zou jij die keuze maken in moeilijke perioden in je leven? Ervan uitgaande dat je het zou kunnen en dat het mogelijk was, zou je *bewust de keuze maken je eigen lijden te stoppen*? Ik realiseer me dat je wellicht vreselijke dingen hebt meegemaakt in je leven, iemand hebt verloren, ziek bent geweest of een gebrek aan iets hebt gehad. Laat die gedachten je alsjeblieft niet leiden, je niet wijsmaken dat je het niet verdient gelukkig te worden.

Onthoud!

Geluk begint met een bewuste keuze.

Het leven haalt geen trucjes uit, het is soms gewoon zwaar. Maar zelfs dan hebben we altijd de keuze: of we doen gewoon ons best, accepteren de pijn en stoppen met lijden. Of we lijden. Hoe dan ook, het leven blijft zwaar. Vergeet dat niet. Je weet nu wat je moet doen. Nu laat ik je zien *hoe* je het moet doen.

HOOFDSTUK 2

6-7-5

Een gedachte kan de denker ervan jarenlang lijden kosten. Gedachtezaadjes kunnen groeien en groeien totdat ze boze monsters worden. En toch geloven we in onze gedachten en laten we ze hun gang gaan. Geluk is volledig afhankelijk van hoe we onze gedachten beheersen. Maar in tegenstelling tot wat vaak wordt gedacht, beschikken we niet over slechts twee gemoedstoestanden: geluk en verdriet. Afhankelijk van de soorten gedachten die we cultiveren, hebben we een breder scala aan stemmingen:

- Laat je gedachten beïnvloeden door illusies, dan loop je vast in een *staat van verwarring.*
- Denk negatieve gedachten en je komt terecht in een *staat van lijden.*
- Leid je gedachten af door lol te hebben en je komt terecht in een *staat van ontsnapping.*
- Denk positieve gedachten en accepteer het leven en je belandt in een *staat van geluk.*
- Stijg uit boven de kluwen ge-

dachten, neem het leven zoals het is, en je leeft in een eeuwige *staat van diep geluk.*

Als je het verschil begrijpt tussen deze gemoedstoestanden en weet hoe je erin belandt, helpt dat je bij het bouwen van een stevig geluksmodel – een model waardoor je steeds gelukkig wordt als je het toepast. Laten we alle toestanden eventjes onder de loep nemen, beginnend bij de bovenste en eindigend bij de staat van diep geluk.

De staat van verwarring

Heb je weleens het idee dat je overmand wordt door verdriet, alsof je in drijfzand wegzakt? Heb je weleens het gevoel dat je in nevelen gehuld bent die je het zicht en een helder oordeel ontnemen? Als je het idee hebt dat het leven tegen je is en je het verdient om je rot te voelen, verkeer je in een staat van verwarring.

Onze verwarring wordt veroorzaakt door illusies die we hebben geleerd te accepteren als kind. We leerden onze weg in het leven te vinden, denkend dat illusies echt waren. Als je toestaat dat deze illusies je informeren over de wereld om je heen, mist je oordeel objectiviteit. Je pogingen om in een gelukstoestand terecht te komen zullen altijd mislukken, en de daaropvolgende verwarring kan resulteren in hevig lijden. Waarom leren wij überhaupt leven met deze illusies?

Stel, je wordt gevraagd een ritje te maken op een verlaten racecircuit. Je zult daar net als alle andere automobilisten weinig moeite mee hebben, ook al weet je weinig van techniek en de G-krachten in de bochten. Je gebrek aan kennis wordt pas nijpend als de dingen mis beginnen te gaan. Als het druk zou worden op het circuit met snelle racers en de enige uitweg de finish was, zou je echt wat basiskennis over de auto moeten hebben om kans te maken de racebaan levend te verlaten.

Een voorbeeld van hoe de dingen fout kunnen gaan is de *illusie van tijd*. De meesten van ons zijn continu gestrest door het illusoire karakter van tijd. We komen het tekort, we verdoen het en we voelen de tijd elke dag sneller tikken. Ons stressvolle leven gaat er kapot aan, want het lukt ons niet de tijd te vertragen of te stoppen. Het meedogenloze tempo heeft ons volledig in de greep. Het voelt echt als een racebaan met totaal verknipte coureurs.

Als we vastzitten in een illusie, heeft het geen zin de Geluksformule op te lossen. Het leven wordt zo verwarrend dat we het niet eens proberen. We beginnen te accepteren dat we ongelukkig horen te zijn. Daardoor duurt ons lijden langer en zit het veel dieper.

De staat van lijden

Als een verdrietige gedachte zich nestelt, lijden we. Ook als we die gedachte maar laten rondspoken. Waarom verlengen we onze pijn door gedachten terwijl we eigenlijk gelukkig willen zijn? Waarom maken we ons druk over de uitslag van een onderzoek of test terwijl onze zorg geen enkel effect heeft op de uitkomst? Waarom blijven we obsessief aan een gebeurtenis uit het verleden denken, terwijl dat niets meer verandert aan wat er is gebeurd? Waarom laten we toe dat ons onze kinderlijke standaardinstelling – gelukkig zijn – wordt afgenomen door gedachten?

Het lijkt erop dat het levend houden van negatieve gedachten een onderdeel is van de blauwdruk van onze hersenen. Ons onophoudelijke denken is erop gericht ons meest basale instinct te dienen: overleving. In de vijandige omgeving waarin onze voorouders opgroeiden was een vecht-of vluchtmechanisme noodzakelijk om te overleven. Dit was de kerngedachte: het is veiliger iets als bedreiging te beschouwen, ook als dat niet zo is, dan iets als veilig in te schatten wat een bedreiging is. En die beslissing moest snel worden genomen. Het gevolg was dat het voorvaderlijke brein de informatie uit de echte wereld verwerkte op een manier die voldeed om te overleven, hoewel het geen juiste weergave van de echte werkelijkheid was.

De erfenis van die overlevingsprogrammering dragen we nog steeds in ons. Als we een gebeurtenis moeten inschatten, kiezen onze hersenen nog steeds voor behoedzaamheid. We hebben de neiging een *worstcasescenario* van stal te halen om ons op dat ergste geval voor te bereiden, en we proberen de waarheid altijd zo te draaien dat onze beperkte hersencapaciteit die vlot en efficiënt kan verwerken. En dat is allemaal goed en wel, tot je erachter komt hoe vaak dit tot ongelukkigheid leidt.

Hoewel sommige gebeurtenissen niet aan onze verwachtingen voldoen, geven we vaak overdreven veel aandacht aan momenten die het niet verdienen. De meeste gebeurtenissen passen, als je ze goed beschouwt, precies bij wat wij van het leven *zouden moeten* verwachten. Met deze gebeurtenissen is dan ook niets *mis*, behalve hoe wij ertegenaan kijken.

Wijzelf houden de gebeurtenissen levend. Ze doen pijn, we lijden en we zitten vast in het geloof dat onze denkbeeldige waarnemingen niet aan de verwachtingen voldoen.

De blauwdruk van het menselijk brein bezat kenmerken die de overleving van de soort garandeerden. Diezelfde kenmerken zijn in de huidige tijd verworden tot *blinde vlekken* die ons brein misleiden. En die misleide hersenen vertellen ons bijna nooit de waarheid, wat weer onze Geluksformule verpest.

Ik heb er nu al lol in je de blinde vlekken te laten zien en hoe je ze kunt wegpoetsen.

De staat van ontsnapping

Lol hebben – tegenwoordig moeten we dat allemaal de hele tijd – is trouwens een hardnekkige mythe die juist vaak afleidt van het geluk waarnaar we op zoek zijn: *vaak is iets wat voelt als geluk het juist niet!*

Het verschil tussen geluk en lol kan je gemakkelijk ontgaan. Vaak genoeg verruilen we met z'n allen echt geluk voor afleidingen als feesten, zuipen, vreten, koopziekte of een seksverslaving.

Biologisch gezien speelt je goed voelen een belangrijke rol in ons overlevingsmechanisme. Ons brein gebruikt het om overlevingsgedrag aan te sturen dat geen verband houdt met een directe dreiging. Om dat te bereiken overspoelt het brein ons lichaam met serotonine, oxytocine en andere feel-good chemicaliën tijdens handelingen waarvan het meer wil. Voortplanting bijvoorbeeld is essentieel voor ons voortbestaan, maar leven zonder kinderen betekent geen direct gevaar voor de mens. Zonder het genot dat bij seks hoort zou zo'n belangrijke overlevingsfunctie genegeerd zijn. We vinden seks fijn en dat zet onze soort aan tot voortplanting.

Plezier is dus nuttig, maar sommige mensen zoeken het in wanhoop, om te ontsnappen, omdat ze bang zijn voor hun gecompliceerde gedachten. In die zin is het vertier dat ze zoeken een pijnstiller die de pijn verzwakt. Plezier is een effectieve pijnstiller omdat die geluk veinst door het rusteloze en overbelaste brein uit te schakelen. Voor even dan.

Onthoud!

Als we niet denken keren we terug naar onze kinderlijke standaardinstelling: geluk!

Zodra het directe plezier echter verdwijnt komen de negatieve gedachten weer terug en begint je lijdensweg opnieuw. Dus willen we meer.

Het is net als met pijnstillers. Als eentje niet meer genoeg is, neem je er nog een, net zolang tot gewone pillen niet meer helpen tegen de pijn. Dat is het moment waarop we naar drastischere middelen grijpen: extreme sporten, wildere feesten, allerlei excessieve vormen van genot. Hoe intenser het genot, hoe sneller het effect zal afnemen, hoe dieper het daaropvolgende lijden. En als die cyclus ondraaglijk wordt, zoeken mensen hun toevlucht in nog zwaardere middelen en verdoven ze hun brein met drugs of alcohol in een ultieme poging rust te vinden in hun hoofd.

Door je aan plezier vast te klampen als uitvlucht, blijft de Geluksformule onopgelost en negeer je de cruciale elementen die je ongelukkig maken. Lol heeft behalve de korte oplevingen van je gevoel dus een averechts effect, en werkt als een blokkade voor echt geluk.

Maar plezier is niet alleen maar slecht. Een intelligente manier om plezier in te zetten is als een soort *noodrem*, zodat je tijdelijk rust hebt van de stem in je hoofd en je de eindeloze stroom trivialiteiten kunt onderbreken. Elke keer wanneer je voelt dat de gedachten in je hoofd de negatieve kant opgaan, trek je aan die noodrem door te zorgen voor een gezond pleziertje, bijvoorbeeld een work-out, muziek of een massage.

Een nog betere toepassing van plezier is wanneer je regelmatig ontspanning inpast die andere mensen of jezelf uiteindelijk geen schade toebrengt. Lol is dan minder een verdovende pijnstiller maar meer een *geluksssupplement* dat je kunt innemen om gezond te blijven. Als zakenman heb ik geleerd dat we alleen die dingen beter kunnen maken die we kunnen meten. Dus stel jezelf *pretquota*. Ik heb ze! Ik probeer dagelijks een bepaalde hoeveelheid muziek tot me te nemen en een wekelijks portie comedy, work-outs en andere feel-good activiteiten. Genoeg plezier in je leven als rustgevende onderbrekingen maken het moeilijker voor je brein je dag te verpesten met de onophoudelijke stroom gekakel.

Maar onthoud altijd: plezier en genoegens zijn niet meer dan een tijdelijke staat van ontsnapping – een staat van niet-bewustzijn. Dus blijf er nooit te lang. Zap er zo snel mogelijk doorheen op weg naar echt, duurzaam geluk.

De staat van geluk

Geluk is een gedachte en wel de *juiste* gedachte: eentje die realistisch is en die de Geluksformule kloppend maakt. Gek genoeg zullen we geluk niet rechtstreeks bespreken in dit boek. We gaan wel kijken hoe we het lijden kunnen stoppen, waardoor je weer terechtkomt bij je standaardinstelling: de staat van geluk. Als je je ware leven beschouwt en vergelijkt met je reële verwachtingen, heb je geen redenen meer om ongelukkig te zijn en realiseer je je steeds vaker dat alles goed is en je je dus gelukkig voelt. Voor elke gebeurtenis in ons leven maken we de Geluksformule kloppend als we de illusies doorprikken en de blinde vlekken wegpoetsen. Maar om gelukkig te *blijven* los van de hobbels in het leven, zouden we moeten streven naar een nog hogere staat.

De staat van diep geluk

Mensen die diep geluk ervaren, accepteren het leven niet alleen zoals het is, ze dompelen zich er volledig in onder. Ze zijn als de kunstenaars en schrijvers – en ingenieurs – waarover psycholoog Mihaly Csikszentmihalyi schrijft. Ze zijn zo in harmonie met het huidige moment dat ze een rijk van eindeloze gelukzaligheid betreden dat hij beschrijft als *flow*. Alleen 'flowen' zij op de kleinste dingen die het leven biedt, wat die ook zijn. Zij bereiken een staat van onverstoord geluk die ik *diep geluk* noem.[1]

Ik gebruik de term diep geluk hier, omdat er niet echt een andere term bestaat die deze gemoedstoestand precies beschrijft. Innerlijke rust, stilte, kalmte, lijken erop. Misschien zouden we een mix van al deze termen moeten gebruiken, want geen van de losstaande definities komt echt in de buurt.

Een vriendin van mij kan sinds haar geboorte niet ruiken. Op een dag vroeg ze me te beschrijven hoe een roos ruikt. Ik wist niet wat ik moest zeggen. Een roos ruikt als, nou ja, een roos! De enige manier om te waarderen hoe een roos ruikt is om de geur echt te ervaren. Hetzelfde geldt voor diep geluk. Alles wat ik kan doen is je helpen om het een keer te ervaren, zodat je weet hoe het voelt.

Als je door een onbekende wijk rijdt, kijk je constant op je GPS om te zien waar je heen moet. Straat na straat vergelijk je de omgeving met je GPS. Dit gebeurt ook als je je Geluksformule wilt toepassen, denkend aan alle gebeurtenissen terwijl je leven verdergaat. Als de weg bekend is en je er blij mee bent, heb je geen GPS nodig. Je hoeft je alleen maar te oriënteren op een paar herkenningspunten, moeiteloos je neus te volgen en af te gaan op je doel, zonder erbij na te denken.

En dat is dus het geval met diep geluk. Die vloeit vooral voort uit een grondig begrip van de topografie van het leven. Diep geluk komt als je op 6.000 meter hoogte de Geluksformule analyseert en doorhebt dat het leven met al die machtig malende molens, zich *altijd zal gedragen als het doet*. Dus bepaal je realistische doelen, waardoor je, zelfs als het leven tegenzit, je niet uit het veld geslagen wordt omdat je als realist bent voorbereid op af en toe een tegenslag.

Vervelende hobbels kom je ook tegen op een bekende weg. Ze zijn niet prettig, maar ook voorspelbaar, dus je neemt ze relaxed voor lief. Als je weer eens in een lange rij staat voor de kassa, dan weet je dat dat te verwachten is. Op die manier verwacht je ook dat je werk veeleisend is, je baas zeurt en dat aan het einde van de maand je geld op is. Het is gewoon zoals het is, er zijn hobbels op je levensweg. Dat is logisch.

Plezier schort je gedachten op en geluk komt op als je brein het eens is met wat er in je leven gebeurt. Bij diep geluk heb je je gedachten helemaal niet meer nodig, omdat de analyse klaar is en de formule voor altijd kloppend.

Mijn zoon Ali had een tattoo op zijn rug met zijn levensmotto: *the gravity of the battle means nothing to those at peace*. Die tattoo beschreef precies wie hij was. Met dit geloof leefde hij zijn leven als een oude wijze man. Niks kon zijn rust verstoren. Hij steeg uit boven de gedachte en vond daar zijn diep geluk.

De grootste mythe over diep geluk is dat die is voorbehouden aan monniken, omdat zij het snelle leven hebben afgezworen. Maar dat klopt niet. Diep geluk kun je kwijt in alles wat je doet, zelfs in de meest stressvolle levensstijlen.

Toen ik beurshandelaar was, werd ik totaal verrast door mijn eerste grote verlies. Mijn lijdensweg duurde dagen. Ik had spijt van mijn handelswijze en gaf mezelf de schuld. Maar daarna handelde ik weer, jarenlang, met nog veel grotere verliezen dan de eerste keer. En ik bleef volledig kalm en evenwichtig. Zodra je het ware karakter van de markt kent en weet dat incidentele verliezen, 'rimpelingen' noemde ik ze, horen bij het spelletje, hou je het specifieke lijden tegen en richt je je op het grotere geheel. Hoewel het leven van een beurshandelaar nooit echt leuk wordt, is het vermogen om realistische voorspellingen over de markten te doen en uit te stijgen boven de rimpelingen een vaardigheid die je helpt de staat van diep geluk te bereiken.

Onthoud!

Echt diep geluk betekent in harmonie zijn met het leven zoals het werkelijk is.

Maar hoe vind je diep geluk?

Dat doe je door het levenspad te bewandelen zoals je dat zou doen bij een bekend pad. Als je je richtingwijzers vindt, vind je de waarheid.

Een model voor geluk

Elke dag brengt het leven je wat nieuws. Nieuwe verwachtingen worden geschapen, en nieuwe geluksformules vragen om oplossingen. De meesten van ons verruilen gemoedstoestanden lukraak bij elke gelegenheid. We hebben allemaal een paar stapjes richting geluk gezet ... om in verwarring te raken. We hebben allemaal een snellere route gevonden en even plezier gehad ... om weer iets naars mee te maken.

Daar ben je nu wel klaar mee, toch? Een staat van onbelemmerd diep geluk is haalbaar als je er meteen op afgaat. En dus ...

Onthoud!

zou je nooit met minder genoegen moeten nemen dan met diep geluk.

Maar het bereiken van onbelemmerd geluk is niet zo makkelijk als een avondje uit met je vrienden, een yogales of het kopen van een nieuwe auto. Je moet illusies doorprikken, blinde vlekken wegpoetsen, pijnstillers afzweren en tot slot de waarheid onder ogen zien.

Het is tijd om te beginnen met je gelukstraining. Ingenieur die ik ben, doe ik het in steno. Dat komt niet in de buurt van de indrukwekkende manier waarop moderne geluksgoeroes erover spreken. Het is niet zo moeilijk. Alles wat je moet onthouden zijn drie getallen: 6-7-5.

Het werkt zo. Er zijn zes grote illusies die je in een staat van verwarring houden. Als we die illusies gebruiken om het leven te doorgronden, komt daar niets van terecht. Het lijden zit diep en duurt lang.

Vervolgens vervuilen zeven blinde vlekken je blik op

het werkelijke leven. Het uiteindelijke verdraaide beeld maakt je ongelukkig.

Elimineer de **zes** illusies, poets de **zeven** blinde vlekken weg en probeer niet steeds te ontsnappen. Dan word je gelukkiger.

Als je wilt dat het geluk aanhoudt, moet je vasthouden aan de **vijf** ultieme waarheden.

Dit alles bij elkaar vormt het geluksmodel:

Elimineer de 6 grote illusies

Poets de 7 blinde vlekken

Hou vast aan de 5 ultieme waarheden

Je cursus begint morgen.

Ik zie je bij

6

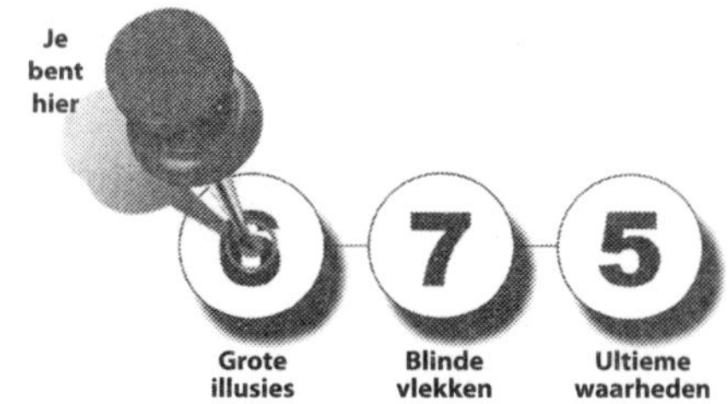

Deel 2

6

Grote illusies dompelen ons onder in verwarring en beletten ons de wereld te begrijpen. Het leven wordt een worsteling. De meeste pogingen de Geluksformule op te lossen mislukken omdat we illusies gebruiken als input. We zijn niet in staat de wereld te zien zoals die is en we vragen ons af waarom het leven zo wreed is geworden. Als we door de illusies heen prikken valt er een last van onze schouders, wordt ons zicht helder en komt geluk vaker om de hoek kijken.

HOOFDSTUK 3

Het stemmetje in je hoofd

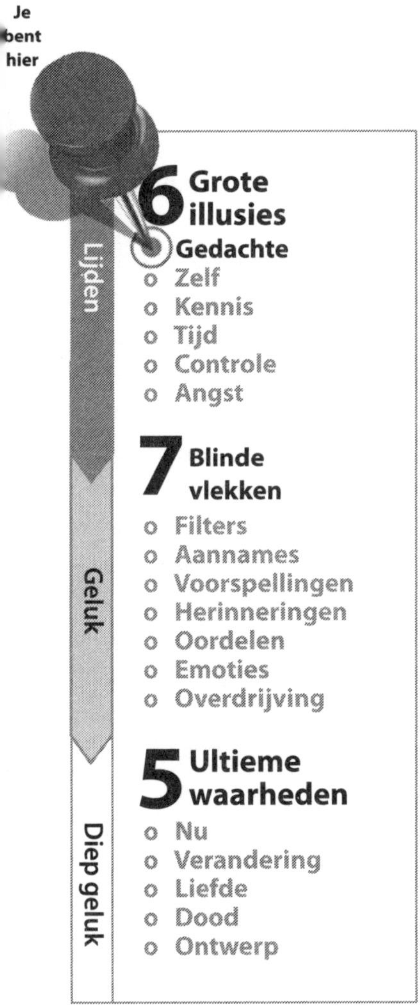

Luister.

Hoor je het stemmetje in je hoofd? Stop even met lezen en probeer te genieten van een momentje stilte. Ga na hoe lang het duurt voordat het stemmetje terugkomt in je hoofd en je vertelt wat je vandaag allemaal nog moet doen, je herinnert aan die onbeschofte vent die je net tegenkwam en je vertelt dat het maar niet opschiet met die langverwachte promotie. De details zijn verschillend maar de eindeloze stroom geklets is iets wat we allemaal delen. Het stemmetje zeurt over wat ons nog te wachten staat, kleineert ons, straft ons, ruziet, discussieert, kritiseert, vergelijkt en houdt maar niet op. Elke dag weer luisteren we naar deze stroom gekakel.

Het hebben van een stem in je hoofd is vrij normaal, maar dat maakt het nog niet goed. We moeten niet het ongeluk, de pijn en het verdriet negeren dat veroorzaakt wordt door deze stem. Of wel?

Misschien is het goed om even de tijd te nemen en te proberen iets meer te begrijpen van dat stemmetje. Laten we beginnen bij het begin: wie praat er? Ben *jij* die stem die tegen *jou* praat? Waarom zou je tegen jezelf moeten praten als jij degene bent die praat?

Jij bent die stem niet

Als er één ding is dat je leven voorgoed verandert dan is dat het besef dat *jij niet* de stem bent die tegen je praat!

Denk daar maar even over na. Het is zo simpel dat bewijs niet eens nodig is. Je hebt een gunstig uitkijkpunt nodig om iets waar te kunnen nemen: om iets te kunnen observeren moet je aan de buitenkant staan. We zouden de aarde niet kunnen zien als we er niet van weg zouden gaan. We konden de aarde pas zien nadat astronauten ons foto's hadden gestuurd. Je kunt je eigen ogen niet zien omdat ze het deel van je zijn dat ziet. Het beeld van je ogen in de spiegel is niet meer dan een reflectie. Het zijn niet je eigen ogen. Als je iemand hoort praten op de radio, ben jij dat niet. En als jij een stem voelt spreken in je hoofd, dan geldt ook dat jij en de stem twee verschillende entiteiten zijn.

Niet overtuigd? Wat denk je hiervan: wat gebeurt er als je even stopt met denken? We doen het allemaal weleens. Betekent dit dan dat je even ophoudt te bestaan? Dat je jezelf niet meer bent? Maar wie geniet er dan van die stilte? Het antwoord is jij. De echte jij. Als je 's morgens je ogen opent, dat korte moment voordat je gedachtestroom op gang komt en je kijkt naar je wekker, wie kijkt er dan? Wie ziet buiten de zonneschijn, voordat je gedachtestroom het overneemt en je dag begint te vertellen? Dezelfde persoon die de hele dag moet luisteren naar dat oeverloze gedrein van dat stemmetje in je hoofd.

Dit concept wordt snel duidelijker als we gaan behandelen wie dat stemmetje is. Maar voorlopig is de waarheid eenvoudig:

Heel belangrijk!

Dat stemmetje in je hoofd ben *jij niet!*

Het lijkt misschien een simpele constatering maar hij zou je benadering van je gedachten op zijn kop moeten zetten. Onze moderne cultuur overschat logica en denken enorm. We gaan zelfs zo ver dat we ons zijn gelijkstellen aan ons denken. René Descartes' beroemde bewering 'Ik denk dus ik ben' vindt veel navolging in de door het brein gedomineerde westerse cultuur. Maar klopt die bewering?

Als jij gelooft dat jij je gedachten bent, identificeer je je met ze. Met andere woorden, als je iets ondeugends denkt zou je kunnen denken dat jij ondeugend bent. Begrijp je? Maar ondeugende gedachten staan niet gelijk aan een ondeugend iemand zijn. Ondeugende gedachten worden je gewoon aangeboden om iets mee te doen, dat is wat het brein doet. Wat jij vervolgens met die gedachten doet is jouw zaak. Je hoeft niet te gehoorzamen.

Als jij uiteindelijk bedenkt dat jij niet je gedachten bent, dan heb je de grootste illusie van allemaal doorgeprikt: de Gedachte-illusie. Jij bent niet je gedachten. Die gedachten zijn er om jou te dienen. Wat Descartes had moeten zeggen is:

Onthoud!

Ik ben, dus ik denk.

Maar als de stem niet van jou is, van wie is die dan? In tekenfilms wordt dit altijd uitgebeeld als een ruzie tussen een duiveltje op de linkerschouder en een engeltje op de rechter, beiden fluisteren hun ideeën in je oren. In *Een Nieuwe Aarde* noemt Eckhart Tolle die stem De Denker. Sommige godsdiensten denken dat het de duivel is die zijn gemene plannen probeert te verkopen. Anderen hebben het over De Fluisteraar of De Vriend.

Wat al deze benamingen gemeen hebben is dat ze de stem zien als losse entiteit, een die je probeert over te halen dingen te doen die je zelf nooit zou doen zonder een beetje overtuigingskracht.[1]

Een vriendin van mij noemt de stem in haar hoofd Becky. Toen ik haar vroeg waarom, zei ze dat het de naam was van het meisje op school aan wie ze een hekel had, het meisje dat haar altijd dingen liet doen die ze niet wilde.

Noem de stem vooral hoe je wilt. De werkelijke herkomst van het stemmetje is onbelangrijk voor de rest van ons gesprek. Wat belangrijk is, is dat je erkent dat het stemmetje bestaat, dat je weet dat jij het niet bent en begrijpt hoe die stem zich gedraagt. Ik noem het het brein, want dat is wat het is.

Het brein

Het brein is verreweg de ingewikkeldste machine op deze planeet, gemaakt van tweehonderd miljard neuronen en met honderden triljoenen connecties daartussen. Als je elke neuron beschouwt als een minicomputer, dan heeft je brein dertig keer meer neuronen dan de computers en apparaten waaruit het volledige internet is opgebouwd.[2] De computer communiceert met je zintuigen en stuurt je spierfuncties aan, je bewegingen, handelingen en reacties. Hij beheerst complexe analyses, wiskundige berekeningen en logica, maar is ook verantwoordelijk voor de negatieve stroom van onophoudelijk geklets die je belet gelukkig te worden. Het is het waardevolste bezit dat we hebben. Helaas zat er geen gebruiksaanwijzing bij en dus zijn er weinig mensen die echt leren het brein optimaal te gebruiken.

Denk je eens in hoe zonde het zou zijn als je de snelste sportauto ter wereld kreeg maar dat je alleen de stereo-installatie zou gebruiken. Of dat je ermee in de modder gaat rijden en vast komt te zitten omdat de auto daar totaal niet op berekend is. Of, nog erger, als je nooit geleerd had coureur te worden en toch als een idioot rond gaat scheuren en daarbij mensen om je heen en jezelf letsel toebrengt.

We maken al deze fouten wanneer we ons brein gebruiken. We gebruiken het om de verkeerde redenen, maken geen gebruik van zijn beste mogelijkheden en we laten het brein aan de haal gaan met onze gedachten – waardoor onze levens en die van anderen worden verwoest. We kunnen veel beter, maar we moeten eerst begrijpen waarom we ons brein gebruiken zoals we doen.

Om te begrijpen waarom deze ingewikkelde machine zoveel praat, moeten we teruggaan naar de tijd dat we helemaal niet spraken, de tijd van het pasgeboren kind. Voordat we woorden leren is ons brein stil. We liggen daar maar wat, observerend en reagerend op de wereld. Als we wat ouder worden valt ons op dat onze ouders woorden gebruiken om een boodschap over te brengen: flesje, eten, luier, bad. We worden geprezen als we die woorden herhalen zodat we de gave ontwikkelen om alles bij zijn naam te noemen, ook al is er niemand in de buurt die het kan horen. Woorden worden onze enige manier om kennis te begrijpen en te communiceren.

We beginnen te vertellen wat we zien en dat helpt ons dingen te begrijpen. Als kinderen doen we dat hardop. Later komt dit sociaal gezien nogal vreemd over, dus verplaatsen we het vertellen naar binnen. Vanaf dan houdt het nooit meer op.

In de jaren dertig van de vorige eeuw ontdekte de Russische psycholoog Lev Vygotsky dat innerlijke spraak gepaard gaat met minuscule spierbewegingen in het strottenhoofd. Op basis daarvan redeneerde hij dat innerlijke spraak zich ontwikkelde door het vanbinnen hardop praten. In de jaren negentig van de vorige eeuw werd zijn theorie door neurowetenschappers bevestigd. Ze gebruikten neurobeeldvorming om te laten zien dat delen van het brein zoals de linker inferieure frontale gyrus – die actief is als we hardop spreken – ook aan het werk is bij innerlijke spraak. Die stem die in je hoofd tot je spreekt is eigenlijk je brein dat spreekt, alhoewel jij de enige bent die dat kan horen.

De taakomschrijving

Dus nu weten we wat er praat, maar waarom praat het? Net als andere organen is het brein er om een bepaalde functie uit te voeren. De belangrijkste taak van het brein is in wezen het garanderen van de veiligheid en overleving van je lichaam. Een deel van dat werk gebeurt zonder dat jij daar iets van merkt. Als je een auto ziet die keihard op je af komt rijden, geeft jouw brein je benen de opdracht opzij te springen. Af en toe, als er iets meer nodig is dan een reflex, zorgt het brein voor het vrijkomen van adrenaline zodat je klaar bent voor je vecht-of-vluchtroutine. Al deze overlevingsreacties zijn mechanisch van aard, ze vinden plaats zonder dat je er bewust voor hoeft te kiezen. Heel indrukwekkend!

Denken zorgt voor de toevoeging van een extra beschermingslaag als het brein je wil behoeden voor eventueel gevaar. Het brein scant elke grot, boom, rots of wat voor plek ook waar een tijger zich kan verstoppen. Als je geniet van een prachtig uitzicht, is de eerste taak van je hersenen niet te ontspannen en te genieten, maar om elk verdacht aspect te bekijken dat een gevaar zou kunnen opleveren. Het brein is ook geconditioneerd rekening te houden met langetermijngevaren: ons voorbereiden op de winter, onderdak verzorgen voor de kinderen en continu alles analyseren wat er mis kan gaan.

Toen de oermens werd omringd door gevaar van buitenaf, waren beide vormen van hersenactiviteit van extreem belang voor de overleving van de soort. Angst hield ons in leven en je brein maakte volledig de dienst uit. Voor reflexen overlegde het brein niet eens met je en dat doet het nog steeds niet. Het doet gewoon wat het hoort te doen. Als het ging om beslissingen die geen direct gevaar inhielden, beoordeelde je brein de situatie wat intensiever en maakte daarbij gebruik van twee verschillende benaderingen. Een is intuïtief en snel, de ander is langzaam en weloverwogen[3], resulterend in wat lijkt op een dialoog:

> Hé gast, ken je Tommy nog, die coole gozer die aan stukken is gescheurd door een tijger? Dat gaat ons toch niet gebeuren, hoop ik.
>
> Nee, dat willen we niet.
>
> Goed, zie je die boom hier? Hij lijkt op de boom waarachter de tijger vandaan sprong die Tommy aan stukken reet. We kunnen dus beter langs de rivier lopen. Wat jij?

Nee, het is sneller door het oerwoud en er valt niets te jagen bij de rivier.

Luister gast, Jessica is vanavond weer terug in de grot en ik ben liever daar bij haar dan dat ik word opgevreten door een tijger. Dus, laten we gewoon langs de rivier lopen.

Jaja, Jessica, oké …

Zo'n soort dialoog is een poging van het brein tot de best mogelijke beslissing te komen. Daniel Kahneman, winnaar van de Nobelprijs voor Economie, beschrijft dit proces uitmuntend in zijn bestseller *Ons feilbare denken*. Hij bespreekt de tweedeling tussen twee denkwijzen: systeem 1 is een snelle, instinctieve en emotionele manier van denken en systeem 2 is een langzamere, bedachtzamere en logischere manier.

Hij citeert in zijn boek voorbeelden van fouten of te snelle, verkeerde inschattingen van systeem 1 die worden gecorrigeerd door systeem 2.

De aanwezigheid van deze twee systemen zorgt ervoor dat je soms twee stemmen in je hoofd hoort, namelijk die van de twee denkwijzen, die een kwestie vanuit hun eigen perspectief bekijken en die letterlijk op het hoofdpodium bespreken.

Jij blij dat je niet gek bent.

Wie is de baas?

Sinds mensenheugenis heeft ons brein de verantwoordelijkheid genomen voor ons bestaan en omdat overleven aanvankelijk niet eenvoudig was, accepteerden wij ons brein als onbetwiste leider. Maar is dat nog steeds terecht?

Het staat vast dat je hersenen sommige zaken heel goed voor elkaar hebben. Ze zouden echter niet de vrijheid moeten hebben om alles te overdenken. Als het brein zich bezighoudt met reflexen en mechanische functies, gebeurt dat zonder denken. Dit geldt voor alle belangrijke lichaamsfuncties: daar wordt niet bij gedacht. Het werk van onze longen, klieren, hart, lever en andere organen wordt mechanisch aangestuurd door je brein en is niet het resultaat van bewust denken. Je bent er niet uren mee bezig en je hebt ook niet de kennis om de functionaliteit van je organen te beïnvloeden. Als het brein het voor het zeggen had, zou het cruciale fouten maken. Het zou bijvoorbeeld tijdens extreem emotionele momenten het logisch lijkende besluit kunnen nemen een einde te maken aan je leven door het hart uit te schakelen. Gelukkig heeft onze blauwdruk deze functie niet, omdat denken niet altijd de beste resultaten oplevert.

Onthoud!

Hoe belangrijker iets is, hoe vaker onophoudelijk denken er geen rol in speelt.

Is je dat weleens opgevallen?

Welnu: *geluk is echt belangrijk*. Hoe kan het dan dat we toelaten dat onze gedachten ons geluk in de weg staan? Accepteer je brein als onbetwiste leider als het gaat over mechanische handelingen, maar als het op denken aankomt moet jij de boel volledig in de hand nemen. De taak van je hersenen is logica aan te leveren waaruit jij vervolgens je keuzes maakt. Als gedachten je worden aangeboden, vergeet dan niet jezelf af te vragen: *wie werkt er voor wie?*

Onthoud!

Jij bent de baas. Jij mag kiezen.

Dit betekent dat jij je brein vertelt wat te doen, en niet omgekeerd. Net zoals je nu je hersenen vertelt zich te concentreren op de woorden op deze pagina, kun je ze *altijd* zeggen waar ze zich op moeten focussen. *Je moet gewoon het heft in handen nemen* en de baas spelen. Verbeter de bewering van Descartes in zijn geheel.

Onthoud!

Ik ben, dus *mijn brein* denkt.

Nuttig denken

Om goed te kunnen functioneren in de moderne wereld moet je onderscheid maken tussen wat wel en niet bij jou past. Alhoewel het vaak voelt alsof je gedachten bestaan uit een onophoudelijke brij van onzinnig geklets, zijn onze nuttigste gedachten meestal zwijgend. Er zijn drie soorten gedachten die je hersenen produceren: inzichtelijk (gebruikt voor probleemoplossing), ervaringsgericht (gericht op de taak van het moment) en vertellend (geklets). Deze types verschillen zo veel van elkaar dat ze zich afspelen in aparte delen van ons brein.

Uit een studie van onderzoekers aan het MIT (Massachusetts Institute of Technology) in 2009, bleek hoe inzichtelijk het denken functioneert.[4] Hersensignalen van de deelnemers werden opgenomen terwijl zij kruiswoordpuzzels oplosten. Er werd aan hen gevraagd de antwoorden hardop te zeggen als ze die hadden gevonden. De resultaten lieten zien dat twee delen van het brein, beide in de rechterhelft, zich bezighouden met het oplossen van de puzzel. Een deel van de hersenen opereert op de achtergrond, maar we worden ons bewust van het antwoord, als een gedachte, in een ander hersendeel – soms wel acht seconden later.

Nog interessanter is dat beide gebieden waar deze vorm van nuttig denken plaatsvindt erg verschillen van de gebieden waar het onophoudelijk denken zich afspeelt. Dit werd aangetoond door een studie uit 2007 aan de Universiteit van Toronto. Onderzoekers monitorden de hersenfuncties van twee groepen mensen: een groep nieuwelingen voor wie onophoudelijk denken kenmerkend was en een groep die een achtweekse cursus had gevolgd om hun aandacht te richten op het hier en nu.[5] De studie toonde aan dat het onophoudelijk denken van de eerste groep zich rond de middenlijn van het brein afspeelde. De tweede groep (die goed was in het focussen op het heden) activeerde de rechterkant van het brein en de gebieden waar het onophoudelijk denken zich niet afspeelde.

Hier is het goede nieuws: onophoudelijk denken, slechts een simpele hersenfunctie, levert een sterk bewijs dat onze gedachten niet in de buurt komen van wie wij zijn – ze definiëren ons niet. Nogmaals, jij bent niet je gedachten. Jouw brein produceert gedachten om jou van dienst te zijn. De ontdekking dat elk van deze types van denken zich afspeelt in totaal verschillende delen van ons brein betekent dat we getraind kunnen worden het ene type meer te gebruiken dan het andere.

We hebben veel aandacht nodig voor het heden als we taken uitvoeren en problemen moeten oplossen. Dit zijn nuttige functies. Wat we niet nodig hebben is de vertellende component van het denken, het nutteloze, oeverloze geklets, het deel dat ons allemaal een beetje gek maakt en verantwoordelijk is voor onze aanhoudende lijdensweg.

De lijdenscyclus

Als onze voorouders een dreiging herkenden in de vijandige omgeving waarin ze woonden, zorgde dit voor een fysieke vecht-of-vluchtreactie. In de wereld van nu vormen de meeste gebeurtenissen slechts een dreiging voor ons psychisch welzijn of voor ons ego. Vaak kan geen fatsoenlijk overlevingsmechanisme ons daartegen beschermen. Als ons brein geen geruststellend antwoord krijgt, brengt het de onopgeloste dreiging terug in een constante gedachtestroom. Volgens de Geluksformule leidt deze zich herhalende cirkel van gedachten over een gebeurtenis die niet aan onze verwachting voldoet, tot lijden. Ons onvermogen actie te ondernemen zet steeds weer de herinnering aan die gedachte in gang. Een eindeloze lijdenscyclus ontstaat.

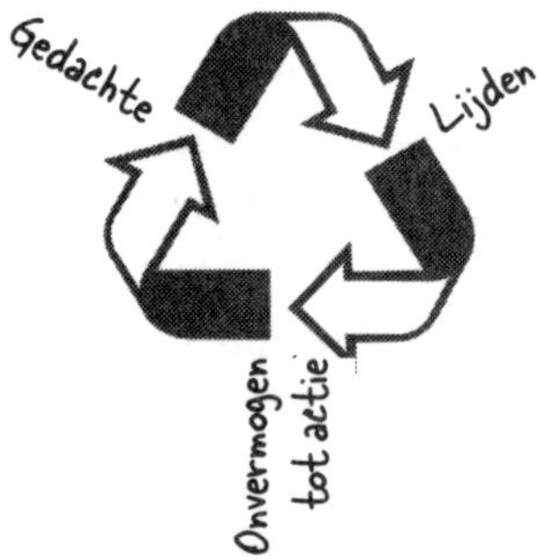

We kunnen deze cyclus ontregelen door de negativiteit op alle knooppunten te neutraliseren.

De best mogelijke actie, los van het resultaat, is een voor de hand liggende manier om de cyclus te doorbreken. Als we die actie eenmaal hebben ondernomen, richten onze gedachten zich op de uitvoering van wat er moet worden gedaan. Hierbij wordt een ander deel van de hersenen geactiveerd en onze gedachten bewegen zich naar het monitoren van de actie, in plaats van steeds maar weer focussen op dezelfde gedachte.

Een andere manier is ervoor te zorgen dat het denken niet overgaat in lijden. Dit kun je bereiken door je blinde vlekken te repareren en ervoor te zorgen dat gebeurtenissen worden gezien voor wat ze echt zijn en niet te luisteren naar wat ons brein ervan maakt. Dit is het onderwerp van hoofdstuk 9.

Maar waarom laten we de cyclus überhaupt beginnen? Zou het niet beter zijn als dat stemmetje wat zachter was?

Omgaan met de stem

Als je nadenkt over de mate van controle die je hebt over hart en spieren, kom je erachter dat er een verschil is tussen de twee. Je hart zal altijd slaan: je kunt het niet laten stoppen. Het is een *autonoom* orgaan. Je spieren daarentegen zijn deels door jou te beheersen. Hoewel reflexen je spieren soms dingen laten doen die je zelf niet wilt, kun je je armen opdragen een gewicht te tillen. Zelfs als het heel zwaar is kun je je spieren dwingen iets beter hun best te doen. Je hebt veel van dat soort systemen in je lichaam. Ik noem ze *beheersbare* apparaten.

Je hersenen maken deel uit van de categorie beheersbare apparaten omdat je er deels invloed op hebt. Je kunt ze vertellen waaraan te denken, hoe te denken, zelfs helemaal te stoppen met denken. Je moet gewoon even oefenen voordat je het beheerst. Het is te doen. Is dit geen ongelooflijk nieuws?

Hersenbeheersing klinkt een beetje als een onderwerp voor een sciencefictionfilm, maar je doet het dagelijks. Je concentreren op huiswerk, je financiële planning doen of een bepaald onderwerp bespreken met een vriend: het zijn allemaal voorbeelden van hersenbeheersing en het brein vertellen wat te doen. Zo kun je ook de stem in je hoofd beheersen.

Er zijn vier technieken die je hierbij kunt gebruiken. Elke techniek bouwt voort op die daarvoor, dus leer ze in de goede volgorde. Ze zijn eenvoudig maar vereisen discipline. Oefening maakt ze makkelijker, totdat ze je tweede natuur worden. Als je even stopt met oefenen, probeert je brein terug te keren naar zijn oude gewoontes en soms lukt dat. Schrik niet. Zeg gewoon vriendelijk en aardig tegen je hersenen: ik zie wat je hier aan het doen bent. Ik weet dat dit moeilijk voor je is. Als je nu meespeelt is dat uiteindelijk beter voor ons allebei.

Observeer de dialoog

Ten eerste: zorg ervoor dat je bekend raakt met het beest dat je gaat temmen. De beste manier om dat te doen is stil blijven zitten en in de gaten houden wat daarboven aan de gang is, zo vaak je maar kunt. Observeer de gedachten die worden gegenereerd. Deze techniek heet: de dialoog observeren.

Niet vechten tegen de gedachten die zomaar opkomen. Blijf ze bekijken terwijl ze maar doorgaan. Bekijk de gedachte en laat hem dan gaan. Bedenk dat jij niet de gedachte bent. Gedachten komen en gaan. Ze hebben je niet in hun macht, behalve als je dat toestaat.

Als je de techniek van de dialoog observeren onder de knie hebt, voelt het alsof je naar een aflevering van *Seinfeld* kijkt (mijn favoriete comedy uit de jaren negentig), een serie over niets. Je volgt de serie aandachtig, lacht regelmatig, maar je hebt niet de behoefte om mee te doen. Je oordeelt niet over wat er wordt gezegd en je probeert ook niet om mee te discussiëren. Laat je brein spreken als de personages in een *sitcom*.

Nu je weet dat jij niet je gedachten bent, is het veel makkelijker om niet meer geïrriteerd te raken. Bekijk elke gedachte die binnenkomt en laat hem weer gaan. Doe dit op weg naar je werk, als je in de wacht zit voor een afspraak of als je gewoon een paar minuten vrij bent. Maak er je favoriete hobby van, je eigen tv-serie, jouw *serie over niets*.

Het mooiste eraan is: zodra je de techniek van het observeren van een idee onder de knie hebt en het laat gaan, je gedachten al snel geen nieuwe gespreksonderwerpen meer zullen hebben. Het kan alleen maar doorgaan als jij aan een idee blijft vasthouden. Je zult versteld staan hoe snel je brein is getemd. Het zal niet meer zo snel komen met die wilde, agressieve en onophoudelijke stroom. Zodra je dat voelt, ga je verder met de volgende techniek.

Observeer het drama

Niemand is in staat elke gedachte te laten gaan. Af en toe blijft een idee hangen. Je zult de voortekenen herkennen: je bent volledig verzonken in gedachten en je minder bewust van de wereld om je heen. Als je merkt dat dit gebeurt, is dit je kans om te leren het drama te observeren.

Erken eerst hoe je je voelt, de emotie die wordt aangewakkerd door de gedachte. Vecht er niet tegen. Laat maar gaan. Je moet misschien wat dieper graven, niet om het probleem op te lossen maar om het beter te begrijpen. Vraag jezelf af waarom je kwaad of opgewonden was. Welke gedachte was daar verantwoordelijk voor?

Lange tijd raakte ik geïrriteerd door het geluid van huilende of spelende kinderen in mijn buurt als ik naar een café ging voor een rustig kopje koffie. Ze leken overal te zijn waar ik kwam. Geloof het of niet, terwijl ik dit schrijf zit ik in een bijna leeg café, op wat schreeuwende kinderen na aan de tafel achter me. Vroeger zou ik overkoken van woede. *Gaan die ouders nog iets hieraan doen? Hebben ze geen verantwoordelijkheidsgevoel of respect voor anderen?*

Hoe meer mijn gedachten afdwaalden, des te kwader ik werd. Totdat ik op een dag leerde het drama te observeren. In plaats van te focussen op de lawaaiige kinderen, leerde ik te kijken naar de gedachte die mijn woede aanwakkerde. Ik vroeg mezelf: *waarom heb ik deze hevige emoties? Waarom word ik zo kwaad? Waarom word ik zo kwaad van schreeuwende kinderen en niet van harde muziek?* (Ik ben een echte heavymetalfan en veel harder wordt het niet.)

En opeens werd het me duidelijk.

Toen ik een jonge ouder was, blaakte mijn zonnestraaltje Aya van de energie. (Dat doet ze nog steeds.) Altijd als we ergens heengingen was zij degene die lawaai maakte. Ik herinner me nog hoe gegeneerd en ongemakkelijk ik me voelde. Het kwetste mijn ego een vader te zijn die zijn kind niet in bedwang kon houden. Ik voelde me schuldig omdat ik de rust van andere mensen niet wilde verstoren.

Op dat moment was ik dat andere personage in mijn schaamte, de figuur die iemands rust aan het verstoren was. Jaren later associeerde mijn brein het geschreeuw van jonge kinderen nog steeds met die gevoelens van schaamte en schuld. Bingo!

Toen ik de *redenen* voor mijn gevoelens kende, werden ze makkelijk te besturen. Kinderen ergeren mij niet meer. Ze schreeuwen en roepen, en ik blijf kalm. Tegenwoordig doen deze geluiden me denken aan hoe vreselijk getalenteerd Aya was als kind. En dan glimlach ik. Ik herinner me hoe ze al die energie gebruikte om de kunstenaar te worden die ze nu is, en hoe ze een wereldreiziger werd, meer nog dan ik, omdat ze zo rusteloos was. Dezelfde gebeurtenis die me ooit kwaad maakte, geeft me nu geluk. De gedachte herformuleren, herformuleert de emotie.

Nu komt er nog een gezin met een kinderwagen aan de tafel naast mij zitten. Ik verzin dit niet. Daar komt het lawaai, en daar komt mijn glimlach. Ik mis je, kleine Aya.

Observeer het drama maar eens. De eenvoudige handeling je emotie terug te voeren naar de gedachte die hem veroorzaakte, geeft je de ruimte om even te relaxen. Focussen op de connectie activeert het probleemoplossende deel van je brein. Het helpt je de onophoudelijke kletspraat een halt toe te roepen omdat het je helpt de oorspronkelijke gedachte aan te wijzen. Als je er helder naar kijkt, zal je ontdekken dat het vaak niet helemaal klopt, en dat het zeker niet de moeite waard is om door te laten sudderen.

Als je eenmaal gewend raakt aan deze gewoonte, gaan de zich herhalende patronen in je brein opvallen. De trucjes die je brein uithaalt worden een open boek voor je en als het brein ze uithaalt zul jij zeggen: hé brein, doe niet zo raar! Kom eens met een betere gedachte!

Kom met een betere gedachte

Zodra een negatieve gedachte blijft hangen, kom je er moeilijk vanaf. Een ongetemd brein heeft een gedachte nodig om zich aan vast te klampen. En vaak genoeg laat het verwijderen van een gedachte een vacuüm achter dat al snel wordt opgevuld door een gedachte uit hetzelfde stemmingsspectrum: nog een negatieve gedachte. Daarom lijkt het altijd alsof de hele wereld instort als je op zo'n donkere plek terechtkomt. Je wordt al snel in beslag genomen door de ene na de andere negatieve gedachte. Kon je die cyclus maar doorbreken! Het vullen van dat vacuüm met blije gedachten zorgt ervoor dat er geen negatieve gedachte meer bijpast.

En hier begint de lol.

Het is simpel. Kijk naar het vetgedrukte woord hieronder. Neem even de tijd om je er volledig op te concentreren.

OLIFANTEN

Mag ik vragen waar je nu aan denkt? Zou het misschien een olifant kunnen zijn? Los van de gedachten daarvoor, kan ik je garanderen dat je gedachte veranderde toen je het woord *olifanten* las.

Onthoud! **Je kunt je brein sturen!**

Het klinkt heel simpel maar dit is een belangrijke vluchtweg uit je gedachtecycli. De effecten van deze geheime achterdeur zijn enorm voorspelbaar. Steeds als je brein verleid wordt met een gedachte, hapt het toe. Je hersenen kunnen niet anders! En daar kunnen we gebruik van maken. Je kunt je brein trainen te focussen op wat je maar wilt, door het in je bewustzijn op te nemen. Met zoveel keuze: met wat wil jij je brein voeden? Je hebt het door:

Onthoud! → **blije gedachten**

Als je je brein kunt vullen met elke gedachte die je maar wilt, waarom zou je het dan vullen met iets anders?

Toen Aya ongeveer vijf was, huilde ze een keer terwijl ik haar aan het uitleggen was waarom ze niet moest huilen over de kwestie die haar verdrietig maakte. Met tranen in haar ogen keek ze me zo schattig aan en zei: 'Papa, als ik aan het huilen ben, praat dan niet over dingen die me aan het huilen maken. Als je me blij wilt maken *kietel me dan gewoon*.'

Natuurlijk! Dit kleine stukje wijsheid is me altijd bijgebleven. We denken dat we een oplossing nodig hebben om van onze ongelukkigheid af te komen, maar vaak is de reden waarom we ons ongelukkig voelen niet terecht en daarom is er ook geen echte oplossing voor, net zomin als die er zou zijn bij een verkeerde vooronderstelling. De gemakkelijkste manier om gelukkig te worden is dus gewoon *gelukkig zijn*. Verwijder de ongelukkige gedachte, vervang hem door een gelukkige en laat de rest gewoon gaan zoals het gaat.

Steeds als een vervelende gedachte de kop opsteekt, zorg dan dat je brein aan iets anders gaat denken. Er is soms niets anders nodig in het leven!

Er is echter een belangrijk detail dat je in de gaten moet houden: diepe gedachten spelen zich af in het onderbewustzijn van je brein. Anders dan je bewuste gemoed, dat werkt met woorden, heeft het onderbewustzijn zich ontwikkeld lang voor je kon praten, dus het gebruikt vooral beelden en gevoelens.

Dit is van belang omdat er geen beeld is dat correspondeert met het woord *nee.* Je onderbewuste brein kan iets negatiefs niet verwerken. In je bewustzijn kun je een concept ontkennen, zoals in bijvoorbeeld *niet* lijden. Maar je onderbewuste zou dat concept nemen en alleen denken aan het woord dat het begrijpt: het woord dat jij juist wilt ontkennen: lijden. In plaats van het concept ontkennen, moet je het vervangen door het tegenovergestelde. Wat betreft je onderbewustzijn, kun je niet denken aan *niet lijden,* je kunt alleen denken aan *geluk.* In plaats dus van proberen te denken aan het niet hebben van een baan waar je een hekel aan hebt, denk bijvoorbeeld aan een heel andere baan. Denk niet aan het beëindigen van een relatie, denk aan de nieuwe die je zou willen beginnen. Dat is dé manier om je denken om te zetten in blije gedachten.

Onthoud!

Geluk is altijd te vinden in het positieve van elk concept.

De gemakkelijkste manier om een vol arsenaal aan blije gedachten op te te bouwen is je gelukslijstje te gebruiken (uit hoofdstuk 1). Een blije gedachte hoeft niet per se te maken te hebben met het donkere gespreksonderwerp waardoor jij van het pad raakte. Elke blije gedachte van jouw lijstje kan voor kortsluiting zorgen in de ketting van negativiteit in je brein, door het vacuüm te vullen. Zodra de stroom negatieve gedachten is onderbroken, zal je het een stuk makkelijker vinden weer te gaan denken met een positieve blik.

Als je deze techniek nog lastig vindt, schrijf dan je gelukslijstje op een stuk papier en houd dit altijd bij je. Weet je wat nog beter werkt? Bewaar beelden van je blije gedachten op je telefoon, zodat je ze altijd paraat hebt.

Jarenlang ging ik overal heen met een map waarin mijn negentien geluksmomenten zaten. Nu hoef ik die allang niet meer tevoorschijn te halen. De juiste gedachte verschijnt automatisch in mijn brein om de negatieve eruit te werken. Als ik weer een positieve mindset heb, kijk ik meteen naar de uitdaging voor me, vooral de onderdelen waar ik echt invloed op heb, en pas ik wat positieve energie en nuttige gedachten toe om alles beter te maken.

Een nog betere manier om je gelukslijstje te gebruiken is op een proactieve en niet verdedigende manier. Kijk een paar keer per dag op je lijstje en focus je daarop. Je kunt er zo goed in worden dat je nooit meer hoeft te wachten tot een nieuwe negatieve gedachte binnenkomt. Hoe langer je je brein in een positieve modus houdt, des te moeilijker het wordt om weer in negativiteit te vervallen.

Door oefening kun je dit proces nog een niveau hoger tillen. Je kunt leren je brein te vullen met blije gedachten die horen bij een onderwerp waar het tot nu toe negatief over dacht. Alles wat je moet doen is een lijst vragen voorbereiden die alleen de positieve kant van een onderwerp belichten.

Neem bijvoorbeeld de gedachte: ik haat mijn werk. Als het aan je brein lag zou het er meteen mee aan de haal gaan en die gedachte onderbrengen bij alle andere dingen die je zo ellendig vindt aan je werk. In plaats daarvan train je je brein met vragen als: er moet iets zijn wat ik leuk vind aan dit werk. Maar wat dan?

In het begin zal je brein niet meewerken, doorgaan op de ingeslagen weg en opnieuw een negatieve gedachte aandragen: ik vind het vreselijk hoe mijn baas me behandelt.

Als reactie daarop houd je rustig vol (alsof je praat tegen een zesjarige): dus wat vind ik wel leuk aan deze plek? Alleen zo krijg je ten minste deels iets positiefs terug, als: de receptionist is leuk, maar man, wat is deze plek lelijk. Hou vol, de positiviteit gaat vanzelf vloeien: ik hou van de koffieshop beneden, ik kom makkelijk naar kantoor, ik verdien goed. Hou vast aan die gedachten. Dit begint te werken. Je kunt nu de zonnige kant van de zaak zien.

Meestal is niet alles slecht. Train je brein om het goede te vinden en maak daar het speerpunt van je gedachten van. Maak een lijst met algemene vragen die iets positiefs kunnen losmaken, als: wat is er goed aan deze situatie? Wat vind ik er leuk aan? Of breng alles terug tot een simpele vraag: wat zit er in de volle helft van het glas?

Als je het eenmaal onder knie krijgt, word je een meester in het vinden van de goeie kant van de zaak. Ze zijn er altijd, die goede kanten. Je hebt er alleen nog nooit naar gezocht. Je brein zal erachter komen dat negatieve gedachten jou niet interesseren en dat de enige manier om jouw aandacht te krijgen positief denken is. Het brein zal getemd worden.

Als je erachter komt dat het makkelijk is het gesprek in je hoofd om te leiden, ben je klaar om het proces nog verder te stroomlijnen. De volgende keer dat je een negatieve gedachte tegenkomt in je brein, antwoord dan gewoon: *kom even met een blijere gedachte!* Dat is eigenlijk alles wat je hoeft te zeggen. Je brein zal uit gewoonte eerst proberen die taak te omzeilen, maar als jij aandringt zal het gehoorzamen en vanaf dat moment hoef je alleen nog maar de uitroep *Kom even met een blijere gedachte!* te herhalen tot je er een krijgt. Mensen die dit voor elkaar krijgen komen zo dicht in de buurt van *brain control* als maar kan.

Gefeliciteerd! **JIJ**, niet je brein,

bent nu de **BAAS**.

Houd even je snavel

Als je de dialoog een tijdje hebt geobserveerd weet je wat ik nu ga zeggen. Heb je weleens het idee dat er soms een eendje in je hoofd zit? En dat het maar blijft door kwaken? Het laat je bijna nooit met rust. De eend blijft maar kwaken.

Nadat ik had geleerd mijn hersenen positief te laten denken, luisterde ik een keer naar Pete Cohen, de schrijver van *Life DIY*. Hij vertelde hoe dat constante gekwaak de prestaties van de topatleten die hij trainde beïnvloedde, en ik dacht bij mezelf: *ik weet inmiddels hoe ik de eend positief moet laten kwaken, maar Pete heeft gelijk. Soms zou ik willen dat ik die eend zijn snavel kon laten houden.*

Er zijn verschillende meditatietechnieken die je helpen bij het vinden van die rust. Ze gaan vaak over het focussen van je brein op iets dat buiten je gedachtewereld ligt: de schoonheid van een roos, de flikkerende vlam van een kaars, of zelfs je eigen adem.

Meditatie is alleen geen levensstijl. Het is een oefening die je kan helpen bij een levensstijl. Maar wat heeft zo'n oefening voor zin als je weer terugkeert naar je normale hoofd-vol-gedachten-levensstijl, nadat de oefening voorbij is? Het uiteindelijke doel is te leven in een staat van breder bewustzijn, na de meditatieles, zodat het je levensstijl wordt voor de hele dag.

Er is nog een eigenaardigheid in de manier waarop je brein werkt, die je daarbij kan helpen. Het brein is wat ze in de computerwetenschap een seriële processor noemen, wat betekent dat het zich alleen kan richten op één gedachte per keer. Ook al lijkt het soms dat je miljoenen gedachten in je hoofd hebt, je hersenen zijn gewoon snel aan het wisselen.

Neem even de tijd voor het volgende spelletje. Probeer aan twee dingen tegelijk te denken. Bijvoorbeeld het fijne weekend van vorige week, plus de herinnering aan een ruzie die je gisteren had. Blijf het proberen, toe maar.

Moeilijk hè?

Probeer nu iets hardop te lezen terwijl je in je hoofd terugtelt vanaf 643. Je merkt dat terwijl je leest het tellen ophoudt en dat als je telt het lezen stopt. Dit is ook het geval met je interne gesprek. Eentje tegelijk is alles wat deze geweldige machine kan doen.

Onthoud!

Hersenen kunnen niet multitasken.

We kunnen ons voordeel doen met deze functie van het brein. Mijn favoriete techniek om die kwakende eend het zwijgen op te leggen is hem te overspoelen met dingen waar hij toch niet over kan nadenken, of kan evalueren of beoordelen: dingen die hij alleen maar kan observeren.

Dat doe je zo. Richt je aandacht op iets buiten jezelf. Kijk naar het licht in de kamer, kijk naar wat er op je bureau ligt, snuif de koffiegeur op die door het huis waait, geniet van de mooie nerven in het houten tafelblad of luister naar de geluiden van auto's die door je straat rijden. Laat niets ongestoord voorbij glippen. Let op de kleinste details. Dit is wat je altijd deed als pasgeboren kind. Gewoon observeren.

Je kunt ook meditatietechnieken gebruiken en je aandacht juist naar binnen richten. Let goed op je lichaam. Zoom in op de stijve spieren van je work-out of de rugpijn die je overhield aan te lang achter je bureau zitten. Let op je ademhaling of voel het bloed door je lichaam pompen.

Neem het rustig tot je: de oneindige stimuli die je brein eruit heeft gefilterd om hersencycli vrij te maken om obsessief bezig te zijn met zijn eigen gedachten. Kies dat ene ding dat het brein meteen kan verwerken, *dus geen gedachte.* Overspoel het brein met signalen van de fysieke wereld zodat het uit zijn eigen kleine bubbel stapt. Elke filter die je weghaalt geeft je brein iets om te verwerken en verkleint de kans dat het zich weer stort op nodeloze gedachten.

Dit keer voed je je brein niet met goede gedachten, je voedt het juist met helemaal niets. Dit is het moment dat de stilte verschijnt. Samen met een grote vredige glimlach!

Wees wel gewaarschuwd. Dit kan een erg ongemakkelijke plek zijn voor je hersenen. Laten we wel wezen, jouw brein is gewend de baas te zijn en je vermogen het aan of uit te zetten voelt als een bedreiging voor zijn voortbestaan. Het brein gaat terugvechten door nog meer gedachten jouw kant op te sturen.

De beste remedie is kalm te blijven en de wereld rustig te blijven observeren, zowel vanbinnen als vanbuiten. Blijf de filters verwijderen net zo lang tot de stilte terugkomt.

Door deze techniek te gebruiken heb ik geleerd mijn hersenen uit te schakelen, zelfs na jaren als toptechneut met een zeer actieve linkerhersenhelft.

Soms zit ik urenlang in het vliegtuig, zwijgend glimlachend, met de schimmen van gedachten of helemaal geen gedachten in mijn hoofd. Het is hemels. Een op-aanvraag-knop voor al je gedachten. Ik zeg gewoon heel streng tegen mijn brein: snavel dicht! Ik schakel mijn gevoelsfilters uit en geniet van de wereld zonder enig commentaar van mijn brein. Probeer het zelf. Het is een onvergelijkbaar genot.

Onthoud!

De eend moet leren zijn snavel te houden.

'De ene'

In de sciencefictionfilm *The Matrix* (1999) wordt door een levende machine een namaakmens gecreëerd die de mensheid eronder moet krijgen. Keanu Reeves speelt Neo, ook *The One* genoemd, die de mensheid weer moet bevrijden. Als hij uiteindelijk voorbij de bedrieglijke beelden kan kijken die in zijn brein zijn geplant door de Matrix, bestaat alles voor zijn ogen opeens uit eentjes en nulletjes. Mijn programmeursverstand zag dit als een volledig heldere blik waarmee hij totale controle over zijn omgeving kon krijgen. Niks kon Neo nog schaden. De flitsende en razendsnelle bewegingen van de helpers van de Matrix werden slow motion en hij kon hun agressie en kogels makkelijk ontwijken.

Dit is het niveau dat je hebt bereikt als je de Gedachte-illusie kunt doorprikken. Het grootste deel van je geluk hangt niet af van de wereld om je heen maar van de gedachten die jij erover creëert. Zodra je rustig het gesprek en het drama leert te observeren, begin je de eentjes en nulletjes te zien. Je kunt je gedachten bekijken en je weet dat de enige macht die ze hebben over jou, de macht is die je ze geeft.

Net als Neo, zul jij je gedachten veel langzamer voorbij voelen glijden. Je bekijkt ze rustig en slaat iedere aanval af. Nog belangrijker: als je eenmaal leert je brein uit te zetten, waardoor je betere en positievere gedachten krijgt, bereik je het stadium waarin je de totale controle hebt. Je kunt dan je brein vertellen wat het moet vinden van de buitenwereld.

Een ding dat me opviel in *The Matrix* was de desinteresse op het gezicht van Neo toen hij de wereld eindelijk zag zoals hij is. Terwijl de helpers er totaal in opgingen, zowel emotioneel als fysiek, was Neo niet onder de indruk van wat de Matrix hem toewierp. Het deed hem niks. Hij deed wat hij moest doen en wist dat hij het gevecht had gewonnen. Hij was al totaal vredig.

Ook jij kunt *De Ene* zijn. Je kunt de zoevende kogels uit je hersenen ook tegenhouden en ze vredig voorbij zien schieten.

Het kan even duren voordat je dat hebt bereikt. En tot dan zou je geen ander doel voor ogen moeten hebben. Dit is de zwarte band van gedachtebeheersing. Dit is complete rust. Laat je niet foppen door de illusie.

Onthoud!

Jij bent niet de stem in je hoofd.

Wie ben jij?

Als ik praat over wat het betekent *niet* onze gedachten te zijn, lachen de meeste mensen van opluchting. Ze realiseren zich dat ze niet meer naar die eend hoeven te luisteren. Maar even later is er al weer verwarring. Hun brein schiet terug in zijn hyperaanvalmodus en stelt een fundamentele vraag: *als ik niet de stem in mijn hoofd ben, wie ben ik dan wel?*

Goeie vraag. Denk er een paar minuten over na, voordat je de bladzij omslaat.

HOOFDSTUK 4

Wie ben jij?

Dit is waarschijnlijk een van de meest essentiële vragen die je ooit zult stellen. Je bent je hele leven in dienst van jezelf. Dingen kopen, knokken, ruzien, liefhebben, verzorgen, sporten, geld verdienen en leren te voldoen aan een beeld van jezelf, iemand die niet eens in de buurt komt van wie jij echt bent. Geen wonder dat nooit aan je echte behoeftes wordt voldaan, misschien worden ze wel nooit besproken of überhaupt erkend.

Zelfillusie is een van de diepste, meest gelaagde illusies die de mensheid ooit heeft moeten ontrafelen. Filosofen, theologen en psychiaters hebben allemaal geprobeerd deze illusie door te prikken. Toch dragen wij bijna allemaal nog steeds een masker, boven op onze andere maskers.

De illusie begint met het geloof dat jij je fysieke gedaante bent. Een laagje daaronder identificeer je je met een persoon die in niets op jou lijkt (je ego) en daarna, in de onderste laag, raak je verward over je plaats in deze wereld. Wie jij echt bent ligt verscholen onder lagen van illusies, die stuk voor stuk moeten worden onthuld, zoals bij een Russische matroesjka.

Als je dit gaat doen kom je er eerst achter wie je niet bent. Je blijft er lagen afpellen, net zolang tot je komt bij de laag die stevig en echt is, de laag die de test van waarneming en duurzaamheid kan doorstaan.

De waarnemingstest is gebaseerd op een eenvoudige subject-objectrelatie. Als jij het subject bent dat voorwerpen rondom je observeert, ben je niet de voorwerpen die je observeert. Als je naar dit boek kijkt, ben je per definitie niet dit boek. De enige manier waarop je naar de aarde kunt kijken is van buitenaf. Toch?

De duurzaamheidstest daarentegen hangt samen met een eenvoudige vraag van continuïteit. Als een eigenschap of een beschrijving die bij jou hoort verandert, terwijl jijzelf verder onveranderd blijft, dan ben jij niet die eigenschap. Als je eerst een docent was en nu een schrijver, dan is je beroep wel veranderd maar geen van beide is de permanente jij.

In het vorige hoofdstuk stelden we vast dat jouw gedachten jou niet definiëren: jij bent niet je gedachten. Deze tests bewijzen dat. Jouw gedachten doorstaan de waarnemingstest niet. Als jij je gedachten bent, hoe zou je ze dan kunnen observeren? Ze komen bij je binnen als beelden op een scherm. Je bent niet het beeld en je bent niet het scherm. Het feit dat jij ze observeert is het bewijs dat zij een heel andere entiteit vormen. Jouw gedachten doorstaan ook de duurzaamheidstest niet: je stopt niet met bestaan op de momenten dat je stopt met denken. De momenten dat *zij* ophouden te bestaan en *jij* niet, plus de momenten dat *zij* veranderen en *jij* constant blijft, zijn het bewijs dat ze iets anders zijn dan wie jij bent. Gedachten zakken voor deze tests, en dat is waarom ze niet jou zijn. Laten we deze simpele proeven eens loslaten op andere identiteiten waar mensen zich mee associëren.

Dit is een lang hoofdstuk vol met nieuwe ideeen, dus ik stel voor dat je er lekker voor gaat zitten, met iets fris te drinken en een heldere geest.

Wie ben je niet?

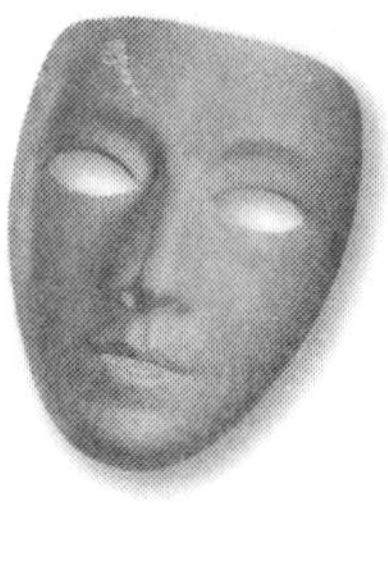

De hele wereld ziet jouw lichaam als wie jij bent. Je gelaatstrekken, je vingerafdrukken en je DNA zijn jouw unieke kenmerken. Alles wat je *bent* hangt samen met dit lichaam. Jij moet het wel zijn – het is zeker niet iemand anders.

Maar wees eens eerlijk: heb je weleens in de spiegel gekeken en gedacht dat jij het niet was die terugkeek? Ik wel. Ik heb het nog steeds. Heb je jezelf weleens op videobeelden gezien en gedacht *dat ziet er vreemd uit* of *ik begrijp niet dat ik er zo uitzie*? Heb je weleens een opname van je stem gehoord? Klonk die als jij? Totdat mijn uitgever me vroeg een audioversie van dit boek in te spreken dacht ik altijd dat ik als een klein meisje klonk. Ze lachten allemaal toen ik dat vertelde omdat, blijkt nu, ik juist een heel zware stem heb. Ook als je dit nog niet herkent, gebeurt dat zeker nog als je ouder wordt of als je lichamelijk verandert terwijl je je vanbinnen hetzelfde voelt.

Denk eens aan de duurzaamheidstest. Als jij het lichaam bent dat je in de spiegel ziet, wie was het dan die als zesjarige naar jouw lichaam keek? Was jij dat niet? Wat gebeurt er als je een paar kilo aankomt? Is dat een jou *en nog wat*? Als je door een vervelend ongeluk een van je vingers verliest, met die unieke vingerafdruk, ben jij dan niet meer jij? Zijn de vingernagels die je afknipt stukjes van jezelf? Wat gebeurt er bij een levertransplantatie? Word jij een beetje van de donor en een beetje van jezelf?

Je fysieke lichaam bestaat uit vijftig tot zeventig triljoen cellen, en daarvan worden er twee tot drie miljoen elke seconde vervangen.[1] Rode bloedcellen leven zo'n vier maanden, terwijl witte bloedcellen ongeveer een jaar oud worden. Huidcellen leven drie tot vier weken. Darmcellen hebben het zwaar, die sterven al na een dag of vier. Je lichamelijke gedaante wordt totaal vervangen, soms meerdere keren, om de paar jaar.[2] Dus welke van die steeds maar weer veranderende gedaantes ben jij?

Denk nog eens aan de waarnemingstest. Als jij je lichaam bent, hoe kan jij het dan zien en observeren? Deze illusie kun je met een paar woorden doorprikken.

Onthoud!

Jij bent niet je lichaam!

Neem even de tijd en laat dit op je inwerken. Terwijl je dit doet, moet je niet denken aan wie je bent. We zijn nog steeds bezig met wie je niet bent. Dat lichaam, dat jij niet bent, neemt heel veel aandacht in beslag. Velen van ons zorgen er hun hele leven voor. Ze liggen ermee in de zon, ze gaan ermee naar de sportschool en bestuderen het. Sommigen zijn hun hele leven depressief omdat ze willen dat het er anders uitziet: langer, dunner of sterker. Sommigen worden diep ongelukkig van hun neus, hun huidskleur of hun moedervlek. Sommigen knippen het, strekken het, of proppen er siliconen in. Sommigen overspoelen het met eten en drank, terwijl anderen er juist niets in stoppen omdat ze de weg kwijt zijn, een bepaald geloof hebben of omdat het in de mode is. Het lichaam krijgt altijd meer aandacht dan het verdient.

Als je een auto huurt om op reis te gaan, denk je dan dat jij de auto bent? Als je hem een paar jaar zou huren, zou dat iets veranderen? Jouw lichaam is de fysieke avatar die je door de fysieke wereld helpt, het is een vehikel, een houder. Meer niet. Maar, dat vehikel is niet niks. Het is belangrijk. Als je maar één vehikel mocht hebben in je hele leven, zou je er vanzelfsprekend goed voor zorgen, het gezond houden, in goede conditie. Je zou ervoor zorgen dat het niet kapotgaat of problemen oplevert tijdens jullie lange reis. Je zou het schoon en glimmend houden en dankbaar zijn voor de jaren trouwe dienst en jullie levenslange relatie. Maar ondanks alles wat je ermee deed en los van hoe vaak je erin werd gezien, zou je het nooit beschouwen als zijnde jijzelf.

En alsof de illusie van het fysieke lichaam nog niet verwarrend genoeg is, maak je de boel nog ingewikkelder door meer maskers toe te voegen, tot de echte jij langzaam wegglipt. We gaan snel verder met het behandelen van de illusie. Er is namelijk meer. Veel meer.

Wat ben je nog meer niet?

Je bent niet je gedachten en ook niet je lichaam. Wat slaagt er nog meer niet voor de waarnemings- en duurzaamheidstest? Als we dingen blijven wegstrepen, houd je uiteindelijk de echte jij over.

Misschien ben je je emoties, als in *ik ben 'verliefd'*. Dat is een grappige. Wie was je voor je verliefd werd? Wat als de liefde groeit? Komt er dan meer jij? Wat als het ophoudt? Verdwijn je dan? **Jij bent niet je emoties.**

Misschien ben je je geloof: *ik ben een hindoe, een christen, een moslim, een jood* of *een atheïst*. Of: *ik ben spiritueel maar niet gelovig.* Wat betekent dat? Als je een nieuw geloof omarmt, word jij dan een nieuwe jij? Wie was jij toen je twee was, voordat je een geloofssysteem ontwikkelde? **Jij bent niet je geloof.**

Als iemand je vraagt wie je bent dan antwoord je met een naam: *ik ben Mo.* Maar het is duidelijk dat ik mijn naam niet ben. Onze namen veranderen in bijnamen en namen van je partner. Maar wij blijven onveranderd. **Je bent niet je naam.**

Sommigen identificeren zich met de groep waar ze bij horen: *ik ben Egyptisch* of *ik ben fan van een bepaalde voetbalclub.* Maar deze tijdelijke staat verandert ook. **Je bent niet de groep waar je bij hoort.**

Ik ben de zoon van die en die. Nee, dat ben je niet. Als je erachter komt dat mama er een geheime agenda op nahield en papa niet papa is, verdwijn je niet van de aardbodem.

Ik ben Toms vrouw. Oké, maar wie was je voordat je Tom ontmoette? **Je bent niet je stamboom.**

Dan zal ik wel mijn prestaties zijn. *Ik ben de uitvinder van dit of de schrijver van dat.* Wie was je daarvoor? *Ik ben miljonair.* Maar wat gebeurt er als al je geld weg is, zou jij dan niet die voormalige miljonair zijn? **Je bent niet je prestaties.**

Ik ben de trotse bezitter van een magnolia-zwarte Rolls Royce Phantom Drophead Coupé. Wie houd je voor de gek? Bepaalt de auto die je rijdt of het merk dat je draagt wie je bent? Als de Rolls Royce wordt gestolen, wordt de dief dan jij? **Je bent niet je bezittingen.**

Je snapt de aanpak nu denk ik, dus we gaan vaart maken. Je bent niet de bus die je nam naar het werk vanmorgen en niet de buschauffeur. Je bent niet de mier die je net verplette of de vlinder die je zo mooi vond. Je bent niet de pagina's van dit boek of de computer waarop het geschreven is. Je bent niet je kat of de zon of de atomen waaruit ons universum bestaat. Alles wat je ooit hebt geobserveerd ben jij niet. En alles wat is veranderd tijdens jouw permanente aanwezigheid ben jij ook niet. Als jij geen van de triljoenen dingen in jouw buurt bent, wie ben je dan?

De echte jij

Het duurt maar één bewust moment om de echte jij te ontmoeten, één stil moment waarin je alles om je heen of in jezelf rustig observeert. Probeer de gedachten in je hoofd los te laten, concentreer je op je ademhaling of je vingers die het papier van dit boek aanraken. Probeer het bloed te voelen dat naar je voeten stroomt. Vang de geluiden om je heen op, voel het licht in je ogen. Probeer te letten op de kleinste details, de geluiden van auto's in de verte en de geur van het eten dat je buurman klaarmaakt.

Jij bent niets van wat je net hebt geobserveerd.

Heel belangrijk!

Jij bent de observator.

Je bent je bewust van alles wat er om je heen gebeurt. Ik weet dat dit misschien teleurstellend is, maar jij hebt jezelf nog nooit gezien. Jij bent niet zichtbaar.

Heel belangrijk!

Jij bent degene die ziet.

Ik zou willen dat ik de echte jij kon beschrijven op een manier die jij kon bevatten, maar jammer genoeg hebben we hier niet de juiste apparatuur voor. Met ons menselijk gereedschap kunnen we alleen de fysieke wereld observeren, en jij – de echte jij – bent geen fysiek voorwerp.

Vertel

Een snel spelletje *Vertel* helpt je misschien te begrijpen waarom het zo moeilijk is jou te beschrijven. Laten we beginnen met een makkelijk rondje. Vertel me eens hoe de oceaan eruitziet op honderd meter diepte en honderd kilometer van de kust van New York. Kun je dat? Nee, dat kun je niet, omdat je die plek nooit gezien hebt.

Oké, kun je me vertellen wat er wordt gedraaid op de radio bij jou in de buurt? Op dit moment? Zonder radio? Nee toch? Ook al zijn er radiogolven overal om je heen, je kunt ze niet waarnemen omdat je er de apparatuur niet voor hebt.

De laatste dan, een lastige. Kun je mij vertellen hoe de geur van een vers gebakken koekje eruitziet? Kun je dat? Waarom niet? Omdat een geur niet te zien is.

Probeer me nu eens te vertellen hoe de echte jij eruitziet. Lukt dat? Net als de diepte van de oceaan, heb jij de echte jij ook nog nooit gezien. Net als bij de radiogolven, heb je er de apparatuur niet voor jezelf waar te nemen. Nog belangrijker: de echte jij is niet fysiek, dus onzichtbaar. Je kunt alleen gezien worden in de fysieke wereld.

Dat jij je ware natuur niet begrijpt, betekent niet dat die niet bestaat. De diepte van de oceaan, de overal aanwezige radiogolven en de geur van koekjes bestaan allemaal, ook al kun je ze niet allemaal bevatten.

Laten we iets meer ruimte geven aan onze verbeelding. Wat dacht je hiervan: om de fysieke wereld te observeren, moet je gezichtspunt erbuiten liggen. (Zoals je een gebouw alleen kan observeren als je buiten staat.) Dit biedt heel wat creatieve mogelijkheden. Films als *The Matrix* en *Avatar* melken dit gegeven helemaal uit. De personages uit deze films besturen hun fysieke gedaante van veraf. Dus als jij geen deel uitmaakt van de filmset van je leven, of je niet eens kunt identificeren met het lichaam dat je gebruikt, zouden die films weleens heel dicht bij de waarheid kunnen staan.

Laten we even pauzeren. Ik vond dit echt een heel tof concept toen ik het net doorhad. En wel hierom. Als jij niet je rijkdom bent, dan doet het hebben van veel of weinig geld de echte jij niets. Als een dief ervandoor ging met jouw eerlijk verdiende geld, lijden je gedachten er misschien onder, maar de echte jij zou niets kwijt zijn. Je zou die veranderingen zien terwijl jij hetzelfde blijft.

Jouw fysieke gedaante doet zijn best zijn bezittingen te beschermen om zich te handhaven in de fysieke wereld. Maar de echte jij heeft hier niets mee. Een plotseling verlies van status, bijvoorbeeld, zou jou niet zo veel uitmaken; je zou je identificeren met de echte jij en niet met de tijdelijke versie van jezelf. Zonder angst voor verlies en zonder zorgen over de toekomst kan niets jou eigenlijk raken.

Laat me je nog een beetje verder uitdagen. We hebben vastgesteld dat jij niet je ouder wordende, veranderende, sterfelijke lichaam bent. Stel je dan eens voor dat je door een ongeluk zowel je armen als je benen kwijtraakt. Je fysieke gedaante wordt gereduceerd met de helft. Hij zal behoorlijk lijden en je gedachten en gedrag misschien veranderen. Toch raak je niet de helft van de echte jij kwijt. Je echte jij blijft onveranderd.

We maken het nog extremer. Stel je voor dat jij 100 procent van je fysieke gedaante kwijt bent en stel jezelf deze interessante vraag: wat gebeurt er met de echte jij als je hele lichaam verdwijnt? Houdt het op te bestaan? Als je lichaam sterft en vergaat, waar gaat de echte 'jij' heen?

Ikzelf geloof dat het antwoord is: *er gebeurt niets met 'jou'*. Je verliest gewoon het contact met je fysieke gedaante. Je bent nog steeds jezelf en je zal zeggen: 'Wow, dat was te gek!'

Deze overtuiging helpt mij te accepteren dat Ali's fysieke gedaante weliswaar vergaan is, maar dat zijn echte, geweldige zelf nog steeds voortleeft – en dat ik op een dag ook mijn fysieke lichaam verlaat en dat ik daar vrede mee heb. Het is een prachtige gedachte in zo'n moeilijke tijd.

Ik weet dat het nogal een stap is voor mensen die zich sterk associëren met hun fysieke gedaante, maar als het kwartje valt, kun je niet meer terug. Om een staat van voortdurend diep geluk te bereiken, moet je accepteren dat alles in de fysieke wereld uiteindelijk zal verdwijnen en vergaan, maar dat de echte zelf zal overblijven, kalm en ongeschonden. Het verbinden met die echte zelf en de illusies van de fysieke wereld doorzien zorgt voor een ultieme vrede en ultiem geluk. Laten we doorgaan met onderzoeken. Alles past uiteindelijk prachtig in elkaar.

Wie denk je dat je bent?

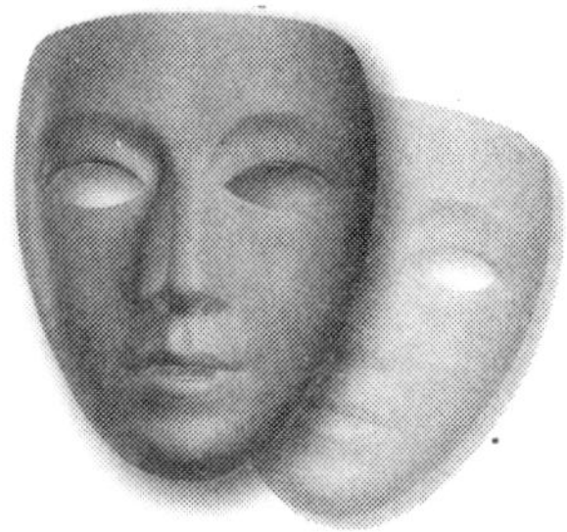

Bij het vaststellen van wie we niet zijn, hebben we een groot aantal maskers afgedaan die we dragen om een identiteit te creëren. Die maskers staan symbool voor de volgende laag van de Zelfillusie. Ze kunnen allemaal worden samengevat in één woord dat de mens sinds het ontstaan van de eerste vormen van samenleving heeft beziggehouden: het *ego*.

Met ego wordt hier een gevoel van identiteit bedoeld, een persoon, hoe je jezelf ziet of hoe je denkt (of hoopt) dat mensen je zien.

We worden allemaal geboren zonder een ego. We beginnen het leven zonder onszelf te zien als een wezen dat losstaat van de rest van de wereld. We leven volledig ondergedompeld in het huidige moment. Als we gaan spelen kiezen we rustig een stukje speelgoed, laten het vervolgens liggen en pakken weer een ander speeltje, zonder ook maar één gedachte in ons hoofd. De rust wordt alleen onderbroken als we honger hebben of mama de kamer uitgaat. Maar als die narigheid voorbij is, keert de kalmte terug.

In het volgende stadium van ontwikkeling verandert er echt iets. Het begon toen je merkte dat mama of wie er ook voor je zorgde op dat moment, namen aan dingen ging koppelen. Ze noemde zichzelf 'mama', en jouw speeltje 'Dolly' en voor jou had ze een koosnaampje, laten we zeggen 'Ukkie'.

Zodra je kon, brabbelde je meteen een naam: 'ma-ma'. Mama rent lachend naar je toe, ze omhelst je en kust je.

'Ja, schatje, ik ben mama. Ik hou van je en kom altijd naar je toe als je me roept.'

Interessant, denk je. De overweldigende respons die je krijgt na dat eerste woord leert jouw brein dat dingen benoemen je iets oplevert, dus je versnelt het proces. *Bwoom, atto, mewk.* Omdat je dit zo schattig zegt, krijg je nog meer complimenten, dus breid je je vocabulaire verder uit tot je het woord zegt dat je leven voor altijd zal veranderen en jouw identiteit wordt zolang je leeft: 'Ukkie!'

Afhankelijk van hoe alles zich daarna ontwikkelt, is dat moment toch een van de belangrijkste in je leven. Je hebt een identiteit. Eerst verwijs je naar jezelf in de derde persoon: 'Ukkie honger'. Daarna wordt Ukkie, 'ik'. Dat woordje wordt het absolute middelpunt van je hele bestaan; snel daarna komt daar 'me', 'mijn' en 'mij' bij. Het proces is nu compleet. Je ego is geboren.

Ukkie wordt bezitterig. Je krijgt een band met de dingen om je heen en zo wordt je identiteit nog omvangrijker. Het onschuldige kind dat volledig gelukkig werd van het spelen met welk speelgoed dan ook, heeft nu een favoriet: 'Mijn Dolly.' En als 'mijn Dolly' zoek raakt voelt Ukkie pijn en verdriet. Het opbouwen van je identiteit wordt even belangrijk als spelen. Je hebt bepaalde speeltjes nodig om je gelukkig te voelen. Niet omdat ze leuker zijn om mee te spelen, maar omdat ze deel uitmaken van een identiteit die je gelukkig maakt.

Het wordt erger als je je identiteit – bestaande uit ik, mij en mijn – gaat vergelijken met de identiteiten om je heen. 'Minder' zijn dan anderen maakt je verdrietig. Zelfs al heb je je favoriete speeltje, als je niet het speeltje van je vriendje hebt, voel je je minderwaardig. Je vindt je speeltje niet leuk meer, vraagt je vader om een ander stuk speelgoed en klaagt als hij nee zegt. Je smeekt en zeurt en uiteindelijk krijg je je zin, om het speeltje vervolgens even snel weer links te laten liggen als er iets nieuws op de markt komt.

Wat is er gebeurd met dat vrolijke, rustige kind dat genoot van het moment en wat het te bieden had? Foetsie. Opgeslokt door de constante dwang een identiteit te ontwikkelen.

Het wordt nog interessanter als het brein zich verplaatst van de fysieke speelgoedwereld naar de immateriële. Het loslaten van de tafel om op eigen benen te staan en daarna om te vallen, zorgt voor hilariteit bij mama. Die schreeuwt: 'Goed zo, Ukkie!' en tilt je op om je te zoenen, gelukkig en blij, alsof jij de wereld hebt veroverd. En jij denkt: nou, misschien moet ik nog meer van die simpele trucjes uithalen zodat ik nog meer aandacht en complimenten krijg.

Wekenlang roep je: 'Mammie, kijk. Ukkie lopen.'

'Joehoe,' roept ze.

'Mammie, kijk, Ukkie trap.'

'Joehoe,' schreeuwt ze.

'Mammie, kijk, Ukkie speel.'

'Goed hoor, Ukkie.'

'Mammie, kijk, Ukkie neus peuter.'

'Foei Ukkie, niet doen!'

Hm. Je realiseert je dat sommige dingen sociaal acceptabel zijn. Je krijgt daarvoor complimenten en aanmoediging. Ander gedrag wordt weer niet gewaardeerd. Slimmerd die je bent, doe je meer van dat eerste en minder van dat laatste. Je begint een persoonlijkheid op te bouwen, een beeld van hoe je gezien wilt worden zodat je wordt geaccepteerd. Het maakt niet langer uit wie of wat je vanbinnen bent; het is belangrijk wat je lijkt te zijn. Je aandacht verschuift – voor de rest van je leven – van de werkelijkheid naar je imago.

Je verslaving aan imago wordt vervolgens gemengd met je verslaving aan aandacht. Je komt er snel achter dat neuspeuteren meer aandacht oplevert dan je speelgoed netjes opruimen. En aandacht is waar je naar op zoek bent. Een rebel is geboren. De aandachtzoeker neemt de boel over. Ik zal opvallen, zegt hij, wat er ook gebeurt.

Deze identiteitscrises worden alleen maar erger tijdens onze puberteit, als onze onzekerheid groeit en de druk ergens bij te horen toeneemt. We raken steeds verder verwijderd van onze ware aard en komen steeds dichter bij een beeld dat onze omgeving van ons heeft. Als je erbij hoort door seks op je veertiende, dan doen sommigen dat. Bravo Ukkie! Als voetballen cooler is dan het scheikundeclubje dan is de keuze simpel. Bravo Ukkie. Als drugs, sigaretten en drank ons een hip imago geven, kom maar op! Bravo Ukkie.

En daarna worden we volwassen. We gaan werken, we doen mooie kleren aan en we gebruiken betekenisloze woorden: synergie, banner, ecosysteem, schisma, etc. Wat is dat voor taal? De woorden klinken helemaal niet Nederlands, maar we gebruiken ze omdat we dan worden geaccepteerd. We worden serieus en we laten geen emoties zien op ons werk. Sommigen van ons gaan golfen, gaan naar zakendiners, of de vrijmibo. We horen erbij. Bravo Ukkie.

Naarmate we succesvoller worden gaan we meer merkkleding dragen of dure auto's kopen, om ons imago in stand te houden. Alles wat we verdienen wordt uitgegeven aan onze persoonlijkheid, maar we worden er niet gelukkiger van. We twijfelen nooit aan wat we doen, zolang ons ego maar intact blijft.

De rollen die we spelen

Zodra we maskers gaan dragen om ons ego te versterken, spelen we de rest van ons leven toneel. Zo hebben we de rol van de machtige baas: professioneel, goedgekleed, op zijn gemak, harteloos. De rol van de moeder: ze spreekt kindertaal met de kinderen, heeft sneakers aan en drinkt koffie met andere moeders. De rol van de kunstenaar: excentriek, opstandig en mysterieus. De rol van de patriot: trots, in het leger, niet vies van het doden van de vijand. De rol van de intellectueel: altijd kritisch, schijnbaar goed geïnformeerd over kunst en cultuur, laat betekenisvolle stiltes vallen in het gesprek. De rol van de verleidster: sexy gekleed, hoge hakken en een dromerige stem. De rol van de macho bad boy: tatoeages, zelfbewust en een ongeïnteresseerde neerbuigende blik.

Elke identiteit wordt een rol, zelfs de meest elementaire. Meisjes of jongens, bijvoorbeeld, de maatschappij dicteert hoe ze zich moeten gedragen. Roze of blauw, poppen in plaats van een voetbal, rokje in plaats van korte broek. Men verwacht iets van je en als je je anders voelt dan wat de massa verwacht, kan het leven knap lastig worden.

Je hebt de jongeren versus de ouderen; de maatschappij verwacht van ouderen dat ze zich anders gedragen dan jongeren. Als de kinderen 'de echte wereld' ingaan wordt van ze verwacht dat ze 'serieus' worden. Ze moeten urenlang stilzitten op school, niet praten, bewegen of spelen. We vinden huiswerk belangrijker dan dingen ontdekken of op avontuur gaan. We verwachten van kinderen dat ze minder speels zijn en dat ze stipt worden en zich conformeren. Sommige verzetten zich maar de meeste kinderen gehoorzamen.

Wat zou er gebeuren als we alle maskers afdeden en niet meer doen alsof we iemand anders zijn? Zouden we minder deals sluiten of minder uitvinden? Ik denk het niet. Het werk dat we doen, niet het masker dat we dragen, is wat ons verder helpt. In een ego-loze wereld, waar het niet uitmaakt hoe men ons ziet, zouden we ons uiterste best doen en de beste resultaten bereiken, los van hoe andere mensen ons zien. Terwijl het ego van een vakman draait om zogenaamd hard werken, worden de beste resultaten bereikt door zo min mogelijk te doen. De beste managers bijvoorbeeld nemen talenten aan en doen verder weinig aan management. Als de noodzaak om te doen alsof verdwijnt, blijken de beste vakmannen degenen te zijn die helemaal nooit een rol spelen.

De maskerade

Bij elke rol past een uiterlijk, een kledingvoorschrift, een taaltje, een groep gelijkgestemden, een vijand om te haten, hippe gespreksonderwerpen, neppe gelaatstrekken en gemeenschappelijk verdriet om te delen. Het is makkelijk te leren. We zien het elke dag op tv. Met een beetje knip- en plakwerk zijn we allemaal acteurs. We schermen onze werkelijkheid af voor iedereen, inclusief onszelf. Onze aangenomen identiteit wordt ons hele leven en we gaan erin geloven – meer nog dan anderen. Zij zien vaak de afwijkingen in ons gedrag. Zij vergelijken de rol die we spelen met soortgelijke beelden in de media. Ze ruiken dat het een act is en keuren die uiteindelijk af.

Als ons zelfbeeld wordt aangevallen of ook maar bedreigd, verdedigt ons instinct het ego. Onze instinctieve vechtrespons maakt dat we discussiëren en ruziemaken en onze vluchtrespons zorgt ervoor dat we ons terugtrekken en depressief worden. Die primitieve instrumenten van de oermens zijn geëvolueerd tot hedendaagse varianten. Wat vroeger een speer was, zijn nu merkkleding en dure auto's. De gebaren van de oerjager zijn de straattaal van nu en onze ultieme camouflage zijn likes op Facebook. De Geluksformule gaat hierdoor volkomen mank omdat we denken onszelf voortdurend te moeten overtreffen in het opwerpen van een rookgordijn rond ons nepimago ten opzichte van anderen. En dat maakt ons ontevreden en ongelukkig.

Ik heb dit allemaal zelf meegemaakt toen ik diep in de put zat. Jarenlang was ik geobsedeerd door auto's. Ik was geïntrigeerd door het kunstzinnige ontwerp, maar nog belangrijker, auto's waren goed voor mijn ego. Ik koos het imago van een succesvolle verzamelaar. Toch was ik heel ongelukkig. Ik hou nog steeds van auto's, maar ik hoef ze niet meer te hebben. Ik kwam erachter dat mijn passie vals was, ik wilde alleen mijn ego strelen. Voordat ik succesvol werd, gebruikte ik de auto's om te doen alsof ik het al gemaakt had. En toen ik echt succesvol werd had ik geen auto nodig om het te bewijzen. In beide gevallen maakten auto's me niet gelukkig. Je ego is nooit tevreden.

Er is een oud Arabisch verhaaltje over een bejaarde leraar die een groep oud-leerlingen bezoekt. Ze praten over hoe succesvol ze zijn geworden en overspoelen hun leraar met complimenten. Ze praten allemaal over de druk die ze ervaren, de stress die ze hebben bij het voldoen aan de verwachtingen. Succes maakt ze niet gelukkiger.

De oude leraar staat op om een grote pot koffie te zetten

en komt terug met een blad waar verschillende kopjes op staan. Sommige zijn gemaakt van glas of zilver en er is een aantal goedkope plastic kopjes. Hij vraagt de studenten hun eigen koffie in te schenken. Ze grijpen allemaal naar de mooiste en duurste kopjes.

Als ze weer gaan zitten erkent de leraar dat sommige kopjes mooier zijn maar benadrukt dat de studenten eigenlijk alleen koffie wilden. Mooi of lelijk kopje, de koffie was hetzelfde. Als status, mode, beeldvorming, bezittingen en sociale acceptatie het kopje zijn, vertelt hij, dan is het leven de koffie. Waarom proberen we toch uit zo'n mooi kopje te drinken terwijl we alleen maar koffie willen?

Als je een leven zonder stress wilt, zegt hij, negeer dan het kopje en:

Onthoud!

Geniet van de koffie!

De donkere kant van het ego

Ego gaat niet altijd over ijdelheid. Vaak heeft het imago dat mensen opbouwen een negatieve uitstraling. Ze vinden zichzelf een stuk erger dan ze in werkelijkheid zijn. Het 'slachtoffer' bijvoorbeeld, is een bekend egotype. Je denkt dat de wereld tegen je is en dat het jouw lot is te lijden. Als je je aangevallen voelt, raak je beledigd.

'Wat bedoel je met *het is oké?*' zeg je. 'Er is nooit iets oké. Ik heb het recht verdiend ongelukkig te zijn en daarvoor betaald met mijn pijnlijke ervaringen. Als lijden een keuze is, dan kies ik ervoor te lijden. Dat is wie ik ben.'

Negatieve imago's ontstaan door gevoelens van afnemende eigenwaarde, zelfmedelijden, schuld of schaamte.

Ik ben dik. Ik ben lelijk. Ik ben klein. Ik ben dom. Ik verdien geen liefde. Ik ben een zondaar die straf verdient.

Een andere negatieve rol die mensen spelen is die van rouwende ouder. Een van de eerste gedachten die in me opkwam nadat Ali overleed was *de dood heeft mijn zoon meegenomen.* Ik had de slachtofferrol kunnen spelen. Het was niet moeilijk in die val te lopen omdat Ali niet alleen een belangrijk deel van mijn leven was, maar ook een van mijn steunpilaren. Ik kan me mijn leven voor ik de rol van de vader van Ali aannam nauwelijks herinneren. Dit is een lastige illusie om door te prikken, eentje die veel mensen een jarenlange lijdensweg bezorgt. De gedachte klopt alleen niet. Ali is nooit van mij geweest. Ali was van zichzelf. Hij leidde een rijk leven. Soms maakte ik deel uit van zijn verhaal, andere keren niet. Toen hij uit huis ging om in Boston te studeren, op duizenden kilometers afstand, steunde ik zijn keuze maar ik vond het vreselijk dat hij zo ver weg zat. Ik was blij dat hij zijn eigen pad volgde, omdat het zijn leven was en niet het mijne. Waarom zou ik anders reageren, nu hij een heel nieuw pad insloeg? Hoewel ik hem altijd zal missen, weet ik dat het zijn keuze was. Hij was nooit van mij.

Velen van ons kiezen voor een lijdensweg als we besluiten ons ego te volgen. Wat is er gebeurd met Ukkie, de enige echte identiteit die je ooit had? Rustig, gelukkig, helemaal in het moment, met een luier om en zonder zorgen, geen idee van zichzelf, niet vervuild door gedachten van 'ik'. Geen zorgen over hoe ik eruit moet zien, waar ik voor sta, wat mensen van me denken, of zelfs wat ik van mezelf denk. Ukkie was blij met alles wat op hem afkwam, niet bezitterig, klaar om dingen los te laten, op weg naar een nieuw speeltje zonder daaraan te hechten.

Zou je dat gevoel niet terug willen krijgen?

Nou, dat gevoel is eigenlijk nooit verdwenen. Jij bent nooit verdwenen. Het egoloze kind zit nog steeds rustig in ons allemaal. Begraven onder lagen van leugens, ego's en imago's. Maar wel gelukkig. Te wachten om herontdekt te worden.

Laten we jouw Ukkie gaan zoeken.

Uitkleden graag

Je moet de lagen stuk voor stuk afpellen, net als bij een Russische matroesjka, en onderscheid maken tussen de ware jij en alle rollen die je jarenlang hebt gespeeld, tot je die pure jij hebt gevonden. Begin maar, kleed je maar uit. Doe al die ego-maskers maar af.

Als ik zeg dat je je moet uitkleden, bedoel ik dat vrij letterlijk. De oefening kan nogal ingrijpend zijn, maar hij is wel effectief. Als je naar huis gaat vanavond, doe je de deur op slot en ga je thuis voor de spiegel staan. Kijk naar alles wat je vasthoudt, gebruikt of draagt. Als het iets is dat je niet echt nodig hebt doe het uit, af of weg. Het zijn allemaal zaken die in dienst staan van je ego. Kijk naar je shirt, je jasje of je jurk. Heb je die gekocht om je te bedekken en warm te houden of gebruik je die ook om een zelfbeeld te creëren? Als je er niet leuk, elegant, zorgeloos of artistiek uit had willen zien voor jezelf en anderen, zou je dan wat anders hebben gekocht? Kijk eens naar die spijkerbroek. Als je er niet sexy uit had willen zien, had je dan een maatje groter genomen? En die schoenen. Als je er niet representatief uit had willen zien, zou je dan iets comfortabeler schoenen hebben gekocht?

Kijk naar je sieraden. Hebben die echt een functie? Heb

je er wat aan behalve dat ze je helpen bij het imago dat je wilt uitstralen? Draag je een ring omdat je die van je geliefde kreeg of om de wereld te vertellen dat iemand van je houdt? Zou je een ander horloge hebben gekocht als je alleen maar wilde weten hoe laat het is? Als deze accessoires echt een functie hebben, hou ze aan, op of om. Anders niet. Berg ze maar op.

Kijk naar je make-up, je nagellak, je kapsel. Hebben die echt nut? Kijk naar die tattoo. Heb je die omdat je een herinnering wilde koesteren, of wil je graag dat mensen die herinnering op je arm zien? Al kun je de tattoo fysiek niet verwijderen, probeer het eens mentaal. Probeer die boodschap aan de buitenwereld en dat imago los te laten.

Kijk eens hoeveel we elke dag meedragen ten behoeve van ons ego. Kijk eens hoe weinig er overblijft als je weghaalt waar je je zo aan vastklampt. Voelt dat niet een stuk lichter?

Kijk nu eens naar je naakte lichaam, zonder al die accessoires die je ego strelen. Je bent weer die kleine Ukkie in zijn luier. We kunnen nu nog verder gaan. Of je nou een wasbordje hebt of een beetje overgewicht, stel jezelf de vraag: pas ik daardoor in een bepaalde rol? Ga je naar de sportschool om gezond te blijven of om er atletisch en aantrekkelijk uit te zien? Als het alleen was om gezond te blijven, zou je dan anders getraind hebben? Ben jij dat lichaam überhaupt wel? De spieren, het haar, het bloed, het slijm en het zweet – ben jij dat?

Nee, je bent degene die het observeert. Degene die zich er bewust van blijft, ook als je vijftig kilo zou aankomen of afvallen. Die pure iemand in jou is Ukkie. Je hebt het gevonden. Goed hoor, Ukkie!

Een verloren strijd

Je voert een kansloos gevecht als je constant probeert waardering te krijgen voor je imago, omdat je ego niet de ware jij is. We worden hier ongelukkig van omdat we altijd zoeken naar weer iets om ons imago completer te maken, in de hoop dat mensen geloven dat dat is wie we zijn. Maar dat gaat nooit lukken, om twee redenen.

Ten eerste: anderen zullen je ego bijna nooit goedkeuren omdat ze meer bezig zijn met hun eigen ego dan het jouwe. De overleving van hun ego hangt af van de vergelijking met het jouwe. Als zij gelijk hebben zou jij dat niet moeten hebben. Als jij minder bent, worden zij meer. Op iemand neerkijken is de makkelijkste manier om je superieur te voelen. Je hoeft er namelijk niet je best voor te doen. Je hoeft alleen maar minderwaardig over iemand te denken.

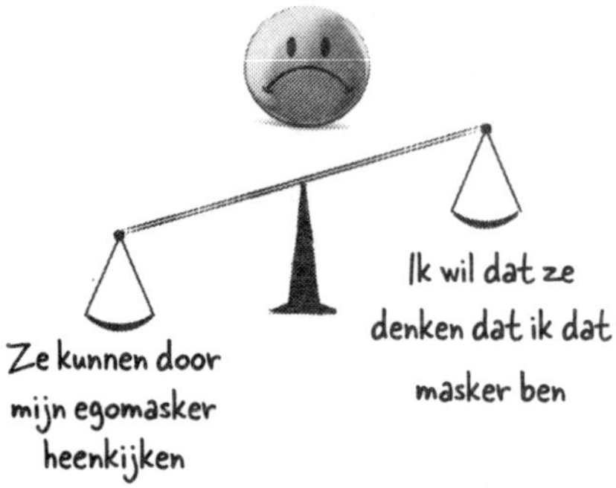

En iedereen doet het. Sommigen oordelen stilletjes, anderen schreeuwen hun kritiek van de daken. Mensen keuren *jou* niet af, ze zijn vooral heel erg bezig zichzelf goed te keuren. Dit kun je dus niet winnen. Het is droevig maar waar.

Dit principe wordt duidelijk in een fabeltje over een man en zijn zoontje die samen naar de markt gaan. Ze hebben maar één ezel dus laat de zoon zijn vader daar uit respect op rijden. Een voorbijganger roept: 'Wat een wrede vader. Hoe kan hij zelf op de ezel zitten en zijn zoontje laten lijden?' Om de goedkeuring van anderen te krijgen wisselen vader en zoon van positie: het zoontje zit, de vader loopt. Al snel horen ze weer een voorbijganger: 'Wat een respectloze zoon. Hoe kan hij op die ezel rijden terwijl zijn oude vader moet lopen?' Het zoontje stelt voor samen op de ezel te rijden. Al snel horen ze: 'Wat een wreed stel. Hebben ze dan geen enkel ontzag voor die arme ezel?' Dus besluiten ze de ezel naar de markt te dragen, waar ze voor gek worden versleten en weg worden gestuurd.

De tweede reden waarom het streven naar goedkeuring van anderen altijd zal mislukken is dat ze *jou* niet gaan goedkeuren. Wel je imago. Het is niet langer 'bravo, Ukkie' maar meer iets als 'bravo, onherkenbaar ego dat vaag op Ukkie lijkt'. En dat voel je. Je voelt dat je moeite hebt gedaan goedkeuring te krijgen voor eigenlijk iemand anders. Het is dus een valse overwinning en de ware jij voelt zich niks waard.

Waarom zou je zo veel moeite steken in het zoeken naar waardering voor iemand anders dan jij? Zou je niet liever jezelf helpen? Ali had het geweldige talent *geen* waardering te zoeken. Hierdoor was hij altijd rustig en vol zelfvertrouwen. Hij was de gelukkigste jonge man die ik ooit ben tegengekomen.

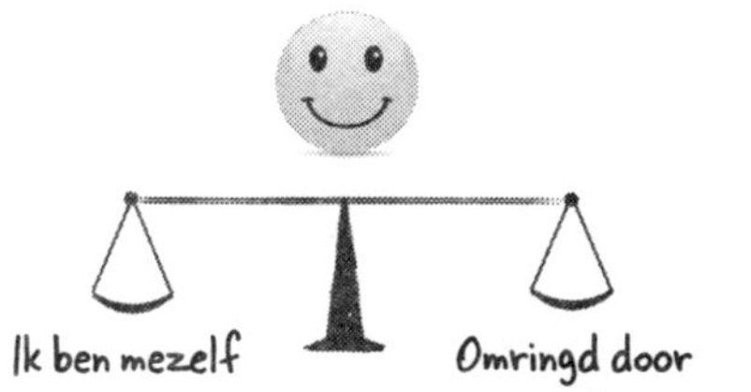

Hij verontschuldigde zich nooit voor het volgen van zijn eigen koers. Hij wilde in plaats van iedereen behagen zoeken naar mensen die zijn type waren. Dat deed hij op een heel slimme manier. Om te beginnen was hij zeer selectief in wie hij toeliet in zijn leven. En als hij mensen vond die bij hem pasten hielden die vrienden ook van de echte 'hem'. Dat gaf hem het zelfvertrouwen zichzelf te zijn. Daarna stelde hij zichzelf open en liet hij iedereen toe, maar hij was wel duidelijk: *what you see is what you get*. Ze voelden zich allemaal tot hem aangetrokken door het licht dat zijn pure ik verspreidde.

Je kunt nooit iedereen tevreden stellen. Zoek de mensen die de echte jij leuk vinden en laat ze toe. Alle anderen kun je vergeten.

Ali's wijze moeder wees hem vaak op een regel uit een liedje van Sting, *Englishman in New York:*

'Be yourself no matter what they say'

Nog belangrijker: *hou van jezelf.* De echte jij is prachtig en rustig, net als Ukkie. De versies van jezelf waar je niet van houdt zijn toevallig ook de imago's die door jouw ego zijn gecreëerd. Jij bent de enige die je nodig hebt en alles wat je hebt. Kleed je uit. Laat alle imago's vallen en hou van de echte jij. Bravo Ukkie!

Nu even pauzeren en nadenken. We hebben nog een laag te gaan, die van de Zelfillusie. Er is een heldere geest voor nodig, dus neem je tijd.

De ster van de film

Misschien worden we van de onderste laag van de Zelfillusie wel het verdrietigst, het deel dat ons vaak belet de Geluksformule kloppend te maken. Het begint allemaal als je denkt dat je het centrum van de wereld bent. En dat goede

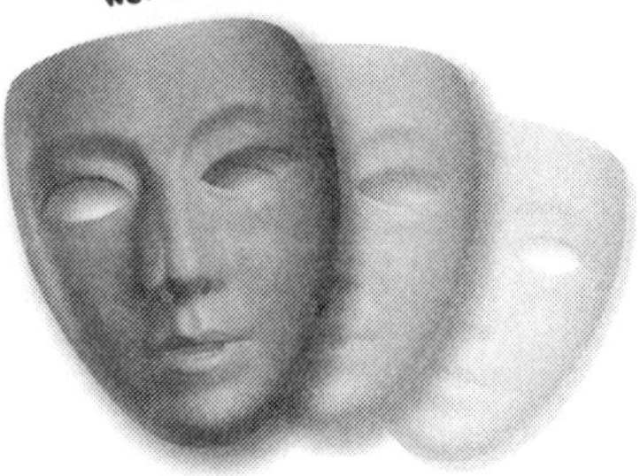

dingen gebeuren omdat je ze hebt verdiend en dat slechte dingen alleen gebeuren om jou te sarren.

Laten we eens in de gedachten van Tom duiken. We komen zijn hoofd binnen op zaterdagmorgen, terwijl hij rustig geniet van zijn cappuccino met uitzicht op de Golden Gate Bridge in San Francisco.

Dit is de beste cappuccino die ik ooit heb gedronken, denkt hij. *De barista heeft er zoveel aandacht aan besteed en dan nog dat kunstwerkje in het schuim. Ze weet vast dat ik heel blij word van goede koffie.*

De herinnering doet hem denken aan Tammie.

Ze liet me deze plek zien tijdens mijn eerste weekend hier, toen ik had besloten om voor haar hierheen te verhuizen. Diezelfde dag kwamen we Timmy tegen. We hadden het over die goeie ouwe tijd toen hij zei dat ze mensen nodig hadden bij de start-up waar hij werkte. Te gek dat hij me heeft aanbevolen voor een baan. Ik mag Timmy wel. Tamo, mijn eerste baas, was moeilijk maar ik heb veel van hem geleerd. Ik weet niet of ik van 'm moeten houden of 'm moet haten. Hij was heel genereus met aandelen. Dat was heel belangrijk voor mijn begin hier. Natuurlijk zal ik hem nooit vergeven dat hij vreemdging met Tammie, maar ach, dat kwam eigenlijk wel goed uit. Ik ben nu veel gelukkiger met Tamar.

Ik heb mazzel dat ik zoveel ondersteunende acteurs in mijn leven heb. Als ze er een film van zouden maken was het een romantisch verhaal met spanning, actie en drama. Iedereen speelt een klein rolletje dat steeds naar mij leidt. Ik houd van mijn film. Er zitten moeilijke momenten in, maar dat is logisch. Hoe zou ik anders de ster kunnen zijn, als ik niet wat uitdagingen moest overwinnen om uiteindelijk de held te worden. Het moet ook wel een belangrijke film zijn als er zoveel acteurs aan hebben meegewerkt. Ik ga een heel grote worden. Nou ja, zo voelt het wel in ieder geval.

Onthoud!
Nou, zo voelt het voor ons allemaal!

Laat me je iets vragen: als jij de ster bent van jouw film, wie is dan de ster in Tammies film? En als zij dat is, wat ben jij dan? Een mede-acteur misschien?

Laten we deze logica even doortrekken. Je heb een bijrol in de films van Timmy, Tom en Tamar. Je speelde ook een bijrol in de film van de barista, de vrouw voor wie je de deur openhield en de arme mier de je plette toen je het gebouw binnenliep.

Als je een bijrol speelt in duizenden films, maar de ster bent van maar één film, wat voor superster ben je dan eigenlijk?

Heb je je ooit afgevraagd of jouw gedrag ertoe leidde dat Tammie vreemdging? Misschien had jouw gedrag ook

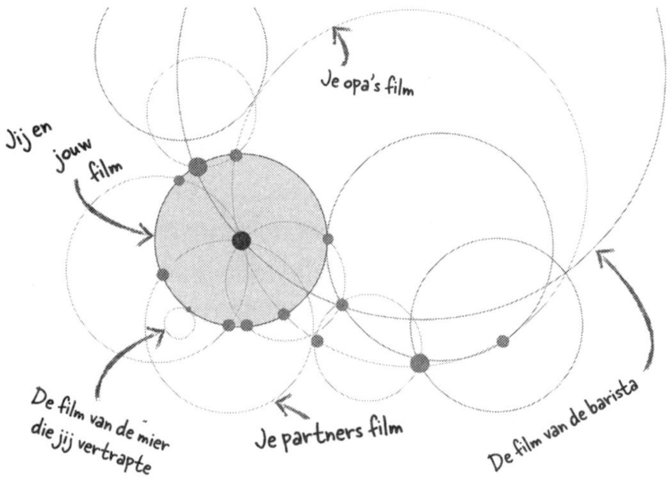

wel invloed op haar ongelukkige leven met Tom, waardoor hij vreemdging, wat weer leidde tot een scheiding waar hun dochter de dupe van werd.

En viel het je op dat je op het allerlaatste moment van gedachte veranderde toen je het café binnenstapte? Je besloot de linker barista te kiezen. Daardoor ging degene achter jou naar de andere barista. Het is een ingrijpend moment. Zij zien elkaar voor het eerst, worden stapelverliefd, trouwen, krijgen een kind dat later een beroemd chirurg zal worden en over veertig jaar het leven van jouw kleinkind gaat redden.

Heb je er weleens bij nagedacht dat de fooi van twee euro aan de taxichauffeur diens vader hielp de mest te kopen die hij nodig had op zijn koffieplantage waar de zalige fairtradekoffie vandaan komt waar jij zo van gaat genieten bij je volgende bezoek aan dit café? Misschien zal de winst die de boer maakt het leven van zijn kind redden dat vervolgens een gevaarlijke wetenschapper wordt die een eind maakt aan onze beschaving. Je zult het nooit weten. Jouw film is vervlochten met biljoenen andere films!

We zijn allemaal met elkaar verbonden. Elke stap die je zet, elke beweging die je maakt heeft invloed – hoe klein ook – op de levens van anderen om je heen, en af en toe misschien wel op het hele leven op aarde.

Goed versus slecht

Dit zeer ingewikkelde bouwwerk dwingt je een onbekend concept onder ogen te zien: goed is nooit helemaal goed en slecht nooit helemaal slecht. Het is maar net hoe en van waaruit je het verhaal bekijkt. En er zijn heel veel gezichtspunten, hebben we net ontdekt.

Een slechte ervaring voor een hoofdrolspeler van de ene film kan juist goed uitpakken voor het personage in een overlappende film. Het is als het oude gezegde: de een zijn dood is een ander zijn brood. Ik wil hiervan graag een heel persoonlijk voorbeeld geven.

Ali was aan het vasten – het was Ramadan – op de dag dat hij ons verliet. Toen hij werd opgenomen vroeg het ziekenhuis of hij wilde doorvasten, ter voorbereiding op zijn operatie. Dit betekende dat hij zijn laatste slokje water ongeveer een dag voor zijn dood had genomen. Aangegrepen door Ali's dorst, besloot ik met een aantal van zijn liefhebbende en vrijgevige vrienden na zijn heengaan te doneren aan een goed doel: schoon drinkwater voor arme gemeenschappen overal ter wereld. Duizenden mensen die deze waardevolle noodzakelijkheid misten, profiteerden hiervan. Misschien lezen jullie nu over dit goede doel en doneer je ook; we zouden samen miljoenen mensen kunnen bereiken.

De vraag hier echter is: was Ali's lijden nou goed of slecht?

Dat hangt er natuurlijk van af hoe je ernaar kijkt. Voor hem was het slecht. De fysieke pijn van een hele dag dorst hebben moet zwaar zijn geweest. En toch leefde Ali om anderen te helpen. Als hij de kans had, zou hij vrijwillig een dag lang dorst hebben geleden als hij daarmee duizenden anderen kon voorzien van een leven lang schoon drinkwater.

Voor mij, zijn liefhebbende vader, was zijn lijden afschuwelijk. Maar ik troost me met de wetenschap dat hij de scène die daarop volgde in de film had goedgekeurd. Hij zou tranen in zijn ogen hebben gekregen omdat anderen werden geholpen.

Voor al die duizenden van wie het leven veranderde zonder te weten wie daarachter zat, was dit zeker een gelukkig moment in hun film.

Het zit zo:

Heel belangrijk!

Alles is zowel goed als slecht. Of misschien is alles geen van beide.

Zelfs op individueel niveau is met het verstrijken van de tijd niets alleen maar slecht. Hoe vaak in je leven begon iets slecht maar bleek het toch goed te komen? Die spierpijn die je had na het hardlopen bleek je hartaanval over vijfentwintig jaar te voorkomen. Aan de andere kant zou het plezier dat jij hebt aan het scheuren met je auto, ook weleens kunnen betekenen dat het je laatste auto was.

Verbreed je blik eens en bekijk dezelfde gebeurtenis van verschillende kanten. Het kopen van die auto is goed, maar het geld dat je eraan kwijtraakt is slecht. De pijn van heet ijzer aanraken is slecht, maar het redden van je vingers goed.

Goed en slecht zijn niet meer dan labels die we gebruiken als ons verstand de film niet meer bevat. Die allesomvattende film die nooit ophoudt en die gaat over miljarden levens. Als we de complexiteit van het web aan perspectieven waaruit onze ervaringen zijn samengesteld zouden begrijpen, zouden we beseffen dat alles gewoon is wat het is: niets meer dan een gebeurtenis in de oneindige, grote film waarin we allemaal een rol spelen.

We behandelen het concept van goed en slecht later uitgebreid. Voor nu: kijk eens vanuit meer dan één hoek naar één fragment van je eigen individuele film. Je zult in iets slechts ook altijd iets goeds vinden. Elke gebeurtenis bevat wel iets dat aan je verwachting voldoet en waardoor je Geluksformule klopt. Dit optimistische perspectief maakt je gelukkig. Je ego zegt tegen je dat het leven om jou draait. Het leven geeft *mij* of neemt *mij* dingen af. Je zou kunnen denken dat die volle trein op weg naar je werk of die rij bij de kassa er is om jou te sarren. Je zou kunnen denken

dat de wereld wegen heeft gebouwd en auto's heeft uitgevonden, er miljoenen heeft verkocht en alle automobilisten heeft opgeroepen op die wegen te rijden … puur om jou te pesten. Natuurlijk, hoe kan het ook anders als jij de ster bent in de film? Jij bent een van de ruim zeven miljard mensen op aarde, een van de biljoenen andere levende wezens op deze enorme planeet, die minuscuul is vergeleken met het zonnestelsel, dat weer in het niet valt bij een klein melkwegstelsel, waar er miljarden van zijn in ons oneindige universum. Ieder levend wezen, atoom en elke lichtstraal volgt een pad dat af en toe kruist met dat van jou.

Kom op zeg, jij bent niet de ster in de film. Het meeste van wat jou overkomt gaat helemaal niet over jou. Er zijn ontelbare andere films. En in die films, als je al meedoet, ben je niet meer dan een figurant. Het helpt je echt om op die manier naar het leven te kijken. Kijk naar de hemel en bedenk dat de schoonheid zit in die talloze fonkelende sterren. En daarvan ben jij er (maar) een.

Onthoud!

Jij bent niet de ster van de film!

HOOFDSTUK 5

Wat je weet

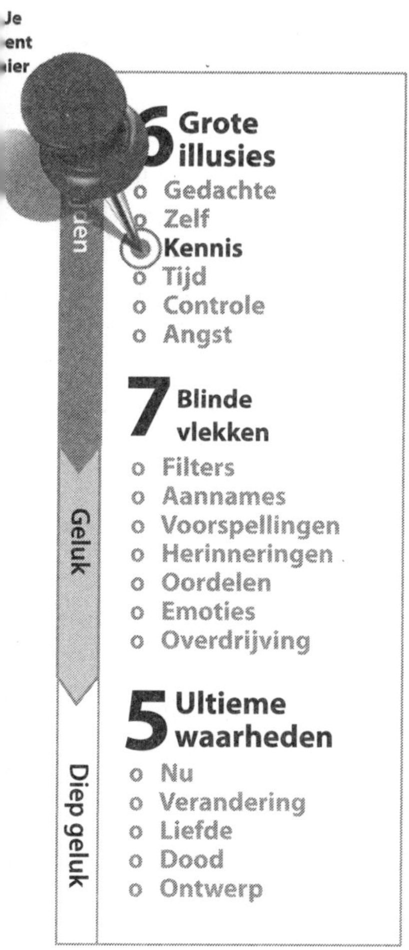

Als ik één ding mocht veranderen waar de mensheid al oneindig lang aan lijdt, zou ik kiezen voor de afschaffing van arrogantie. En dan vooral de obsessie met 'gelijk hebben'. Ik zou de Kennisillusie uitwissen.

Arrogantie is overal om ons heen. Neem de talkshows en debatten. Iedereen verschijnt aan tafel vol zelfvertrouwen en overtuiging. Men neemt een standpunt in en laat dat niet meer los, en bevestigt wat men weet. Het zelfvertrouwen lijkt overtuigend – maar weten ze echt waar ze het over hebben?

Het najagen van kennis heeft onze samenleving vooruit geholpen. We zijn erdoor veranderd van een stenen hakkend, vuur stokend volk in een horde rennende stadsmensen met een mobieltje in de hand. Kennis is de brandstof van de beschaving. Maar het is ook zo dat onze overtuiging iets echt te weten ons doet lijden. Het is de ultieme arrogantie. Voordat we bespreken hoe dit ons geluk aantast, kijken we eerst naar de omvang van de illusie.

Het interview

Als je werd gevraagd iemand te interviewen die zegt ergens iets vanaf te weten, zou je vragen stellen met het doel de diepte en breedte van die kennis boven water te krijgen. Je zou proberen erachter te komen of de antwoorden kloppen en hoeveel de geïnterviewde over het onderwerp weet in verhouding met alles wat er te weten valt.

Als degene veel weet en de informatie juist is, beschouwen we hem of haar als expert. Maar als de geïnterviewde heel weinig weet en als wat hij of zij weet niet klopt, bedank je hartelijk voor het gesprek en is wat jou betreft de claim op kennis van die persoon van de baan. Goed. Nu gaan we de mensheid interviewen (inclusief jij en ik). Eens kijken of die een expert is.

De diepte van kennis

Het is niet belangrijk wat je weet, maar hoe grondig je kennis is. Het verkeerde weten is erger dan niet weten. Waar of niet?

Bij een persconferentie in februari 2002 kreeg de toenmalige Amerikaanse minister van defensie Donald Rumsfeld een vraag over de hypothetische Iraakse massavernietigingswapens. Het veronderstelde bestaan ervan werd als reden voor de oorlog gegeven. Rumsfeld kwam met een cryptisch antwoord: 'Verslagen die zeggen dat iets niet is gebeurd vind ik altijd interessant, omdat – zoals we weten – er dingen zijn waarvan we weten dat we ze weten. Dit zijn de *known knowns*. Er zijn ook dingen waarvan we weten dat we ze niet weten. Dit zijn de *known unknowns*. Er zijn ook *unknown unknowns*, dingen waarvan we niet weten dat we ze niet weten. Als we naar de geschiedenis van ons land (...) kijken, blijkt die laatste categorie het lastigst.'[1]

De gevolgen van die laatste categorie hebben hun tol geëist – werkelijk hartverscheurend.

Het is schrikbarend dat de juistheid van de meeste kennis, zelfs wetenschappelijke kennis, lijdt onder het negeren van *unknown unknowns*. Neem de natuurkunde. Isaac Newton ontdekte zwaartekracht en publiceerde zijn wetten van beweging in 1687, waarmee hij het fundament legde voor de klassieke mechanica. Deze wetten zorgden voor veel ophef tot ze onherroepelijk werden bewezen en geaccepteerd. Eenmaal bewezen, werden ze door wetenschappers omarmd als feiten die alles verklaren, van het vallen van een appel tot het ronddraaien van de maan en de planeten. Iedereen die de juistheid ervan in twijfel waagde te trekken werd tot sukkel bestempeld. De arrogantie van het debat werd vervangen door de arrogantie van absolute wetenschap. Het standpunt bleek nergens op gebaseerd want Newtons wetten negeerden nogal wat *unknowns* die later ontdekt werden.

In 1861 maakte de klassieke aerodynamica van James Clerk Maxwell de wetten van Newton ontoereikend. In 1905 bewees Albert Einstein dat Newtons tijdsbegrip niet klopte. Halverwege de jaren twintig van de vorige eeuw toonde de kwantumfysica aan dat de wereld van de kleine deeltjes zich niet gedraagt zoals Newton verwachtte. En ongeveer veertig jaar later legde de snaartheorie de ontoereikendheid van de kwantumtheorieën bloot, die weer vijftig jaar later onvolledig bleken in de M-theorie. Het wordt tijd dat die laatste binnenkort ook weer vervangen wordt door een nieuwe term.

Zie je hoe we misleid kunnen worden? Zoiets elementairs als de natuurwetten, die tweehonderd jaar lang prima leken te functioneren, waren hooguit een benadering.

ODAA

Tegenwoordig is onze toegang tot kennis ontploft. Elk antwoord dat we zoeken is maar een zoekterm van ons verwijderd. Het web bestaat uit miljarden pagina's, klaar om elke vraag te beantwoorden. Het is moeilijk voor te stellen dat er iets is wat wij mensen niet weten. Maar laat je niet imponeren door grote hoeveelheden. De echte vraag is hoeveel ervan klopt en hoeveel beweerde waarheid is. De reden dat je bij elke zoekactie miljoenen resultaten krijgt is omdat elk onderwerp van ontelbare kanten wordt belicht. Sommige resultaten lijken relevanter omdat ze zijn bekeken door de massa, maar niemand kan met zekerheid zeggen dat wat je leest waar is. Elke vraag die je stelt wordt gedomineerd door een verfijningscyclus die ik ODAA noem: *O*ntdekking, *D*iscussie, *A*cceptatie, *A*rrogantie.

De mensheid buigt zich al duizenden jaren over kwesties aangaande het universum: vragen over wie we zijn, wat we hier doen, en hoe alles werkt. Af en toe doen we ongelooflijke *ontdekkingen*. De nieuwe kennis levert *discussie* op en meningsverschillen totdat een partij gelijk krijgt door wat onomstotelijk bewijs lijkt. Dit leidt tot *acceptatie* van die nieuwe kennis als een feit. Het gemak van die

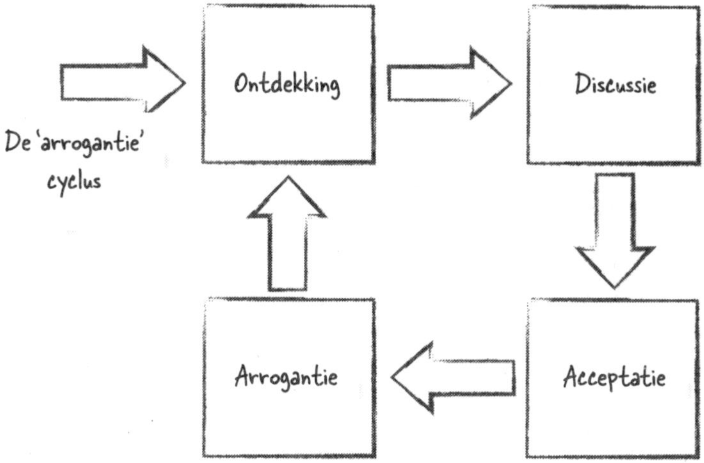

kennis leidt onherroepelijk tot periodes van *arrogantie*. We denken dat onze kennis boven alle twijfel is verheven en we gaan de strijd aan met iedereen die dit betwijfelt. En dan komen we er tijdens een volgende ontdekkingsgolf achter dat wat we weten niet volledig is en soms niet eens juist. Deze ODAA-cyclus herhaalt zich continu met steeds weer incomplete en onjuiste kennis.

De reden dat we zo arrogant geloven in onze kennis is dat onze observatie hem vaak bekrachtigt. Het vermogen door onze directe fysieke omgeving te navigeren bijvoorbeeld, is nooit beïnvloed door onze verkeerde aanname dat de aarde plat was. Het is moeilijk je iets nieuws voor te stellen totdat nieuwe observaties tegenspreken wat we daarvoor dachten – zien dat de horizon gebogen is bijvoorbeeld. Pas dan keren we terug bij wat we weten en vragen we ons zelfs af hoe we ooit anders hebben kunnen denken. Hoe konden we iets niet doorhebben wat zo onmiskenbaar waar blijkt te zijn?

Dit soort onvolledig blijkende kennis is de illusie in de

wetenschap, de politiek, geschiedenis en zelfs onze eigen levens waarmee we dagelijks zijn omgeven. Je denkt misschien dat iemand een snob is en komt er vervolgens achter dat hij gewoon verlegen is. Je verwacht dat de bank je helpt, maar het blijkt dat die je juist afzet. Je hoopt dat een paar schoenen je gelukkig maken, maar ze blijken vooral pijn te doen aan je voeten. Zelfs onze eetgewoontes lijden eronder. De algemeen geaccepteerde wijsheid over welke vitamines en mineralen goed voor ons zijn blijft maar veranderen, wetenschappers vertellen de ene keer dat we bepaalde pillen juist niet moet nemen om daar een paar jaar later weer op terug te komen. Het is een oneindige ODAA-cirkel! Ontdekking leidt tot discussie, daarna tot acceptatie en weer verder tot arrogantie – die weer afneemt na nieuwe ontdekkingen.

Tijdens dit alles blijven wij mensen maar veronderstellen dat we de ultieme wijsheid in pacht hebben. We gedragen ons alsof wij, de slimste wezens op deze planeet, het allemaal wel weten. We gaan volkomen voorbij aan de kans dat er een stukje van de puzzel zou kunnen ontbreken, laat staan dat er iets aan schort.

De breedte van kennis

Zelfs op de zeldzame momenten dat we iets precies weten, blijkt alles wat we weten volkomen onbetekenend vergeleken bij alles wat er te weten valt.

Het universum bestaat bijvoorbeeld uit meer dan 96 procent donkere materie en donkere energie, dat transparante goedje dat we eerder een vacuüm noemden en waar we nog heel weinig over weten. Hier op aarde is meer dan 90 procent van het volume van de oceanen niet onderzocht. Er zou zomaar een Godzilla in rond kunnen zwemmen terwijl jij dit zit te lezen en we weten het niet! Zelfs in ons eigen lichaam begrijpen we maar ongeveer 3 procent van ons eigen DNA. De rest noemen we junk-DNA en dat doen we omdat we te arrogant zijn om toe te geven dat we niet weten waar het voor is.

Elke dag worden er dingen ontdekt die ons helpen meer te begrijpen. Maar totdat we daar de details van hebben, zou het ons sieren de mensheid voor 90 procent onwetend te verklaren. Kennis? Laat me niet lachen!

Deze uitdaging in de breedte is niet voorbehouden aan de wetenschap, maar strekt zich uit tot in elk deel van ons leven. Wat weet jij van wat er gaande is in het leven van een vriend of vriendin tot het moment dat je boos bent omdat hij of zij niet terugbelt? Hoeveel weet je van de winkelbediende over wie jij al een oordeel klaar hebt omdat hij niet beleefd tegen je lachte? Hoe vaak ben je aan een dieet begonnen dat de nieuwe revolutionaire ontdekking wordt genoemd, terwijl je helemaal niet weet hoe jouw lijf erop gaat reageren?

Omdat we eigenlijk heel weinig weten. Maar we moeten geloven in onze acties om ertoe over te gaan en daarom overtuigen we onszelf dat onze kennis volledig is, terwijl die eigenlijk zo lek is als een mandje.

Wat mist er?

Het is niet alleen de arrogantie. Soms is onze kennis beperkt op het laagste basisniveau, op het niveau van onze zintuigen en door de basisblokjes waaruit wij gedachten en concepten opbouwen.

Onze eigen zintuigen zijn beperkt

Zelfs als het gaat over onze eigen zintuigen, weten we arrogant zeker wat we observeren, hoewel duidelijk is dat we nauwelijks kunnen afgaan op onze eigen waarneming. Als wij een rots aanraken voelen we iets massiefs, terwijl die in werkelijkheid helemaal hol is vanbinnen. We horen de hoge pieptonen niet die honden wel kunnen horen. We zien de infrarode straling niet die muggen, vissen en sommige slangen wel kunnen zien. Als je in Moskou woont, is jouw waarneming van kou anders dan wanneer je bent geboren en opgegroeid in Dubai. Weet je zeker dat wat je hier ziet een paard is, of is het een kikker? Een eenvoudige beweging van je hoofd kan een andere werkelijkheid opleveren, een die zo echt lijkt dat je er niet van weg kunt kijken, of je brein kunt dwingen die niet te accepteren. Je hebt biljoenen bacteriën om je heen die je aanvallen terwijl je dit leest. Er zitten meer bacteriën in je lichaam dan dat er 'jij' in zit, maar je ziet ze niet. Als je ooit heb gesproken met iemand die kleurenblind is realiseer je je dat hij net zo efficiënt functioneert als jij, terwijl zijn blik op de wereld drastisch verschilt van de jouwe. Het is volkomen legitiem om aan te nemen dat als het gaat om onze eigen waarnemingen, we het eigenlijk allemaal *niet zeker weten.*

Onze woorden schieten tekort

Een fundamentele beperking voor onze kennis vinden we in de bouwstenen die we gebruiken om te denken en te communiceren. We gebruiken woorden om opvattingen te omschrijven, maar aan woorden alleen hebben we niet genoeg. Neem bijvoorbeeld *mango*. Dat woord is een mentale constructie die verwijst naar een 'een sappige, vlezige, goudsbloemkleurige, aromatische en zoete vrucht'. Het woord helpt je te begrijpen waar ik naar verwijs. Maar creëert het uitspreken van *mango* ook de ervaring van het eten of ruiken van de vrucht? Geven de woorden *vlezig* en *aromatisch* ons de juiste kennis over hoe het voelt je tanden te zetten in een sappige, rijpe mango en te genieten van de intense zoetigheid, de smaak en het aroma? Kun je deze woorden gebruiken om het verschil te beschrijven tussen een mango en een perzik, helemaal als je ze allebei nog nooit heb geproefd?

De beperking van woorden geldt voor alle aspecten van kennis. Er is een prachtige kleur die we allemaal aanduiden als hemelsblauw. En toch is het onmogelijk te bewijzen dat het beeld dat jij hebt bij het zien van die hemel hetzelfde is als het mijne. Taal kan ons niet helpen bij het synchroniseren van dat begrip. Wie weet lijkt de manier waarop jij de kleur hemelsblauw ziet visueel gezien op de manier waarop ik de kleur roze zie. We zijn het erover eens dat het een prachtige kleur is en we zijn het eens over de naam en betekenis, maar we zullen nooit weten of we ook hetzelfde ding *zien*.

We verdraaien kennis nog verder wanneer we abstracte lagen van complexiteit gaan aanbrengen in een woord. Wolkenkrabber verpakt talloze subtiele ontwerpen, duizenden verschillende materialen en het werk van miljoenen mensen in één extreem beknopte beschrijving. Het veronderstelt ten onrechte dat alle wolkenkrabbers, op ten minste één niveau, hetzelfde zijn. Zodra we een woord hebben om een concept te beschrijven, gaan we ervan uit dat we dat concept kennen, hoe beperkt onze kennis ook is. Hoe kunnen we liefde, toewijding, goddelijk of samenleving vatten in één woord? Denk eens aan de omvangrijke kennis die we proberen te stoppen in woorden als filosofie, psychologie en sociologie. Lijken alle atheïsten of pragmatici zo op elkaar dat je één woord kunt gebruiken om ze allemaal te omschrijven? Hoe precies is de beschrijving van het woord *dood* vergeleken met het concept dat het beschrijft? Bevatten de woorden autocratie, meritocratie en democratie waarnaar ze verwijzen? Worden ze goed toegepast?

In zijn ietwat platte maar zeer grappige film *The Dictator* speelt Sacha Baron Cohen een dictator in het Midden-Oosten die zijn land, gedwongen door omstandigheden, moet omvormen tot een democratie. Hij houdt een toespraak waarin hij de voordelen van een dictatuur noemt:

> Waarom zijn jullie allemaal zo anti-dictatuur? Stel je voor dat Amerika een dictator had. Dan zou alle rijkdom in handen van één procent van de mensen terechtkomen. Je kunt je rijke vrienden helpen nog rijker te worden door hun belastingen te verlagen en ze uitkopen als ze gokken en verliezen. Je besteedt geen aandacht aan de behoefte van de armen aan gezondheidszorg en onderwijs. De media lijken vrij, maar zijn eigenlijk in handen van *één persoon* en zijn familie. Je kunt telefoons afluisteren. Je kunt buitenlandse gevangenen martelen, verkiezingsuitslagen vervalsen. Je kunt liegen over waarom je een oorlog begint. Je kunt je gevangenissen vullen met een bepaalde bevolkingsgroep en niemand zou er iets van zeggen. En je kunt de media gebruiken om mensen

te intimideren beleid te steunen dat niet in hun belang is.

Vergist hij zich nou in de betekenis van het woord *dictatuur* of begrijpen wij het woord *democratie* niet? Of worden alle woorden te lukraak gebruikt?

Vanwege die losheid gaat veel van wat wij zeggen verloren op het moment dat wij kennis willen overdragen. Vaak is wat gezegd wordt niet wat begrepen wordt. Toch blijven we dat kennis noemen.

Woorden zijn het gereedschap waarmee ik met jou in dit boek kan communiceren. Ik probeer ze zo precies mogelijk te gebruiken, maar ik weet dat ik tekort zal schieten. Daarom stel ik je vaak vragen en vertrouw ik erop dat jij nadenkt over alle concepten die wij zo uitgebreid behandelen. Alleen dan vergaar je kennis. Proef je eigen mango. Ga niet af op mijn oordeel.

Wij mensen hebben onze volledige benadering van kennis op deze wat gammele bouwstenen gefundeerd. Een gebouw is zo sterk als de materialen waarvan het gemaakt is en jammer genoeg is onze kennis zo beperkt als onze woorden zijn. Als je alles bij elkaar optelt, ontdek je dat er niet veel kennis overeind blijft.

Onthoud!

Eigenlijk weten we niet zo heel veel.

Echte kennis

Toen Ali elf was kocht hij een boek dat *Het ultieme nutteloze-informatieboek* heette. Wekenlang droeg hij het bij zich. Hij nam het mee als we er een weekendje op uit gingen en las er de vreemdste dingen uit voor: *elke keer als je aan een postzegel likt, consumeer je 1/10 calorie; de meeste Amerikaanse claxons toeteren in de F-sleutel. De meeste wc's spoelen door in E-mol.* Allemaal ongefundeerd, allemaal nutteloze 'kennisregels' die allemaal een plek in een boek kregen. Ali schuddebuikte soms van het lachen en zei dan: 'Wat zijn mensen toch raar!' Dat zijn we zeker en ik ben de eerste die dat toegeeft.

Ik was verslaafd aan leren toen ik jong was. Ik was idolaat van kennis. Ik was arrogant over wat ik wist en ik verdedigde dat venijnig, totdat ik bij Google ging werken.

Tijdens mijn eerste maanden daar werd mijn Kennisillusie volledig aan diggelen gegooid. Internet gaf mij zoveel wat ik nog niet wist ondanks mijn jarenlange ervaring, en ik moest alles waarvan ik dacht dat het klopte opnieuw onderzoeken. Als ik door de gangen liep van de plek waar iedereen veel slimmer was dan ik, schudde mijn geloof in 'het juiste antwoord' – ons allemaal geleerd op school – op zijn grondvesten. De leden van onze verschillende teams bekeken de wereld van zoveel verschillende kanten en bespraken kwesties die meerdere afwijkende en toch correcte antwoorden hadden. Maar de vooral datagerichte benadering liet vaak de onjuistheid van sommige kwesties zien. Soms bleken ideeën die aanvankelijk met hart en ziel werden verdedigd uiteindelijk niet te kloppen. Maar de openheid moedigde mensen aan hun zegje te doen en dit maakte de discussie heel divers. Het gebeurde vaak dat een eenentwintigjarige een van de bazen tegensprak en gelijk bleek te hebben. Na een jaar bij Google realiseerde ik me dat ik erg weinig wist vergeleken bij wat er allemaal te weten valt. Ik wist zelfs zo weinig dat het voelde alsof ik niets wist. Gelukkig was mijn honger om te leren groter dan mijn ego's wens gelijk te hebben. Ik werd heel vrolijk van deze constatering omdat ik af was van de eindeloze strijd mijn standpunt te verdedigen. Ik kon gewoon genieten van mijn studiereis. Die vreugde helpt me ook bij het schrijven van dit boek. Ik pauzeer vaak even en vraag me dan af wat jij vindt van mijn geringe kennis. Kijk vooral of het klopt wat ik beweer en ga op zoek naar je eigen waarheid. Als iets wat je hier leest niet waar is, vergeef me dan. Het hoort nu eenmaal bij kennis om het af en toe bij het verkeerde eind te hebben. Laat het me weten, dan kunnen we samen meer leren.

Als jij je niet laat leiden door de Kennisillusie, ben je een van de weinige gelukkigen. Ik deed er jaren over om in te zien dat hoezeer ik ook geloofde dat iets waar was, ik het fout kon hebben. De kans dat ik iets belangrijks over het hoofd heb gezien is er altijd en er is altijd iets wat ik nog niet weet. Ik heb niet altijd gelijk en dat is een waarheid als een koe.

De Russische Nobelprijswinnaar Lev Landau zei ooit: 'Kosmologen hebben het vaak verkeerd maar twijfelen nooit.' Dat is een bewonderenswaardig standpunt, zeker van zo'n vooraanstaande wetenschapper. De geschiedenis van zijn vakgebied bevestigt dit. In de kosmologie dachten we eerst dat de aarde plat was. Toen we begrepen dat hij rond was, wisten we zeker dat de aarde het centrum van het universum was, waaromheen alle hemellichamen draaiden. Bij al deze stappen twijfelden de verantwoordelijken niet, ook al hadden ze het verkeerd.

Einstein, in al zijn genialiteit, beweerde nooit op een arrogante manier de wijsheid in pacht te hebben. Hij zei ooit: 'In theorie zijn theorie en praktijk hetzelfde. In de praktijk niet.' Toen hij een enorme fout maakte in een poging zijn vergelijkingen te 'fixen' door een constante aan te brengen voor de effecten van zwaartekracht, capituleerde hij en gaf hij toe dat hij het bij het foute eind had. Vreemd genoeg bleek later dat hij ongelijk had *over zijn ongelijk*. Wetenschappers ontdekten dat die willekeurige aanpassing, de kosmologische constante, juist een van de meest fundamentele waarheden van het universum bleek.

We moeten het onszelf niet kwalijk nemen beschermend te zijn over wat we denken te weten. Hoe kunnen we anders blijven doen wat we moeten doen als we geloven dat het gebaseerd is op verkeerde aannames? Hoe kan iemand iets met passie blijven doen als hij denkt dat het niet klopt? Iedereen, ook zij die falen, moet de logica vinden om te rechtvaardigen wat zij doen.

Alleen, hoe meer we weten, des te meer komen we erachter dat we maar een fractie van de waarheid hebben gezien. Confucius zei:

Heel belangrijk!

Echte kennis is de omvang weten van je eigen onwetendheid.

Wees wijs, dan word je gelukkig

Kennis is de illusie die ons ervan weerhoudt de waarheid te zien achter al die andere illusies omdat wij denken: *als wij zo ver zijn gekomen in het leven, kan niet al onze kennis verkeerd zijn.* Je bent inderdaad zo ver gekomen *ondanks* de zes grote illusies en door je niet meer gedwongen te voelen hun geldigheid ter discussie te stellen. Maar wees verstandig en denk eraan: wat je je hele leven hebt geleerd is misschien niet helemaal waar.

Kennis is totaal geen voorwaarde voor geluk. Je standaardinstelling voordat je iets 'wist' was geluk. Het is zelfs zo dat foute kennis de onderliggende reden is voor het meeste ongeluk. Onze overtuiging dat alles wat we weten waar is, leidt ertoe dat we die kennis gebruiken in onze Geluksformule. Tegen de tijd dat we erachter komen dat die kennis niet klopt, is de balans al verstoord en is de lijdensweg begonnen.

Als je de gedachtegangen onderzoekt die je ongelukkig maken, ontdek je dat die meestal komen door vasthouden aan illusies en foute veronderstellingen. De opvattingen die het meeste invloed op ons hebben zijn die waar we het hardst in geloven – maar die niet kloppen.

Vasthouden aan verkeerde opvattingen lijkt op struisvogelpolitiek: je kop in het zand steken, denkend dat je veilig bent, terwijl je bijna vraagt om een lijdensweg. Niet zo'n slimme strategie. Dus waarom doen we zo? Vanwege ons ego.

De Kennisillusie wordt zwaar ondersteund door de Zelfillusie, vooral door ons ego. We identificeren onszelf met onze kennis. We verdedigen wat we weten en voelen ons beledigd als dat wordt aangevallen. Omdat wat wij als waarheid zien meestal afwijkt van wat anderen vinden, worden we vaak aangevallen. Het wordt een constante worsteling ons ego te verdedigen. Kleed je uit. Laat aanvallen op je kennis toe. Wees verstandig. Bied ruimte aan mensen die tegenspreken wat je 'weet'. Wees een ontdekker, een waarheidszoeker die altijd bereid is zijn ongelijk toe te laten, om daarna zijn zoektocht voort te zetten.

Denk er eens even over na. Over die paar keren dat je dacht dat iets waar was, maar totaal verrast werd toen bleek dat het tegenovergestelde het geval was. Je zult er vast wel een paar op kunnen rakelen. Lees alsjeblieft niet verder terwijl je dat doet. Het is belangrijk dat je de omvang van je kennis erkent, voordat ik mijn eindpleidooi houd. Zijn jullie er klaar voor?

Het zetje

Onze overtuiging van wat goed is en wat slecht zit onze oplossing van de Geluksformule flink in de weg. Toen we keken naar de Zelfillusie kwamen we erachter dat het niet doen alsof je de ster bent in de film je helpt te zien dat de verdeling van goede en slechte momenten ongeveer voor alle acteurs hetzelfde is. Er zit meer achter het concept van goed en slecht.

Natuurlijk willen we altijd de goede dingen in het leven maar we lijken zo vaak de slechte te krijgen. Als de Geluksformule niet klopt, lijkt het alsof de wereld niet aan je verwachtingen heeft voldaan. Als dat gebeurt, dan beschouw je je huidige situatie als slecht en voel je je ongelukkig. Maar het leven moet je soms een zetje geven om daar verandering in te brengen. Je hebt een beetje ellende nodig om het goede weer te omarmen.

In 1990 was de 25-jarige Schotse Joanne per trein op weg van Manchester naar Londen. De trein had vier uur vertraging, iets wat we normaal slecht vinden. Tijdens de vertraging kreeg ze het idee voor een verhaal over een jongetje dat naar een toverschool gaat. Ze zag het helemaal voor zich. Ze begon meteen met schrijven toen ze thuis kwam. Twee jaar later had ze pas drie hoofdstukken geschreven. Het lot dreef haar naar een school in Portugal, waar ze taalles gaf en waar ze een man tegenkwam die de vader van haar dochter zou worden. Ze zou later op een pijnlijke manier van hem scheiden en moest terug naar Schotland. Inmiddels leek de hele wereld tegen haar te zijn. Haar huwelijk was mislukt, ze was werkloos met een klein kind. De wereld was niet tegen haar, ze kreeg een *zetje*. De wereld duwde haar weg van een gewoon leven in de richting van grootsheid.

We weten dit omdat ze als J.K. Rowling bekend is van de Harry Potter-reeks, waarmee ze miljoenen lezers overal ter wereld wist te betoveren. Later beschreef ze die periode in haar leven als 'bevrijdend', ze had zich helemaal kunnen focussen op schrijven. Het leven liet maar één pad over en ze volgde het. Ze haalde er alles uit en twee jaar later leverde ze haar eerste manuscript in. Haar volledige reeks, vertaald in vijfenzestig talen, werd vierhonderd miljoen keer verkocht. Ze werd hierdoor een van de succesvolste schrijvers ooit:

Onthoud!

Als je soms van je pad afraakt, geeft het leven je een harde zet ... en dat is helemaal niet erg.

De gumtest

Het leven is niet selectief als het aankomt op zetjes. Het is waar dat je een harder zetje krijgt als er iets groots ligt verderop het pad, maar iedereen krijgt af en toe weleens een zetje. Jij ook vast wel, waardoor je op andere paden terecht bent gekomen.

Ik heb een simpele test voor je, waarmee je kunt zien of je weleens een zetje hebt gekregen. Het is de gumtest. Stel je eens een nieuwe techniek voor die ervoor zorgt dat je elke nare herinnering uit het verleden kunt wissen alsof die nooit heeft plaatsgevonden. Gum de herinnering uit je geheugen en haal hem van je tijdlijn. De technologie kan het moment in het ruimte-tijdcontinuüm exact aanwijzen en dus uitwissen. Ook de gevolgen van de gebeurtenis worden gewist, tot aan het huidige moment.

Omdat jij een van mijn gewaardeerde lezers bent, mag jij deze nieuwe technologie testen. Je kunt alles laten uitwissen: een saaie lezing bijvoorbeeld, met alles wat daarin werd gezegd. Door dat te doen gum je ook alle interactie uit met iedereen die je daar tegenkwam, elk gesprek dat je had, elk beetje informatie dat je bij is gebleven, alles. De test geeft je ook de tijd terug die je daar was, dus het lijkt net of je een uur eerder thuiskwam via een andere route, luisterend naar een ander radioprogramma, enzovoort. Je levenspad zal worden aangepast aan een pad dat niet is aangetast door je gewiste gebeurtenis. Hopelijk is het een pad waarvan je gelukkiger wordt, maar deze gumtest biedt geen garantie voor succes.

Kies nu zelf een moment dat je graag wilt wissen en denk daarbij aan alle kronkels en bochten in het leven die je daarmee ook uitgumt.

Vraag jezelf af, als deze nieuwe technologie echt bestond, hoeveel herinneringen zou je dan willen uitvlakken? Vraag jezelf ook hoeveel gebeurtenissen je zou willen bewaren, al dacht je er toen slecht over.

Bijna iedereen aan wie ik deze hypothetische test heb voorgelegd is het erover eens. Hoewel sommigen een paar gebeurtenissen wilden uitgummen, wilden de meesten een aantal van hun zwaarste herinneringen gewoon in stand houden.

Terugkijkend kan ik duidelijk zien hoe mijn levenspad baat had bij een reeks spectaculaire zetjes. Toch zou ik de gum een keer willen inzetten. Ik geef toe dat ik Ali's vertrek nog steeds zou willen uitwissen. Er is niets wat ik liever zou willen dan nog een omhelzing. Ik begrijp dat zijn vertrek het grootste zetje in mijn leven was, waardoor ik dit boek ging schrijven en anderen wilde gaan helpen. Maar zelfs als ik niet aan hem denk, blijft mijn hart hem altijd missen.

Ik denk dat tijd, heel veel tijd, kan helen wat positieve gedachten niet voor elkaar krijgen.

Er is een Arabisch verhaaltje over een oude wijze man wiens zoon naar de waterput gaat op het warmste moment van de dag. Tot zijn verrassing vindt hij daar een prachtig tam zwart Arabisch paard. Iedereen in het dorp is jaloers op de jonge man, die alle races wint met zijn nieuwe paard. De dorpelingen vertellen zijn vader: 'Jouw zoon is gezegend met veel geluk.' Waarop de man antwoordt: 'Dat weet je nooit zeker.' Een week later valt de jongen van zijn paard en breekt beide benen, dus rennen de dorpelingen naar de oude man toe en zeggen: 'Je zoons geluk is omgeslagen in ongeluk!' En de man antwoordt 'Dat weet je nooit zeker.' Een week daarna wordt het dorp door een vijandig dorp aangevallen. Alle gezonde mannen moeten vechten en velen van hen komen om. De jonge man overleeft het.

Onthoud!

Je weet het nooit echt zeker.

Wees eens eerlijk: hoeveel slechte gebeurtenissen bleken na verloop van tijd de beste te zijn die je ooit hebt meegemaakt? Wat was de invloed ervan op de man of vrouw die je nu bent? Hoeveel heeft ertoe bijgedragen dat je je geliefde bent tegengekomen of iets belangrijks hebt geleerd? Ik weet dat veel van deze ervaringen naar zijn geweest, sommige doen nog steeds pijn, maar hoeveel waren er nou zo slecht dat je ze wilt uitwissen?

Als je erachter komt dat alle schijnbaar slechte momenten je een zetje gaven waardoor je op een beter pad terechtkwam, krijgen goed en slecht een andere betekenis. Deze nieuwe definities helpen bij het kloppend maken van de Geluksformule. Je ontdekt dat je verwachtingen te overhaast zijn en dat het leven uiteindelijk toch met die gunstige verrassing aan komt zetten. Het is in het verleden zo vaak gebeurd. Waarom zou dat nu anders zijn?

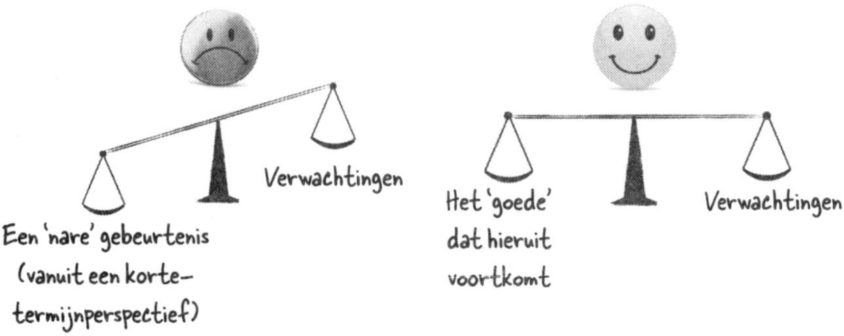

Geen enkel moment in het leven is helemaal goed dan wel slecht. Als je je hoofd leegmaakt en voorbij de Kennisillusie kijkt, kom je erachter dat Shakespeare gelijk had:

Onthoud!

'Niets is goed of slecht, maar het denken maakt het zo.'

HOOFDSTUK 6

Weet iemand hoe laat het is?

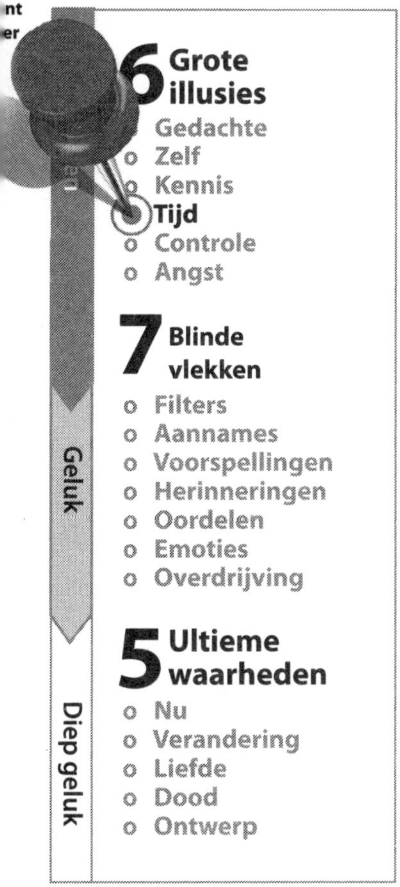

Geen andere illusie is zo meeslepend als tijd. We zijn er constant mee bezig en nemen tijd voor lief. We leren hoe we moeten functioneren binnen de regels van tijd maar we begrijpen nooit zijn aard. Hierdoor lijden we en onze worsteling het verleden en de toekomst te begrijpen staat ons geluk in de weg. Het doorprikken van de illusie helpt je enorm de lijdenscyclus bij het begin al te doorbreken. Hierdoor kun je de Geluksformule tot een goed einde brengen. Om dat te doen moeten we niet vragen *hoe laat is het* maar *wat is tijd zelf*?

Een tijdloos experiment

Stel je voor dat je meedoet aan een mysterieuze onderzoeksmissie. Alles wat je weet is dat je reist in een kleine capsule, van een stad naar een andere. Niemand vertelt je hoe lang het gaat duren, maar je stopt in ieder geval bij verschillende haltes onderweg. Het onderzoeksteam heeft het over tien minuten per halte. Er zit alleen een stoel in de capsule: geen ramen, geen dashboard, er is geen tv of radio. Alleen een glad, schoon, aluminium interieur.

Terwijl je geïnstalleerd wordt, neemt een onderzoeker je horloge en je telefoon af. Je vraagt waarom, maar ze valt je in de rede. 'Tijd om te gaan,' zegt ze terwijl de deur zich sluit. 'Zie je aan de andere kant!'

Omdat je niets te doen hebt tel je de keren dat de capsule vaart mindert en sneller gaat. Tegen de tijd dat je deur weer opengaat heb je de druk van de G-krachten al tig keer beleefd. Er zat tien minuten tussen alle stations, wat betekent dat je reis twee uur duurde. Dat moet ongeveer kloppen. Maar bij het uitstappen blijkt dat de onderzoekers die jou incheckten een fout hebben gemaakt: het waren geen tien maar vijf minuten. De reis die jij op twee uur had inge-

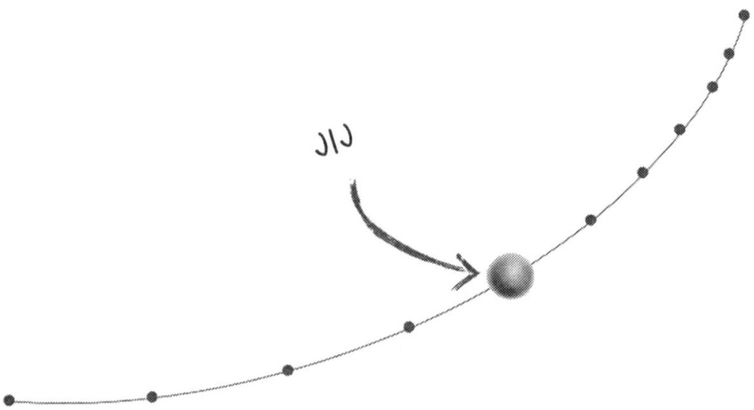

schat duurde dus maar een uur. Het eerste team leek echter behoorlijk zeker van de informatie die het je gaf. Wie moet je geloven?

Je pijnigt je hersenen maar je weet het niet. Er is simpelweg ook geen antwoord. Als je echt lang in die capsule had gezeten, zou je honger en dorst hebben gekregen en zou je moe zijn geworden. Maar dat zijn markers van *biologische* tijd. Je zou nog steeds niet zeker weten hoeveel tijd er op de klok was verstreken, omdat *mechanische* tijd door de mens is verzonnen.

Oude beschavingen gebruikten de baan van de zon door de lucht om de tijd te meten, de baan van de maan om de maand te berekenen en de seizoenen om het verstrijken van de jaren te peilen. We hebben zonnewijzers ontwikkeld, obelisken, waterklokken, zandlopers en uiteindelijk mechanische, digitale en atomische uurwerken.

Tegenwoordig berekenen we tijd zo nauwkeurig dat we nu denken dat tijd bestaat, los van de willekeurige metingen die we doen. Maar dat is niet zo. Zelfs atomische klokken, die verantwoordelijk zijn voor de tijdsynchronisatie van veel technologie, waaronder ons elektriciteitsnet, GPS en de klok op je smartphone, moeten af en toe worden afgesteld om synchroon met de natuur te blijven lopen. Binnen een paar duizend jaar zou dag overgaan in nacht als we elke vier jaar geen schrikkelsecondes hadden ingepast in onze gecoördineerde wereldtijd. Alle apparaten die we tot nu toe hebben uitgevonden vertellen ons hoe laat het is maar niemand weet eigenlijk echt wat we meten. We gebruiken mechanische bewegingen om tijd te meten omdat het een aanpak is waar ons brein iets mee kan. Maar de aard van tijd zelf is nog steeds onduidelijk. Jouw ervaring in die capsule was een duidelijke aanwijzing voor hoe willekeurig onze metingen kunnen zijn.

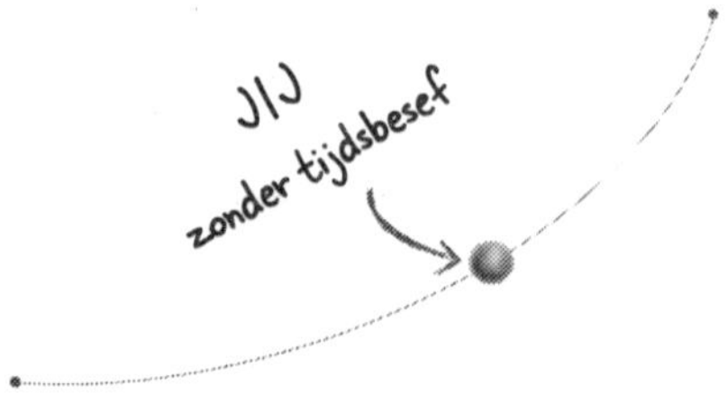

Laten we snel nog een ander ritje maken, maar dit keer gaan we nergens stoppen. Het wordt een lange, soepele reis, met een flinke versnelling aan het begin en geen voelbare beweging daarna, eindigend als de capsule tot stilstand komt. Op deze tweede reis kun je echt op geen enkele manier weten hoeveel tijd is verstreken als de deur weer opengaat. Dit keer zal je reis 'tijdloos' zijn.

Wie is je baas?

De laatste paar eeuwen is tijd uitgegroeid tot de slavendrijver van de moderne beschaving. Sinds het begin van de industriële revolutie zijn we steeds harder gaan werken en dat heeft geleid tot hogere productie en meer winst. We leven op onze horloges. Als de wekker gaat begint de dag. Als de bel gaat wisselen we van klas. Op de afgesproken tijd sukkelen we van vergadering naar vergadering, van een telefonische meeting naar een winkel en vervolgens naar een etentje met vrienden. We vallen pas in slaap nadat we de wekker twee keer gecheckt hebben, zodat we 's ochtends wakker worden als de wekker ons roept. Tijd komt om de hoek kijken bij elk plan en elke handeling. We zijn afhankelijk van tijd, en we gaan ten onder aan tijdsdruk.

Dit gold zeker voor mij. Tijd is altijd een van mijn grootste uitdagingen geweest. Dat komt deels door mezelf, omdat ik mezelf elke werkdag nogal ambitieuze doelen stel. Ik zou mijn cliënten ook online kunnen ontmoeten, maar ik spreek ze liever in het echt. Dus ontkom ik niet aan vertragingen, files en racen om op tijd bij vergaderingen te zijn. Vroeger kostte me dat heel veel stress en werd ik er diep ongelukkig van. Toen besloot ik mijn relatie met tijd te verbeteren. Eerst leerde ik trucjes om mijn dag beter in te delen en mijn agenda te plannen om zo efficiënter te worden. Maar dat was niet meer dan een beginnetje. Ik leerde begrijpen wat ik probeerde te managen, en toen werd het interessant.

Het eerste wat ik interessant vond aan de Tijdillusie was dat die zo subjectief is op het persoonlijke vlak. Het verstrijken van tijd voelt in elke situatie weer anders. Heb je ooit weleens een zwaar auto-ongeluk gehad? Ik ben een keer met mijn auto van een brug gestort. Ik hoop dat je dit nooit gebeurt, maar wat ik observeerde was erg interessant. De tijd verstreek veel langzamer naarmate mijn auto het moment van neerkomen bereikte. Ik kan mezelf er niet van weerhouden hier de woordgrap slow-Mo te maken ☺. Soldaten in actie herkennen dit fenomeen ook. En ik weet zeker dat jou is opgevallen dat een saaie lezing van twee uur langzamer voorbijgaat dan een leuk avondje met je vrienden.

Het gevoel van relativiteit in de manier hoe wij tijd ervaren, deed me terugdenken aan een van mijn grote passies als kind: Einsteins relativiteitstheorie. Dus dook ik weer de boeken in voor een portie wetenschap.

Tijdwetenschap

Ons wetenschappelijk tijdsbegrip nam een grote sprong voorwaarts aan het begin van de twintigste eeuw. Daarvoor had de klassieke natuurkunde onder Newton altijd onderwezen dat tijd een absolute waarde had. Wiskundigen gebruikten dit vol vertrouwen in hun vergelijkingen totdat Einsteins theoretische doorbraak werd gepubliceerd in 1907. Zijn theorieën over speciale relativiteit en later, algemene relativiteit, betekenden een drastische verschuiving in onze relatie met tijd. Einstein beweerde dat tijd en ruimte niet twee aparte dingen zijn, maar dat ze in combinatie een vierdimensionale structuur vormen, die hij ruimte-tijd noemde.

Einstein verklaarde verder dat zwaartekracht de tijd eigenlijk vertraagt. Dus als jij een astronaut bent op een lange ruimtereis en je komt langs een zwart gat (waar de zwaartekracht enorm is) gaat de tijd aanzienlijk langzamer. Als je terugkeert naar de aarde ben jij een paar jaar ouder, maar je wederhelft en je vrienden zijn al echt oud. We kunnen dit effect in mindere mate ook hier op aarde zien.

Als je in Dubai woont op de bovenste verdieping van 's werelds hoogste toren, gaat de tijd iets sneller dan wanneer je beneden woont, omdat de zwaartekracht op beide woonlagen anders werkt. Dit is voor het menselijk lichaam moeilijk waar te nemen maar het is wel meetbaar met de huidige techniek.

Het wordt nog veel bizarder. Wiskundig gezien maken ruimte-tijd, verleden, heden en toekomst deel uit van een integraal vierdimensionale structuur *waarin alle ruimte en alle tijd voortdurend blijven bestaan.*

Stel je tijd eens voor als een gesneden brood, waarbij elke boterham staat voor iets dat ergens in het universum gebeurt op een bepaald moment. Wij mensen kunnen verschillende kanten op in de ruimte, maar we beleven de dimensies van tijd alleen

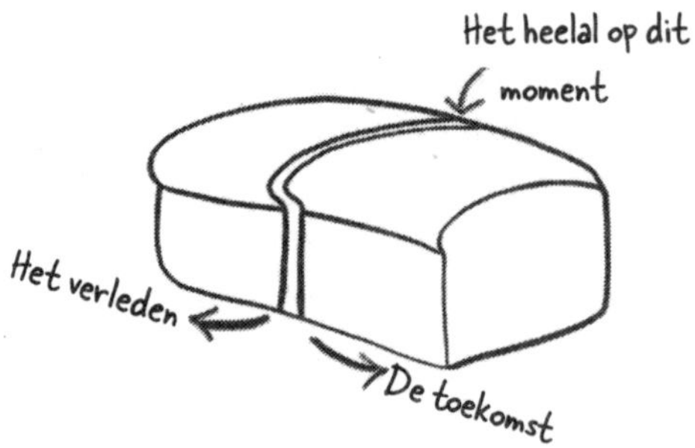

boterham voor boterham terwijl we erdoorheen bewegen. Als we tijd zo konden waarnemen als ruimte, maakten we sprongen in tijd, alsof we in en uit een trein stapten op elk gewenst moment. Je springt in de trein in 2017 en je gaat terug naar de prehistorie – niet dat ik het kan aanbevelen – en je komt in een realistische film terecht die ruimte-tijd heet. Man, na al die jaren van studie krijg ik nog steeds hoofdpijn van dit onderwerp.

Klinkt dit ongeloofwaardig? Dat zou wel moeten. Het is namelijk ongeloofwaardig. Maar wiskunde liegt niet. En als tijd echt zo vreemd en exotisch is, waarom denken we dan dat we er zo vreselijk veel van weten? Het ruimte-tijd-brood voelt totaal niet als tijd zoals we die nu kennen, de tijd die ons zoveel stress oplevert. Het is zelfs zo dat tijd steeds vreemder wordt en onbekender naarmate we er intensiever naar kijken.

De reden dat we maar één boterham van het ruimte-tijdbrood kunnen behappen komt door het natuurkundige fenomeen *de pijl van de tijd.* Daardoor kunnen we ons bewegen binnen de drie dimensies van ruimte, maar kunnen we alleen bestaan in de 'nu'-boterham van ruimte-tijd. Dit is een lastig concept. Het wordt makkelijker als we van broden overstappen naar treinen.

Stel dat het hele universum in één trein wordt geperst: elk melkwegstelsel, elke ster en planeet, alle korrels zand en alle levende wezens. Deze trein begint aan een reis, niet van de ene stad naar de andere, maar aan een reis door de tijd. Als passagier kun je overal heen, maar je kunt niet de bestemming of snelheid wijzigen, want die is beperkt tot één route: *de pijl van de tijd.* Je reist mee zonder invloed op de locatie of richting, springend van de ene plak 'nu' naar de volgende langs de tijdsdimensie.

Onthoud!

Tijd beweegt niet. Jij bent degene die door de tijd beweegt.

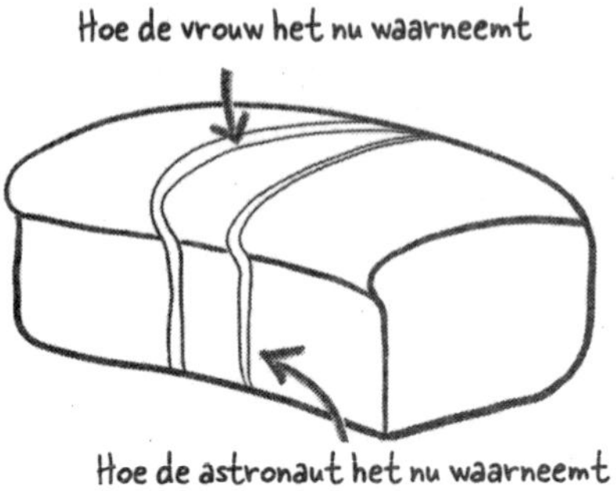

Zo zijn we altijd in een positie waarin we het huidige 'nu' ervaren, maar zelfs dat is relatief. Volgens Einstein *beïnvloedt de snelheid waarmee je beweegt je ervaring van tijd.* Op zijn reis terug naar de aarde zou de astronaut (die ik eerder noemde) zo hard gaan dat hij het ruimte-tijdbrood scheef zou aansnijden. Daardoor zou zijn beleving van tijd heel anders zijn dan die van zijn vrouw op aarde.

Net als wij zou zij een sneetje tijd ervaren waarin gebeurentissen uit andere delen van de wereld zaten, die allemaal op hetzelfde moment plaatsvonden. Ze zou haar kind kunnen voeden, terwijl ze op tv beelden zag van de oorlog in Syrië en een vriendin hoorde juichen in de andere kamer die daar zat te kijken naar een voetbalwedstrijd. Deze gebeurtenissen vinden plaats op hetzelfde moment, en worden zo ook ervaren hier op aarde, op haar boterham.

Haar man zou door zijn astronomische snelheid verschillende plekken in de ruimte zien, op heel andere momenten. Terwijl zijn snelheid ruimte-tijd scheeftrekt, ziet hij punten dichterbij op zijn reisroute sneller dan de punten verder weg, dus snijdt hij het brood scheef aan. Hierdoor zou zijn tijdboterham het neerhalen van de Berlijnse Muur kunnen bevatten, de dood van zijn moeder door kanker in 2016 in de vs en de ontdekking van een middel tegen die kanker tien jaar later in Japan. Al deze momenten lijken voor hem op hetzelfde moment te gebeuren omdat ze op een andere 'plek' gebeuren op zijn ruimte-tijd boterham. Au, ik heb alweer hoofdpijn.

De reden dat ik blijf doorgaan over deze ingewikkelde wetenschappelijke kanten van tijd is omdat *hoe meer je weet over tijd, des te meer je begrijpt dat tijd in werkelijkheid niet is wat we denken dat het is.* Tijd zoals wij over het algemeen aannemen is een enorme illusie die weinig te maken heeft met wat het echt is of hoe het zich gedraagt. De tijd die we denken te kennen, bestaat niet (zoals je zag in het capsule-experiment). Niets van hoe wij individueel tijd ervaren is absoluut.

Onthoud!
Tijd verandert voor iedereen.

Omdat tijd verandert, ook van vorm, van de ene naar de andere persoon en van de ene naar de andere situatie, moeten we wel concluderen dat tijd niet echt is. Tijd zakt als een baksteen voor de duurzaamheidstest. Tijd is een illusie, op een interessante manier:

Onthoud!
Tijd zakt als een baksteen voor de toets van tijd!

Hoe een kat de tijd ziet

Los van de theorie, tijd hijgt altijd in onze nek. Je moet een belangrijke deadline halen voor je werk, en de stress maakt je prikkelbaar. Of je maakt je zorgen dat je nog single bent omdat je biologische klok doortikt en je een gezin wilt. Of je zit te schelden op het verkeer omdat je dochter op je wacht bij de buitenschoolse opvang en je te laat bent. Maar waarom heeft je hond of je kat nooit dit soort problemen? Geen ander levend wezen laat zich zo leiden door het tikken van de klok, telt de dagen, weken en maanden zoals wij mensen. Zoals je hebt gemerkt reageren dieren alleen op gebeurtenissen. Honger? Eten! Donker? Slapen! Het is een aanstekelijke levenswijze.

Zelfs binnen onze eigen soort kijken culturen anders tegen tijd aan. Ik ben opgegroeid in een cultuur die meer om gebeurtenissen geeft dan om tijd. Dus ik vind het raar dat westerse landen zo hoog opgeven over vergaderingen die 'op tijd' beginnen en eindigen. Ik heb vergaderingen meegemaakt in Amerika waar iedereen zijn spullen opruimt en weg wil omdat het geplande einde van de vergadering was bereikt, *terwijl een doorbraak binnen handbereik was.* De volgende vergadering uitstellen om tot die doorbraak te komen gebeurt gek genoeg bijna nooit, of nooit eigenlijk.

In het Midden-Oosten en Latijns-Amerika hebben dit soort bijeenkomsten een losse starttijd en gaan ze door zolang ze nuttig lijken. Als een vergadering lekker loopt duurt die zo lang als nodig is. Dat geldt ook voor sociale afspraken. Als je na het werk een afspraak met vrienden plant en sommigen komen om zeven uur en een andere groep rond achten of tegen elven, voelt niemand zich beledigd of gestrest. Omdat iedereen zich vermaakt met wie er op dat moment is en zo lang ze er zijn. Het is een beetje de tijdsbenadering die een kat ook heeft.

Het zal je misschien verbazen dat culturen die zich niet op tijd maar op gebeurtenissen richten in de meerderheid zijn. Afrikaanse, Zuid-Amerikaanse, Zuid-Europese of Indiase zakenlui lijken misschien nogal relaxed vergeleken met hun efficiënte westerse collega's, maar ze zijn erg goed in het leggen van contacten en samenwerken. Ze zoeken gewoon hun eigen succesformule. Maar terwijl ze dat doen kiezen ze ook voor geluk.

Ik ben zeker geen voorstander van te laat komen, de kantjes eraf lopen, of luiheid. Maar zie je de voordelen van het gewoon kijken wat er gedaan moet worden ten opzichte van een slaaf van de klok zijn?

Een nog groter verschil met het Westen vormen de culturen die 'tijdloos' leven. Het boeddhisme is daarvan het bekendste voorbeeld. Klokken blijven tikken en dingen gebeuren en gaan weer voorbij, maar een boeddhist richt zich altijd op het huidige moment. Deze tijdloze staat is van groot belang voor het bereiken van het nirwana. De kunst van het volledig leven in het moment biedt je de kans in vrede te leven in een eindeloos paradijs. Helemaal als je je bedenkt dat oneindigheid altijd wordt gezien als een heel lange tijd, terwijl het eigenlijk de afwezigheid van tijd is. Het is tijdloosheid.

Onthoud!

De ervaring van tijd verschilt van cultuur tot cultuur. Er is misschien een betere manier met tijd om te gaan dan de onze.

Ons begrip van tijd speelt een grote rol bij het creëren en in stand houden van geluk. Tijd speelt een grote rol bij het voeden van de lijdenscyclus. Om aan die greep te ontsnappen moeten we terug het brein in.

Verleden en toekomst

In hoofdstuk 3 bespraken we de stem in je hoofd en zagen we dat je meer bent dan alleen een stroom gedachten. Dit is van belang voor de Geluksformule omdat die stem de aanzet is tot pijn en verdriet. Als je de gedachten zelf onderzoekt zie je dat ze nauwelijks met het heden te maken hebben. Ze zijn bijna altijd vervlochten met het verleden of bezig de toekomst te voorspellen. Dat is vooral het geval met ongelukkige gedachten. Bijna alle emoties die verankerd zitten in het nu daarentegen, zijn gelukkige (fysieke pijn is geen emotie). Best interessant toch?

Ik testte dit principe uit op mezelf. Ik ging zitten en dacht aan alle emotionele momenten in mijn leven. Daarna schreef ik ze toe aan een tijd (verleden, tegenwoordig en toekomstig) en gaf ze een waarde (negatief of positief).

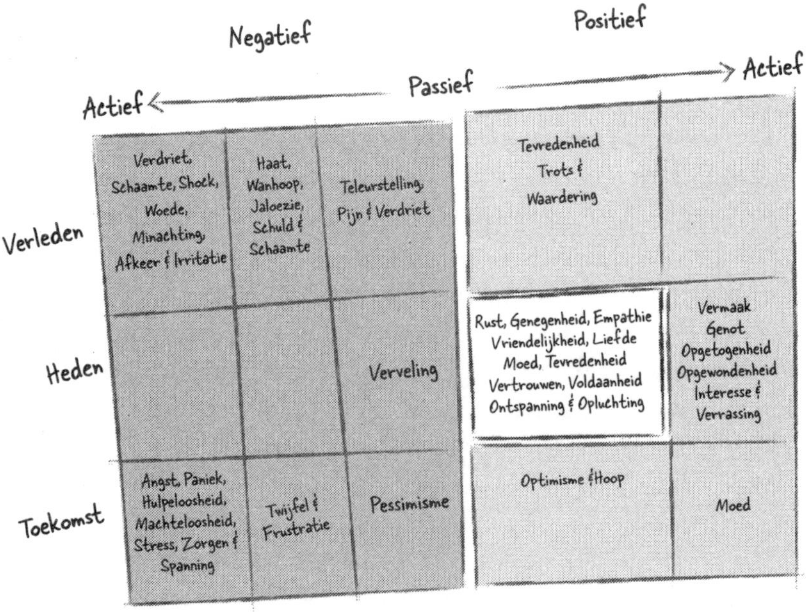

Wacht! Sla dit niet over. Neem de tijd het nauwkeurig te bestuderen.

Hoewel je alle emoties in het heden voelt, hebben ze wel degelijk een wortel in het verleden of de toekomst. Spijt bijvoorbeeld, voel je in het nu maar focust zich op iets wat al is gebeurd. Neem even de tijd om de negatief-positieftabel te bekijken. Lees de lijst van gevoelens die verband houden met het verleden of de toekomst en vergelijk ze dan met gevoelens van nu. Er is een duidelijk verschil toch?

Heel belangrijk!

Gelukkige emoties zijn meestal verankerd in het heden.

Stel je nu deze vraag: Heb ik ooit *iets* meegemaakt buiten het huidige moment? Ik weet dat dit raar klinkt maar denk even na, geef niet te snel antwoord.

Wij vinden het verleden een belangrijk deel van onszelf, maar het is niet meer dan een verzameling momenten die wij herinneringen noemen en een vreselijk onbetrouwbare bovendien. Hoe verleidelijk ook, je moet het verleden niet als echt beschouwen. Het enige wat echt bestaat is het *nu* en zodra dat moment wordt vervangen door een ander, noemen we het *verleden*. Dit geldt ook voor het moment dat je deze woorden leest. O nee, dit moment. Nee dit. Enzovoort. Zodra het huidige moment voorbijgaat (en dat duurt niet lang), bestaat het niet meer. Dan is het is weg. Voor altijd.

Ook in de toekomst gebeurt niets, want dat kan niet. De toekomst is nog niet gebeurd en gaat alleen gebeuren als alle oneindige mogelijkheden samenvallen in een moment: nu. We kunnen dus wel zeggen dat als jouw gedachten en gevoelens vastzitten in de toekomst, je je dingen inbeeldt. Bovendien heb je geen enkele garantie dat van alles wat er kan gebeuren, zal gebeuren wat jij je inbeeldt. Wat is de kans? De wiskundefreak die ik ben zegt je dat die kans heel klein is.

Helaas voor geluk heeft je brein de idee fixe dat wat komt belangrijker is dan het nu. En aan de andere kant is het verleden *vertrouwder* en dus misschien comfortabeler dan het nu. Door die vooroordelen van onze hersenen belanden we maar al te vaak in een staat van verwarring. We herkauwen het verleden of we bereiden ons voor op de toekomst, zonder even stil te staan en te leven in het moment. Het heden is echt alles wat we hebben.

Heel belangrijk!

Als we ons richten op het verleden of de toekomst, leven we in onze gedachten en niet in de werkelijkheid.

De impact van leven in gedachten is heel groot. Is het je weleens opgevallen hoe snel je leven voorbijgaat? Lijkt het er soms niet op alsof de laatste twintig jaar voorbij zijn gevlogen zonder dat je het doorhad? Daar is een goede reden voor.

Als je niet in het hier en nu bent, dan zit je in je hoofd. Dat kan niet anders. Als de laatste twintig jaar eerder voelen als een week, dan heb je misschien echt maar een week bewust geleefd in het moment. De andere tienenhalf miljoen minuten liep je maar wat rond in je hoofd. Dat is zonde van je tijd. Ik bedoel niet dat al je herinneringen niks waard zijn. Zeker niet. Er zijn fijne herinneringen, gebaseerd op momenten dat je in het nu was. De momenten waar ik het over heb zijn de momenten die in je hoofd zaten terwijl je je zorgen maakte over het verleden of de toekomst. Je herinnert je die gedachten niet omdat ze de herinnering niet waard waren. Ze zijn verspilde moeite, omdat ze in het nu hadden kunnen plaatsvinden, bezig met herinneringen maken.

Als ik denk aan de manier waarop we ons leven verkwanselen moet ik denken aan de tekst van het nummer *Time* van Pink Floyd. En dan vooral deze regels: *'And then one day you find ten years have got behind you / No one told you when to run, you missed the starting gun.'*

Je brein is verslaafd aan tijd

Als gedachten uit het verleden en aan de toekomst je ongelukkig maken en ervoor zorgen dat je delen van je leven verspilt, waarom is het dan zo moeilijk te focussen op het nu? Welke fout zit er in ons ontwerp die onze lijdensweg alleen maar verlengt? Antwoord: tijd is de bodem van waaruit de gedachten groeien.

Om dit iets beter te begrijpen proberen we even mijn favoriete oefening. Ik noem het de *Full Awareness Test*. Ga zitten, haal diep adem, ontspan je en doe je ogen een minuutje dicht om alles van je netvlies te krijgen. Doe ze daarna weer open en kijk eens om je heen. Kijk alleen naar de dingen in je directe omgeving en doe je ogen weer dicht.

Beschrijf nu – met je ogen dicht – wat je net zag. Het is een geheugentest. We zoeken naar een beschrijving voor wat je net zag. Benoem alles zo gedetailleerd mogelijk, maar blijf bij de feiten. Zorg dat je gedachten je niet in de weg zitten. Beperk je tot dit soort opmerkingen: *ik kijk uit mijn raam en zie palmbomen aan de horizon, lage gebouwen, met daartussen hoge flatgebouwen. Het daglicht verdwijnt langzaam en aan de horizon zie ik dunne streepjes wolken. Daarboven is de lucht iets donkerder en vol met sterren.*

Zie je dat je minuten bezig bent iets te omschrijven wat je maar een paar seconden hebt gezien? Observeren vereist slechts bewustzijn, maar het beschrijven van observaties duurt veel langer. Toch spelen je gedachten zich in het nu af, omdat je alleen denkt aan wat je net hebt gezien. Er komt geen verleden of toekomst bij kijken en daardoor zijn je gedachten gelijkmatiger en rustiger.

Begrijp je het? Voor contact met het heden heb je nauwelijks denkvermogen nodig. Als je brein alleen maar kon beschrijven wat er op dit moment in jouw omgeving gebeurt, zou het niet veel te zeggen hebben. De stem in je hoofd zou ongeveer zo klinken: *blauwe bank voor je. Een lamp en een kaars. Kaars flikkert door de wind. Geur van vers gebakken brood.* Niet echt een gesprek, toch? Dat is omdat er geen voor- en nadelen zijn. Er is geen spanning als we verleden en toekomst erbuiten laten.

Ik doe deze oefening vaak om mezelf weer even in het nu te krijgen. Ik word er rustig van en het herinnert me aan twee belangrijke kenmerken van bewustzijn: we hebben geen gedachten nodig om ons ergens bewust van te zijn, alleen *aanwezigheid*. En zelfs als we er bij denken, en ons daarbij richten op het heden, hebben we al veel minder stress.

Probeer deze oefening nog eens. Je hoeft je ogen niet meer dicht te doen als je hem onder de knie hebt. Kijk naar de kop koffie op je tafel en probeer er niet het label goed of slecht op te plakken, of heet of koud. Vraag je niet af of er nu een kring op je tafel komt. Beperk je tot wat je nu ziet: *een wit kopje, halfvol met zwarte koffie op een houten tafel.*

Als je je richt op dit moment accepteer je het zoals het is. Je vergelijkt het niet en je hebt er geen oordeel over. Je denkt ook niet hoe het anders zou kunnen zijn in de toekomst of beter of slechter in het verleden. Je bent volledig in harmonie met je Geluksformule. Alles gaat naar wens. Wat een rust ☺.

De meeste gedachten hebben helaas een tijdsvermelding. Ze komen uit het verleden of richten zich op de toekomst, waardoor ze al snel leiden tot ellende. Als je wilt oordelen moet je een gebeurtenis in het nu vergelijken met eentje uit het verleden. Je wordt pas bang als je aan de toekomst denkt en vermoedt dat het erger wordt dan het nu is. Je verveelt je als je ergens anders bent dan in het nu. Om je te schamen moet je een gebeurtenis oproepen die al lang voorbij is. Om ongelukkig te zijn moet je je focussen op iets wat je nog niet hebt maar wilt hebben.

Behalve als je pijn hebt, heeft er nog nooit iemand geleden door iets wat nu gebeurt. Denk daar maar eens over na. Het geldt ook voor jou. Als tijd niet bestond zou de lijdenscyclus al bij het begin worden doorbroken. Tijd en geest zijn onlosmakelijk met elkaar verbonden. Als je tijdloze gedachten hebt, denk je niet meer aan vervelende dingen.

Heel belangrijk!

Als je gelukkig wilt zijn, leef in het hier en nu.

Gebruik tijd, laat je niet door tijd gebruiken

In dit stadium merk ik vaak dat mensen het belang van tijd beginnen te verdedigen. Ze vragen: 'Hoe kan ik nou functioneren als ik niet plan? Wie zou ik zijn zonder mijn verleden? De hele wereld leeft op de klok, dus hoe kan ik nou opeens de tijd negeren? Ik moet toch om negen uur op mijn werk zijn?'

Dit zijn goede vragen.

Bedenk dat er twee types tijd zijn: kloktijd, voor alle praktische zaken, en hersentijd. Kloktijd gaat over een bepaald moment en bepaalde coördinaten in mechanische tijd. Gedachten die hierbij horen zijn praktisch, als: *ik ben benieuwd hoe lang ik erover doe naar de dokter.* Ze leiden tot nauwkeurige antwoorden als: *het duurt meestal 25 minuten, maar ik kan beter een kwartier extra nemen omdat het spitsuur is.* Ze zijn niet ingewikkeld, hebben geen emotionele laag en blijven ook niet hangen. Plannen op tijd te komen voor een afspraak of je kind op te halen uit school en tijd vrij te maken voor je hobby's zijn allemaal voorbeelden van kloktijd. Ze zijn logistiek en goedaardig. Ze helpen ons verplichtingen na te komen en op tijd te zijn.

Hersentijd daarentegen bijt zich vast in gedachten over het verleden en de toekomst. En verliest zich in eindeloze en onwaarschijnlijke scenario's over hoe iets in de toekomst zou kunnen gebeuren. Hersentijd is geobsedeerd door dingen uit het verleden die niet zo uitpakten als gehoopt. Gedachten in hersentijd springen heen en weer. Ze leiden niet tot duidelijke actie en zijn vormeloos, net als dromen. Als je vast komt te zitten in hersentijd ontdek je dat je leven een stuk leger is dan je je ooit kon voorstellen.

Zolang je gedachten momenten in het nu blijven beschrijven of zijn gefocust op de praktische kant van kloktijd, zit je goed. Dus zorg ervoor dat je gedachten niet tijdgerelateerd zijn. Als dat wel zo is lossen ze waarschijnlijk geen enkel praktisch probleem op. Blijf in het moment en je bevrijdt je van de ergste van de zes grote illusies: de Tijdillusie.

Maar wat als het nu niet gelukkig is?

Als ik met mensen praat over tijd en geluk, hoor ik vaak dit: 'Voor mij werkt in het nu zijn niet. Ik ben ongelukkig in het hier en nu.' Als we dan samen rustig kijken waarom het nu niet gelukkig is, komen er soms dingen als dit: 'Ik schaam me ervoor dat ik het afgelopen jaar alleen maar heb gefeest en mijn studie heb verwaarloosd. Ik had slechte cijfers en nu denkt iedereen dat ik dom ben.' Ik wijs er dan op dat deze pijnlijke gedachte weliswaar nu plaatsvindt, maar dat hij komt uit het verleden. Wat vorig jaar is gebeurd gaat niet meer veranderen. Dat was toen. We leven in het nu en alles wat je op dit moment kunt doen is je richten op je studie en zo hard werken dat het *nu* goed gaat.

Weer iemand anders zal zeggen: 'Ik ben op het moment heel ongelukkig want alle mannen die ik ontmoet zijn eikels. Ik weet niet of ik de ware nog ga tegenkomen en dan ben ik de rest van mijn leven alleen.' Mijn antwoord? Jouw ongeluk zit vast in gedachten over de toekomst. Misschien zit de ware Jacob wel in het café om de hoek, in zijn eentje. Misschien word je wel veel ongelukkiger dan je nu bent als je snel gaat trouwen. Probeer te genieten van het nu en je zult zien dat heel veel mensen met je mee willen doen.

Weer een ander zal zeggen: 'Ik ben die promotie misgelopen waar ik zo hard voor gewerkt heb. Ik moet er niet aan denken de rest van mijn leven vast te zitten aan deze rotbaan.' Deze gedachte is verankerd, zoals ik al zei, in het verleden en in de toekomst, maar totaal niet in het nu. Ik vraag dan: 'Hoe weet je dat zo zeker? De volgende baan die voorbijkomt past misschien wel veel beter bij je. Tuurlijk, het voelt rot als je de baan waar je op hoopt niet krijgt, maar je harde werk ligt al in het verleden. Dankzij je toewijding ben je nu veel competenter en ervarener.'

Steeds als je naar je gedachten kijkt, zul je zien dat waar jij verdrietig over bent te maken heeft met het verleden. Of met een toekomst die er heel anders kan uitzien dan je nu verwacht. Je kunt het verleden en de toekomst beter opgeven en je best doen op waar je nu mee bezig bent.

Het is niet altijd makkelijk je hieraan te houden. Een vriend vertelde me ooit: 'Voor mij is dat nu-moment waar jij zoveel over praat een nachtmerrie. Ik heb net van de dokter gehoord dat ik kanker heb, met overal uitzaaiingen. Opereren heeft geen zin, hij geeft me tussen de zes en achttien maanden.' Ik antwoordde: 'Dat is vreselijk nieuws. Echt heel erg dat jou dit moet overkomen. Maar probeer er niet aan onderdoor te gaan, aan die toch al zware diagnose. Wij gaan zorgen voor de best mogelijke behandeling en bedenk dat je *op dit moment* nog leeft, dus geniet van elke seconde die je nog hebt, met je vrienden en familie. Dit is het enige waar je echt controle over hebt. Ik weet dat het niet zo voelt, maar vergeet niet dat je net zo bent als wij. Iedereen die je kent kan binnen achttien maanden dood zijn, of binnen achttien dagen. Het enige verschil is dat wij er niet over nadenken, dus lijden we niet. Wat betreft de toekomst, wees optimistisch, maar leef *nu*.

Heel belangrijk!

Op dit moment is er helemaal niets mis.

Leef hier en nu

Weet iemand hoe laat het is? Dat is een strikvraag. Het maakt niet uit waar je bent als je dit boek leest, de tijd is nu. Elke andere interpretatie van tijd is niet meer dan een waanbeeld.

Voor ik dit hoofdstuk ga afsluiten vraag ik je nog een keer een reis te maken in die capsule. Dit keer vertelt de onderzoeker je trots dat de capsule nu onmiddellijk van het begin naar het eindstation kan vliegen. En het kost geen tijd. 'Op elk station is nu ook iets te beleven,' zegt ze, 'want sommige reizigers hadden geklaagd dat de reis ongemerkt voorbijgaat, terwijl ze graag de tijd hadden gehad om te genieten van de reis. We hebben een knop toegevoegd waar je op kunt drukken als je door wilt naar het volgende station. Als je de knop niet indrukt reist de capsule automatisch verder om middernacht, vanaf elk station. Je kunt de knop vijfenzeventig keer indrukken om in één keer naar het eindstation te komen, of je geniet rustig van de hele vijfenzeventig dagen durende reis. De keuze is aan jou… of was het vijfenzeventig jaar? Ik kan het me niet herinneren. Hoe dan ook, het vliegt voorbij.'

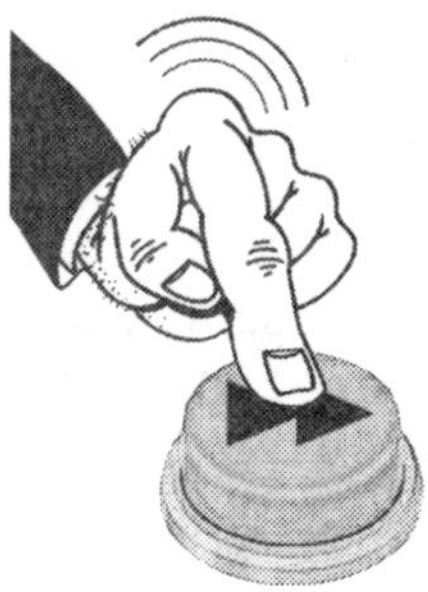

'Dat is een makkelijke keuze,' zeg jij. 'Kom maar op. Ik zie je aan de andere kant.' Terwijl ze de deur sluit zegt ze: 'O, wat ik nog vergeet, ik zie je daar niet. Als je het eindpunt hebt bereikt ga je dood. Geniet van de reis.' Ze drukt op de startknop, sluit de deur en stuurt je op weg.

Nu jij de regie hebt: druk je snel de knop in zodat het snel voorbij is, of blijf je hangen op elk station om er met volle teugen van te genieten? Ga je op elk station zitten denken aan dag vijfenzeventig? Ga je zitten mokken over gisteren? Of ga je elke dag genieten van wat je tegenkomt?

Aan jou de keus.

Heel belangrijk!

Het leven is nu en het nu is geweldig.

HOOFDSTUK 7

Houston, we hebben een probleem

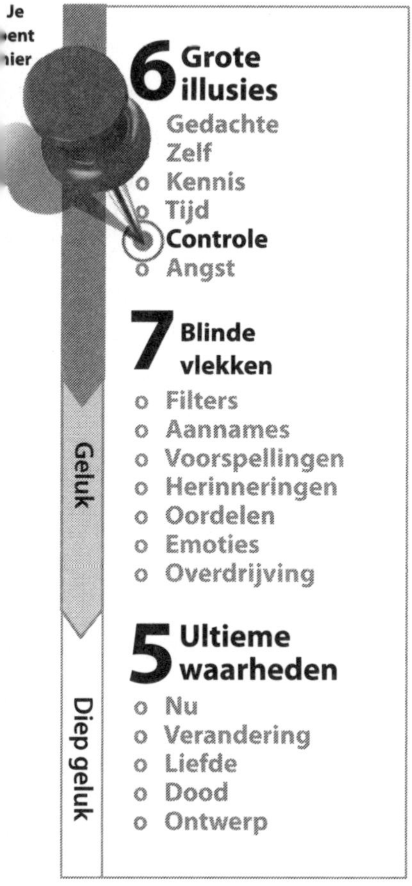

Je legt je pen neer met een grote grijns op je gezicht. *Wat een klus,* denk je, *maar het was het waard.* Je neemt een slokje koffie, gaat er lekker voor zitten en je leest nog een keer je aantekeningen door. *Dit percentage van mijn salaris gaat naar mijn pensioen en dat percentage naar mijn spaarrekening. Na deze opdracht kan ik mijn creditcard aflossen en mijn hypotheek. Ik heb mijn autoverzekering, levensverzekering, ziekteverzekering, ongevallenverzekering, opstalverzekering, fraudeverzekering en daarbovenop nog een overkoepelende verzekering.*

Heb ik iets gemist? Nope. Ziet er goed uit, zeg je trots hardop, hoewel er niemand in de buurt is die je kan horen.

Je leunt voorover, pakt je

rekenmachine en rekent alles nog een keer na.

Het klopt. Je gooit je kladblok op tafel en leunt tevreden achterover. *Goed gedaan. Je hebt het allemaal onder controle.*

Dat zijn de fijnere momenten, toch? Als we weten dat we al ons huiswerk hebben gedaan, overal aan hebben gedacht. We hebben advies gevraagd en een duidelijke planning gemaakt. Het geeft rust in ons hoofd als we alles onder controle hebben en weten dat het wel goed komt.

De waarheid over controle

Overal ter wereld zaten veel mensen die ik ken in deze situatie in 2008. Ze dachten dat ze het allemaal voor elkaar hadden tot de Amerikaanse huizenmarkt instortte, de start van de misschien wel grootste economische crisis sinds de Grote Depressie van 1929. Door de crisis verloren hun huizen bijna al hun waarde, de bedrijven waarvoor ze werkten gingen failliet. Sommigen konden hun schulden niet meer aflossen en moesten zelfs hun huis uit. Binnen een paar maanden veranderde hun leuze van 'alles onder controle' in 'wat gebeurt hier in hemelsnaam?' Sommigen kwamen de klap te boven, anderen hebben het nog steeds zwaar, maar allemaal leerden ze dat dingen vaak verkeerd kunnen en zullen gaan. Heel vaak.

Onze drang naar veiligheid en controle zit in ons instinct. Voor andere soorten komt overleven neer op hard wegrennen voor een tijger, de problemen die mensen tegenkomen in hun bestaan zijn iets ingewikkelder. We kunnen risico's voorzien en plannen onze vluchtroute lang voordat de tijger is geboren. We kunnen onze omgeving scannen op elke mogelijke dreiging, inclusief zwaar hypothetische gevallen. We kunnen preventieve maatregelen nemen, hekken neerzetten en veiligheidscamera's ophangen. Bovendien kunnen we onze geliefden in de plannen betrekken, omdat we van ze houden en hun veiligheid onderdeel is van onze emotionele veiligheid. We zijn er nog dankzij deze zeer menselijke overlevingstechnieken, terwijl andere soorten zijn verdwenen. Wij zijn in staat om controle te krijgen over de situatie – tenminste, dat denken we – terwijl het beste wat andere soorten kunnen doen is op de juiste manier reageren als de problemen beginnen.

Sinds het industriële tijdperk hebben mensen *controle* naar een heel ander niveau getild. Ze hebben het spoor aangelegd, wolkenkrabbers gebouwd en geloof me maar dat de massaproductie van iPhones een spectaculaire, complexe planning en regie vereist. Call centra werken met uitgekiende scripts, bezorgdiensten met *track and trace*: we gaan steeds verder in het vermijden van onzekerheden. De bijna ultieme controle die we hebben over onze werkomgeving heeft zijn uitwerking op onze thuissituatie. Ook daar proberen we onze levens tot in de puntjes te plannen en beheersen. Ik doe daar zelf hard aan mee.

Hoewel het leven me meer heeft gegeven dan ik nodig heb – ik ben financieel onafhankelijk – plan ik nog steeds alles. Ik heb mijn carrière tot in de kleinste details uitgestippeld voor de komende vijf jaar. Ik investeer, spaar en kijk waar ik wil gaan wonen. En natuurlijk doe ik dit ook voor mijn gezin. Ik heb vastgoed gekocht om onze welvaart te garanderen, gespaard voor de opleiding van de kinderen en geld gestopt in verzekeringen en spaarrekeningen zodat mijn gezin niets tekortkomt als ik er niet meer ben.

Ik had al die uitgebreide plannen klaar en toen gebeurde het. Onze zorgvuldig geplande zomervakantie was vier dagen oud toen Ali terechtkwam in het 'verkeerde' ziekenhuis, waar een minuscule afwijking bij een operatie een einde maakte aan zijn leven. Wat valt daar voor controle op uit te oefenen?

Dit tragische, onverwachte moment was door niemand voorzien. We zeggen dat we dit soort vreselijke dingen niet kunnen plannen, omdat ze onverwacht komen, maar klopt dat wel? Hoe vaak komen dit soort dingen voor? Nou, heel vaak.

Misschien wil je dit liever niet horen, maar alleen al in de Verenigde Staten zijn medische fouten doodsoorzaak nummer drie, goed voor tussen de kwart en een half miljoen doden per jaar. Andere menselijke fouten, bijvoorbeeld in het verkeer of bij geweld, zorgen voor miljoenen meer doden. Hoewel de onverwachte dood nooit ver weg is, denken wij steeds vaker dat ons niets kan overkomen.

Dat geldt ook voor vergelijkbare ontregelende gebeurtenissen die honderden, duizenden, soms miljoenen keren per dag voorkomen. Natuurrampen, economische crises, fraude, faillissementen … ingrijpende gebeurtenissen komen overal en de hele tijd voor. Ik noem die gebeurtenissen *left turns* omdat ze ons een onverwachte kant opsturen. En op het levenspad worden we maar al te vaak linksaf gestuurd.

Zwanen en vlinders

In zijn bestseller *De zwarte zwaan, de impact van het hoogst onwaarschijnlijke* laat Nassim Nicholas Taleb zien dat onwaarschijnlijke gebeurtenissen veel vaker voorkomen dan wij voor mogelijk houden. Hij noemt als voorbeelden de uitbraak van de Eerste Wereldoorlog, de aanslagen op de Twin Towers en de opkomst van het internet. Iedereen heeft de gevolgen van deze gebeurtenissen, deze zwarte zwanen, gevoeld.[1]

Denk eens na over soortgelijke gebeurtenissen in je eigen leven en hoeveel zwarte zwanen jouw leven hebben beïnvloed.

Taleb beweert dat we ons vaak laten leiden door willekeur, veel meer dan we zelf kunnen bevatten. Het lijkt op het meteorologische fenomeen *vlindereffect*, bedacht door Edward Lorenz: op het oog kleine oorzaken kunnen grote gevolgen hebben. Lorenz bootste een aantal weertypes na en veranderde hierbij de windkracht een heel klein beetje. De verandering was nauwelijks voelbaar – hij vergeleek het met vlinders die met hun vleugels klapperen – maar het effect was aanzienlijk. Lorenz suggereerde dat vlinders die hun vleugels bewegen in Brazilië een orkaan in Florida kunnen veroorzaken.[2] Biljoenen van dit soort vlindereffecten omringen ons constant. Ze veranderen ons leven meer dan we ons kunnen voorstellen.

Als we Ali's leven als voorbeeld nemen, was de medische fout de zwarte zwaan, maar verloren we hem door talloze vlindereffecten, waaronder de afstand van ons huis tot het ziekenhuis, de makkelijk te genezen aanhoudende buikpijn en de bacterie die de infectie in zijn blindedarm kan hebben veroorzaakt. Deze effecten vonden allemaal maanden of jaren eerder plaats. Had ik die allemaal kunnen plannen of in de hand kunnen hebben? Nee dus. Controle is een illusie.

Heel belangrijk!

Tussen zwarte zwanen en vlindereffecten heb jij *niets* onder controle.

De reikwijdte van jouw controle

Voordat we verder in de materie duiken: het is niet mijn bedoeling je te deprimeren. Elke succesvolle zakenman zal je vertellen dat succes (in ons geval geluk) niet voortkomt uit het negeren van vervelende gebeurtenissen. Het komt voort uit een realistisch en objectief begrip van het leven met al zijn imperfecties. Geluk is het resultaat van ons vermogen de weg te vinden in een realiteit gebaseerd op feiten, niet op illusies.

We moeten niet in paniek raken als we niet alles onder controle hebben. Als we er goed mee omgaan komen we op een realistisch pad naar geluk terecht. Daarvoor moeten we eerst kijken waar onze controledrang vandaan komt. We denken dat we alles in de hand hebben: ons geld, onze vrienden, onze carrière. Maar wees eens eerlijk, hoeveel controle heb je nou echt over dingen die je belangrijk vindt? Laten we je geld als voorbeeld nemen. Jij zegt: het is mijn eerlijk verdiende geld. Ik kan het lekker uitgeven. Ik kan het ook aan liefdadigheid geven, het investeren of sparen.

Maar kan dat echt? Wat als je bank failliet gaat? Het zou niet de eerste keer zijn. En als de belasting wordt verhoogd? Weet je hoe hoog de inflatie is? Wat je koopkracht is? Je kunt daar weinig aan veranderen.

Ook je carrière heb je niet volledig in de hand. Je bedrijf kan failliet gaan of je kunt ontslagen worden. Je bezittingen, vrienden en gezondheid? We verliezen allemaal weleens vrienden aan ziekte of worden zelf ziek. Ondertussen denk je waarschijnlijk: heb ik dan zelf nog íets in de hand?

Ja, twee dingen: je *daden* en je *houding*.

Je daden

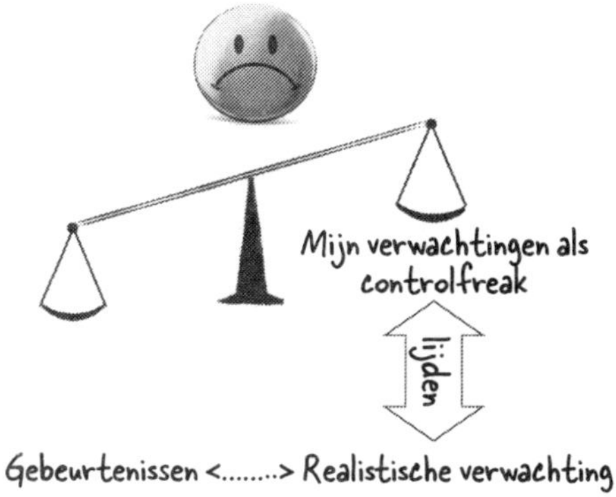

Ik ben ingenieur, leidinggevende en zakenman. Als het op controle aankomt, ben ik de ergste. Jarenlang heb ik geprobeerd elk aspect van mijn leven te beheersen. Op mijn werk wilde ik dat alles en iedereen, elk systeem en alle data volledig aan mijn verwachtingen voldeden. Thuis probeerde ik controle te hebben over mijn vrouw, de ontwikkeling van mijn kinderen en zelfs de hoeveelheden vuile was die de machine in gingen, zodat water en elektra optimaal werden gebruikt. Maar hoe hard ik ook mijn best deed, ik werd door echte gebeurtenissen tegengewerkt. Dus wat deed ik? Ik ging nog meer mijn best doen. Het werd een permanente lijdensweg en het kostte me jarenlange frustratie, woede en afwijzing voordat ik het licht eindelijk zag: *ik had niets onder controle*. Toen ik dat besefte viel een loodzware last van mijn schouders. Ik bleef ambitieus in alles, maar ik was niet meer verslaafd aan het resultaat.

Mijn eerste doorbraak ondervond ik toen een vriend me het hindoeïstische principe van onthechting leerde. Als er iets gebeurt waar jij niet op had gerekend, pas je volgens het onthechtingsprincipe je doelstelling aan en probeer je het opnieuw. Je wordt er niet verdrietig van en je krijgt ook geen spijt; het is niet erg de controle te verliezen.

Eerst wilde ik er niet aan. Ik vond het moeilijk mijn lot aan het toeval over te laten. Maar toen stuitte ik op een prachtverhaal. In een oefening de regie af te staan, bonden de eerste moslims hun paarden niet vast. Maar pas toen ze leerden het paard vast te binden en zich daarna over te geven, stonden ze de regie echt af. Daardoor leerde ik wat ik zelf *committed acceptance* noem, toegewijde acceptatie.

Onthoud!

Neem eerst verantwoordelijkheid voor je daad en laat dan je controle los.

Het mooie van *committed acceptance* is dat het je kans op succes niet vermindert. Integendeel: succes komt niet door je verwachtingen maar door je daden.

Het volgende raadsel is een mooie illustratie van deze bewering. Als ik naar mijn werk rijd, kom ik geen stoplichten tegen. Als ik me aan de toegestane snelheid houd, doe ik er elf minuten over. Maar nu het volgende. Vorige week maandag had ik het gevoel er negen minuten over te doen en op dinsdag vijftien. Woensdag had ik alles onder controle en was ik op tijd voor mijn eerste vergadering. Donderdag was ik gestrest en kwam ik te laat. Vrijdag vond ik het een heerlijk ritje. Elke dag hield ik me keurig aan de maximaal toegestane snelheidslimiet. Hoe lang deed ik erover om elke dag naar mijn werk te komen?

Precies 11 minuten.

Als je precies dezelfde stappen onderneemt, bereik je altijd hetzelfde resultaat, ondanks alle verwachtingen, frustraties, druk of plezier. Hou de kwaliteit van wat je doet stabiel en blijf volhouden bij uitdagingen.

Ik heb van *committed acceptance* mijn prioriteit gemaakt. Ik ging vierentwintig uur per dag mijn best doen, waar dan ook. Ik bleef hoog inzetten maar was niet meer bezig met het resultaat. Als ik slecht presteerde, dacht ik er even over na, leerde daarvan en probeerde het opnieuw alsof er niets gebeurd was. Want dat was ook zo. Op mijn werk leerde ik dat ik niet al mijn medewerkers onder controle had, zeker niet de allerslimste. Ik kon mijn klanten niet dwingen mijn product te kopen of mijn ingenieurs al mijn instructies laten opvolgen, enzovoort. Iedereen had een ander doel en ik moest proberen ze mee te krijgen. Ik leerde mijn best doen zonder te proberen of te verwachten alles onder controle te kunnen hebben.

In mijn persoonlijke leven heb ik het nog eenvoudiger gemaakt. Ik plan wel, maar ik probeer alleen dingen in het 'nu' te controleren. Net als Ali, probeer ik steeds mijn best te doen en vertrouw ik erop dat het allemaal goedkomt.

Je houding

Zonder daden geen succes, maar je houding is de echte *game changer.* Laten we eens naar het verhaal van Tim en Tom kijken.

Toen het tijd was om op te staan, drukte Tim nog twee keer op snooze. Opeens besefte hij dat hij te laat ging komen voor zijn afspraak om negen uur. Hij sprintte in paniek zijn bed uit en merkte dat het regende waardoor hij waarschijnlijk nog later zou aankomen. Hij sloeg de koffie over en reed weg in zijn auto, onverzorgd en uit zijn humeur. *Dit wordt een rotdag,* dacht hij. Stijf van de stress liet hij zich helemaal gaan, haalde links en recht in, roffelend op zijn stuur: kom op, schiet op! Opeens zat er een auto op zijn achterbumper. Bam! Het was slechts een krasje, maar Tim schoot zijn auto uit en begon woedend en scheldend op de motorkap van de andere auto te beuken. Zijn gedrag was zo buitensporig dat hij een nacht in de cel moest doorbrengen. *Ik wist al dat het een rotdag zou worden,* dacht hij.

Hij gaf niet zijn eigen houding de schuld, maar dacht: *het kwam door de regen.*

We spoelen hetzelfde verhaal terug en beginnen opnieuw, compleet met snooze en regen, maar nu met Tom die erachter komt dat hij zijn afspraak niet gaat halen. Hij dronk nog een goeie kop koffie, ging onder de douche, scheerde zich en deed zijn favoriete shirt aan. In de auto zette hij Tina Turner op – *I can't stand the rain* – omdat hij wist dat het nog wel even zou duren voor hij op zijn werk kwam. *Ik hou van de regen, ik ga er lekker van genieten,* dacht Tom. Hij belde zijn afspraak die meldde dat zij ook vastzat in het verkeer. Tom nipte aan zijn koffie, neuriede mee met de muziek en voelde zich prima. Bam! Er zat een auto op zijn bumper. Tom stapte uit en zag dat de schade wel meeviel. Hij lachte naar de bestuurder en vroeg: 'Gaat het?' Een beeldschone vrouw stapte opgelucht uit. 'Hallo, leuk je te ontmoeten!' stamelde Tom. Ze lachte. 'Leuk? Ik heb je net aangereden!' 'O, maar dit was een goede crash.' 'Wat een goed nummer heb je opstaan.' Enzovoorts. Het leek wel een romantische comedy. De regen droeg bij aan de romantiek en het zou een memorabele dag worden. En dat omdat het regende.

Wat heeft de regen er nou helemaal mee te maken?

Heel belangrijk!

Kies je houding!

Ik heb een keer een cursus gevolgd over *change management* waarbij we vooral naar de film *Apollo 13* keken. Tom Hanks speelt daarin astronaut Jim Lovell, wiens missie het is op de maand te landen, maar de zuurstoftank ontploft twee dagen na de lancering. De missie mislukt en het gaat alleen nog om de veilige terugkeer van de bemanning.

Op een gegeven moment valt er in de film een lange stilte. De spanning stijgt totdat Lovell op een rustige, zelfverzekerde, *bijna vrolijke* manier zegt '*Houston, we have a problem*.' Er is geen spoor van paniek. Als je net binnenkwam zou je denken dat het probleem niet groter is dan een lekke band. Lovell beschrijft vervolgens rustig wat er is gebeurd en vraagt om advies. Stap voor stap verzint de crew een ingenieuze oplossing en uiteindelijk keren de astronauten veilig terug op aarde.

Dit was meteen ook het einde van de cursus. De trainer had niets toe te voegen. De kalme en zelfverzekerde houding van Lovell was wat wij moesten leren.

Je loopt in het leven af en toe tegen flinke problemen aan. Je hoeft niet meteen in paniek te raken als het leven even anders loopt dan je verwacht. Je pad wordt aangepast, maar niets is verloren behalve als je de handdoek in de ring gooit. Oscar Wilde zei het al:

Heel belangrijk!

'Uiteindelijk komt alles goed en als het niet goedkomt, is het nog niet het einde.'

Langzaam de controle verliezen

Er is niets mis met plannen en controle uitoefenen. De manier waarop wij reageren als er iets onverwachts gebeurt is alleen verkeerd. Als dingen veranderen, reageren we door meer controle uit te oefenen om de zaak recht te trekken. Wat we zouden moeten doen is de situatie met een frisse open blik bekijken, vanuit een andere hoek en ons voordeel halen uit nieuwe gebeurtenissen, ook al hadden we die niet voorzien.

Als in de algebra een parameter irrelevant is bij de oplossing van een vergelijking, laten we die weg. Als bijvoorbeeld A + C = 2B + C, maakt het niet echt uit wat de waarde van C is. A zal altijd gelijk zijn aan 2B, dus doen we alsof C niet bestaat en lossen we de rest van de vergelijking op. C staat hier symbool voor de parameter die je niet kunt controleren.

In de film *La vita è bella* speelt Roberto Benigni een joodse vader die tijdens de Tweede Wereldoorlog samen met zijn zoon wordt gearresteerd en naar een concentratiekamp wordt gestuurd. Ondanks alle ellende, ziekte en dood om hen heen, overtuigt de vader zijn zoon ervan dat ze zijn beland in een ingewikkeld spel. Ze moeten opdrachten doen waarmee ze punten kunnen verdienen en wie het eerst de duizend haalt, wint een tank. De bewakers zijn alleen maar gemeen omdat zij zelf die tank willen winnen en het afnemende aantal kinderen (die in het echt worden vergast) komt omdat ze zich verstoppen om meer punten te verdienen. De vader realiseert zich dat de ellende waaraan zijn zoon in het kamp wordt blootgesteld onvermijdelijk is. Het beste wat hij kan doen is vrolijk en speels doen, om zijn kind te helpen overleven.

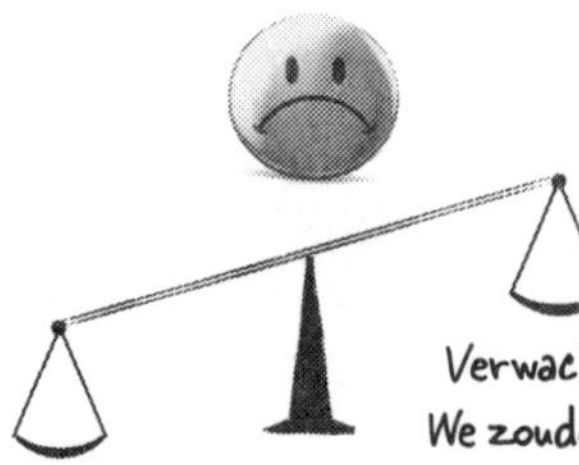

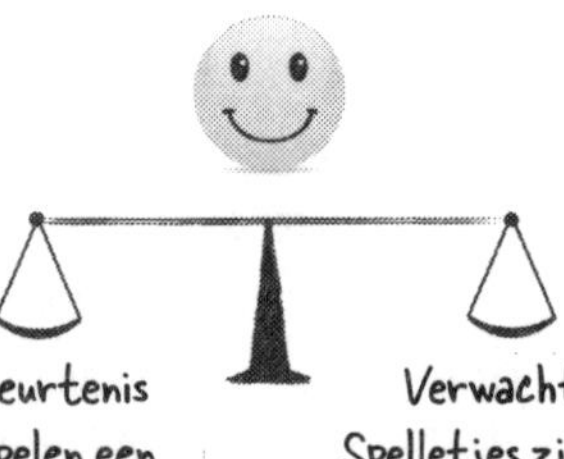

We lopen allemaal weleens tegen onvermijdelijke problemen aan. Als je niets kunt doen aan de huidige omstandigheden, probeer dan je omgeving weg te laten uit de Geluksformule en maak hem weer kloppend door andere elementen in je leven in te zetten.

Als het leven zwaar is, voelen sommigen van ons zich verslagen door het leven. Maar het leven is er niet op uit van jou te winnen. Het leven doet niet eens mee, jij hebt alles zelf in de hand. Het is jouw spel.

We krijgen allemaal een dek kaarten. Sommige zijn goed, andere niet zo goed. Als je alleen kijkt naar de slechte, blijf je het spel de schuld geven. Als je de goede gebruikt, wordt alles een stuk beter: je maakt slagen waardoor je vooruit gaat. Mijn geluksidool, de Dalai Lama, is een lichtend voorbeeld van dit soort toewijding. Hij mag zijn land niet in, zijn volgelingen worden hard aangepakt en leven al jaren in armoede. Toch heeft hij in al zijn wijsheid en vredelievendheid gedaan wat hij kon en geaccepteerd wat hij niet in de hand heeft. Zodoende is hij een geluksambassadeur voor de hele wereld geworden.

Mijn houding

Het begrijpen van de Controle-illusie heeft mij erg geholpen bij het verwerken van Ali's verlies. Is er iets wat ik kan doen om Ali terug te krijgen? Was er iets wat ik had kunnen doen om hem te redden? Kan ik misschien nog een minuutje met hem praten? Als ik nog meer verdriet had, zou dat dan misschien wel lukken? Het antwoord is nee ☹.

Ik baseer mijn verwachting binnen de Geluksformule op de waarheid: Ali is er niet meer. Alles wat ik in de hand heb zijn mijn daden en mijn houding. Ik kies ervoor positief te zijn en ben dankbaar voor alle jaren die hij bij me is geweest. Ik kies ervoor zijn leven te eren met mijn daden. Die heb ik onder controle. Ik zet verdriet om in geluk en geef de investeringen die ik voor hem had gedaan weg, net als die mooie auto's waar hij nooit van heeft kunnen genieten. Als ik depressief ben of me verslagen voel dan hoor ik hem het titelliedje zingen van een van onze favoriete videospelletjes: *'There's no sense crying over every mistake. You just keep on trying till you run out of cake.'* Zo win je het spel dat het leven is. Het is alles waar ik controle over heb.

HOOFDSTUK 8

De sprong in het diepe

Ik heb nog nooit iemand ontmoet die nergens bang voor is. Jij wel? Sommigen kunnen het goed maskeren, anderen weten misschien niet eens dat sommige daden uit angst ontstaan. Zeker is dat iedereen een angst heeft die zijn leven bepaalt en zijn vrijheid beperkt. Dat komt doordat angst de vader is van alle illusies, de illusie die alle andere aanstuurt.

Zelfs al ben je de president van de Verenigde Staten, de machtigste man ter wereld, is er toch iets waar je bang voor bent. (Het zou trouwens leuk zijn als je mijn boek zou lezen, meneer de president ☺.)

Ik denk dat ik jou kan helpen je angsten te overwinnen, maar dan moet je je wel openstellen en eerlijk zijn tegen jezelf. De

route is ingewikkeld, maar we gaan er samen stap voor stap doorheen zodat je eindelijk kunt leven zonder de angsten die je in de weg zitten.

Geef toe dat je bang bent

Veel mensen realiseren zich niet hoe bang ze zijn, hoe diep de angst zit en hoe dominant die is. Geen enkel probleem kan worden opgelost voordat het is benoemd, dus het eerste wat je moet doen is toegeven dat je angsten kent.

Stel je voor dat je alles wat je volgende week zou gaan doen, besluit niet te gaan doen. Kun je stoppen met naar je werk gaan? Waarom niet? Ben je bang om je bron van inkomsten te verliezen? Of ben je bang wat ze van je denken? Kun je de deuren openlaten? Waarom niet? Ben je bang dat iemand er met je tv vandoor gaat? Ben je bang voor je eigen leven? Durf je die vervelende vriend nooit meer te zien? Kun je ophouden met het nemen van voedingssupplementen? Durf je je verzekering op te zeggen? Durf je je kinderen van school te halen? Of al je geld weg te geven? Waarom niet? Angst!

Het is normaal om bang te zijn. Maar je moet het wel toegeven, anders neem je de verkeerde beslissingen. We komen meestal met verklaringen waarom de keuzes die we maken niet door angst zijn ingegeven. Als je relatie slecht is, maar het lukt je niet er een eind aan te maken, heb je een goede reden om te lijden, vind je zelf. 'Ik wil uit liefde bij mijn partner blijven,' zeg je. Vraag jezelf af wat je zou doen als er een ander langs zou komen die rijk is en beroemd en vreselijk knap, volwassen en aardig, die echt van je hield en je alles gaf waar je naar op zoek was. Wat als er niets was om bang voor te zijn? Zou je dan bij je partner blijven? Zo niet, dan is het niet de liefde die je bij je partner houdt. Het is de angst te verliezen wat je hebt en alleen te zijn.

Angst is niet altijd even duidelijk. Er zijn verschillende soorten. Je krijgt last van spanning als je te lang niets aan je angsten hebt gedaan. Het gevoel ontstaat door gedachten in je hoofd of door voorspellingen van denkbeeldige gebeurtenissen. Frustratie ontstaat als je bang bent dat iets je niet gaat lukken en dat het je toekomst gaat vergallen. Afkeer ontstaat door de angst voor interactie met iets dat misschien vervelend of pijnlijk kan worden. Verdriet komt voort uit angst voor het leven na iemand te hebben verloren, dat je geliefde ooit een keer zal overlijden of dat je er zelf niet meer zult zijn. Schaamte is de angst afgewezen te worden vanwege iets wat je hebt gedaan. Jaloezie komt doordat je bang bent minder te zijn dan een ander. Pessimisme is de angst dat het leven je altijd tekort doet en dat de toekomst er slechter uitziet dan het heden. Al je negatieve emoties zijn gebaseerd op angst.

Wat het ook is, er is altijd wel iets wat ons bang maakt of waar we ons zorgen om maken – waardoor we blijven hangen in de dagelijkse sleur en niet optimaal genieten van alles wat het leven te bieden heeft.

Maar we geven dit niet toe. We denken dat angst een teken van zwakte is. We worden er kwetsbaar van. We doen blaaskakerig en verbergen onze angst. We blijven net zo lang doen alsof tot we er zelf in geloven.

Denk hier eens over na: wanneer blaast een kogelvis zich op, zuigt hij zich helemaal vol met water? Dat doet hij niet omdat hij zo moedig is, maar omdat hij bang is, heel erg bang.

Als je het moeilijk vindt je angsten toe te geven, vraag jezelf dan af: *ben ik vrij?*

Deze vraag hielp mij bij het identificeren van mijn eigen angsten. En dat waren er nogal wat. Ik schaam me er niet meer voor, ze horen bij de mens. Het is me gelukt een aantal angsten te overwinnen, maar niet allemaal. De grootste waarmee ik nog steeds worstel is een diepgewortelde faalangst. Hierdoor overdrijf ik bepaalde dingen en stel ik mezelf onhaalbare doelen. Op persoonlijk vlak probeer ik ervoor te zorgen dat mijn geliefden niets tekortkomen en gelukkig zijn. Als dit niet lukt, neemt de angst het over en vind ik dat ik heb gefaald. Ik heb mezelf jarenlang voorgehouden dat ik een perfectionist ben, maar dat ben ik niet. Ik ben bang om te falen.

Zo, dat is eruit. Ik geef toe dat ik bang ben. Nu jij.

Het is geen hogere wiskunde: als jij iets wilt doen maar het lukt niet, ben je niet *vrij*, ook al zit je niet echt in een gevangenis. Denk eens na over die onzichtbare muren waarin je gevangen zit. En noem ze hoe je wilt. Of noem ze gewoon angst.

Begrijp wat angst is

Elke angst komt voort uit een geconditioneerde respons. Meestal levert die conditionering een subtiele dosis angst af waardoor we ons nooit helemaal vrij voelen, ook al is de oorspronkelijke reden voor die angst al lang verdwenen en de onderliggende realiteit van de dreiging onbelangrijk.

In de eerste helft van de twintigste eeuw werd de psychologie gedomineerd door de studie naar geconditioneerde respons. In 1924 deed grondlegger John B. Watson deze gevleugelde uitspraak: 'Geef mij een stuk of twaalf gezonde kinderen en een door mij zelf bepaalde leefomgeving om ze in groot te brengen en ik garandeer dat ik elk kind kan trainen te worden wat ik wil: dokter, advocaat, kunstenaar en ja, zelfs een bedelaar en een dief.'[1]

Watson voegde de daad bij het woord. In 1920 deed hij een ethisch dubieus experiment waarmee hij 'klassieke conditionering' bij een baby van negen maanden wilde aantonen. De baby kreeg een witte rat te zien, een konijn, een aap en verschillende maskers. Baby Albert kon het met allemaal goed vinden, want hij had nog geen last van geconditioneerde angst. Zijn favoriet was de witte rat, totdat Watson achter Alberts hoofd keihard met een hamer op een metalen staaf sloeg, telkens als hij de rat te zien kreeg. Albert schrok zich wild en barstte in tranen uit. Deze proef werd zeven keer herhaald in zeven weken. Uiteindelijk werd Albert al bij het zien van de rat bang. Hij huilde en kroop weg, ook al bleef het harde geluid uit. Een levenslange angst was geboren.

Ik heb van dichtbij meegemaakt hoe mijn dochter ten prooi viel aan een fobie. Aya was ongeveer één en zat rustig op de grond te spelen. Het was een mooie zomeravond. We hadden de ramen openstaan en er vloog een kakkerlak naar binnen die vlak voor haar neus landde. Niet gehinderd door enige conditionering pakte ze hem op, alsof het een speeltje was. Ze keek naar haar moeder en zwaaide, totaal gelukkig met haar 'nieuwe speelgoed'.

Mijn vrouw Nibal echter is banger voor kakkerlakken dan voor een kernbom. Haar reactie was dan ook veel heftiger dan het geluid van de hamer op staal achter kleine Albert. Ze schreeuwde moord en brand, huilde en riep mijn naam. Een paar seconden later was de onwelkome gast verdwenen. Er waren geen slachtoffers, maar Aya was geconditioneerd. Jaren later, toen ik een grap met kakkerlakken wilde uithalen, merkte ik dat haar angst heviger was geworden. Ze schreeuwde, huilde en rende weg. Ze vindt dit nog steeds een van de ergste dingen die ik ooit heb uitgehaald. Sorry, Aya.

Benoem je angst

Acrofoben hebben hoogtevrees; claustrofoben zijn bang voor kleine ruimtes; nyctofoben voor het donker; en trypanofoben zijn bang voor injectienaalden (zoals ik). Dit zijn allemaal tastbare en zichtbare angsten. Maar hoe zit het met angst voor sociale afwijzing?

Sommige angsten zijn moeilijk te definiëren en daarom ook moeilijk aan te wijzen. Er zijn zoveel verborgen angsten. We leven ermee terwijl ze ons vanbinnen opvreten. Sommige mensen zijn zo bang niet meer te kunnen rondkomen, dat ze als bezetenen maar eindeloos meer rijkdom en bezit blijven vergaren. Toch voelen ze zich er niet veiliger door, hoeveel ze ook hebben. Anderen zijn bang hun vrijheid te verliezen, bijvoorbeeld geen auto meer te hebben, niet meer te kunnen zeggen wat ze willen, of niet zelf meer te kunnen beslissen omdat hun leven wordt gedicteerd door hun baas, de structuur van het bedrijf waar ze werken of zelfs een relatie, een huwelijk. Sommigen zijn bang voor het onbekende, voor falen, of niet aan de verwachtingen te voldoen. Sommigen zijn bang de controle te verliezen en weer anderen zijn bang om alleen te zijn, er niet bij te horen of belachelijk gemaakt te worden. We zijn allemaal bang voor de dood en dus ook om ouder te worden. De lijst is eindeloos.

Waar ben jij bang voor? Als je het moeilijk vindt het te benoemen komt dat misschien door een overkoepelende angst: *angst om je angsten onder ogen te zien.*

Velen van ons vinden het eng om erachter te komen wie we echt zijn en wat we aan onszelf moeten bijschaven. Ontkenning zorgt ervoor dat we blijven uitstellen en ons leven beperken tot omgang met onze angsten. Is dit een van jouw angsten? Zo ja, dan is het tijd er echt iets aan te doen. Het is tijd om toe te geven dat je menselijk bent. En dat je dus angsten kent.

De angstspelletjes van je brein

De angst je eigen angsten onder ogen te zien is een van de vele spelletjes die je brein speelt om jou onder controle te houden. Het spelletje begint als je brein een logische constructie probeert te bouwen die de echte bron van je angst verbergt, die weer geworteld is in een andere, diep weggestopte pijn. Het is lastig onze angsten bloot te leggen omdat ze zich verstoppen en van vorm veranderen.

Angst in zijn puurste vorm is een afweersysteem dat je waarschuwt als er gevaar dreigt. Je komt hierdoor in actie om te doen wat nodig is om pijn te voorkomen, fysiek of emotioneel. Maar pijn zelf is niet meer dan een mechanisme dat ook wordt aangestuurd door je brein. Als je je hand brandt zit de pijn helemaal niet in je hand. Er wordt een signaal gestuurd naar je brein, dat het als pijn bestempelt. Wetenschappers kunnen pijn simuleren door delen van het brein te prikkelen. Hierdoor wordt pijn een soort gedachte.

Als je het zo bekijkt zou je kunnen zeggen dat pijn niet echt is omdat een identieke gebeurtenis, iets heets aanraken, bij iedereen een andere respons kan oproepen. Je individuele pijngrens hangt af van de situatie. Als je geen baby meer bent kun je veel langer zonder eten. Er zijn klinische studies waarbij proefpersonen werd gevraagd hun handen in ijskoud water te dompelen. Het bleek dat degenen die er geld voor kregen hun pijn konden verbijten en hun handen langer onder water hielden dan de proefpersonen die geen financiële tegemoetkoming was beloofd.[2]

Omdat pijn maar een gedachte is, kan je brein die pijn negeren en kun je leren pijn te onderdrukken. Dat is wat langeafstandslopers doen. In sommige gevallen kun je zelfs leren genieten van pijn. Spierpijn bijvoorbeeld vinden sommige mensen fijn omdat ze het gevoel hebben iets goeds gedaan te hebben.

Onthoud!

Je kunt je pijn overwinnen, als je maar wilt.

Alles wat geldt voor fysieke pijn geldt ook voor emotionele pijn. We beleven emotionele pijn op een andere manier, afhankelijk van de situatie, maar de meesten van ons kunnen die pijn onderdrukken of er zelfs gebruik van maken. De pijn afgewezen te worden bijvoorbeeld, is veel erger voor een tiener dan voor iemand die meer ervaring heeft en zekerder is van zichzelf.

Dus hoe komt het dat wij emotionele pijn niet onderdrukken? Omdat ons brein emotionele pijn net als fysieke pijn gebruikt om ons te beschermen tegen gevaar. Het verschil is alleen dat fysieke pijn niet zomaar door je brein kan worden opgeroepen. Je brein kan wel emotionele pijn genereren door onophoudelijke gedachten. En die veroorzaken leed.

Als een complexe computersimulatie blijft ons brein elke pijnlijke herinnering herhalen, net als elk mogelijk beangstigend toekomstscenario. Het is een poging ons te waarschuwen voor mogelijk gevaar, ook al is de kans daarop heel erg klein. Steeds als ons brein in die simulaties een mogelijk gevaar ziet, associëren wij het met een soort angst, en ons brein overdrijft die angst, ook al is het gevaar zelf misschien niet eens zo groot.

Stel, je bent bang voor spreken in het openbaar. Als ik vraag waarom je die angst voelt, zeg jij misschien wel domweg 'daarom'. Maar als je dieper graaft, voorbij het afweermechanisme van het brein, ontdek je waar de angst vandaan komt.

Waar ben je nou echt bang voor?

Ik ben bang om iets stoms te zeggen voor een groot publiek.

En waarom zou je daar bang voor moeten zijn?

Ik ben bang dat mensen me belachelijk maken of me uitlachen.

En waarom ben je daar bang voor?

Omdat ik dan misschien word buitengesloten.

Ga door totdat er niets meer te ontdekken valt. Je hebt dan de lagen van onnodige angsten blootgelegd die te wijten zijn aan een breinmechanisme dat ik het *safe model* noem.

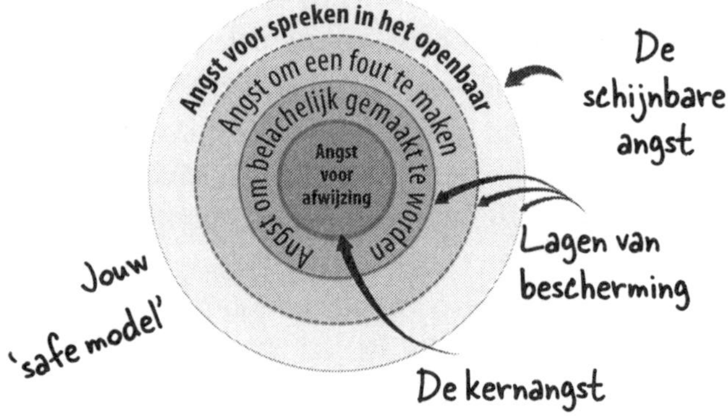

Om bepaalde angsten te voorkomen, zoekt je brein naar alle mogelijke gevaren die ze kan aanwakkeren – iedere pijnlijke ervaring en elk mogelijk toekomstig scenario. Het is gewoon *veiliger* zo, denkt je brein, maar klopt dat?

Elke nieuwe angst zorgt voor steeds meer onzekerheid. In plaats van één angst heb je er nu meerdere. Allemaal bij elkaar hebben ze meer effect. Als je meer te vrezen hebt, doet je brein nog meer zijn best jouw veiligheid te garanderen. Zo kom je in een vicieuze cirkel: *meer* angst zorgt voor nog *meer* beschermingslagen.

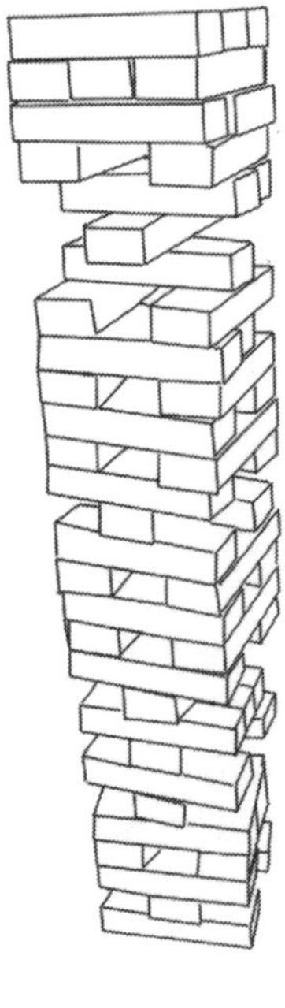

In een kansloze poging jou tegen het kwaad te beschermen, bouwt je brein een *safe model.* Het is een complexe structuur met een groot aantal rampscenario's en nog meer angstbarrières. We proberen niets aan het toeval over te laten, maar we vertrouwen op een gammele structuur. *Hoe meer we bouwen, hoe meer we ons bedreigd voelen, hoe meer zwakke plekken we blootleggen.* Het is simpele wiskunde: hoe meer kwetsbare plekken, des te vaker je in gevaar komt.

Ons afweermechanisme voedt als het ware onze kwetsbaarheid. We hebben steeds meer pijn, maar die is gebaseerd op een ongefundeerde angst. Het wordt allemaal ondraaglijk, angst gaat ons leven domineren. We proberen ons *safe model* steviger te maken en uit te breiden maar er glipt altijd wel iets tussendoor waardoor het model wordt bedreigd. Steeds als dit gebeurt worden we bevestigd in onze angst en belanden we weer in vicieuze cirkel. Het leven wordt een ware horrorfilm zonder reclameblokken om op adem te komen.

Heel belangrijk!

Er is geen safe model. Hoe meer je je best daarvoor doet, hoe meer je faalt.

Als we eenmaal ons model hebben gebouwd, komen we er moeilijk vanaf. We baseren onze Geluksformule erop en vergelijken ons leven ermee. De twee komen nooit overeen. We zijn teleurgesteld, we lijden en we worden bang dat nooit iets veilig is.

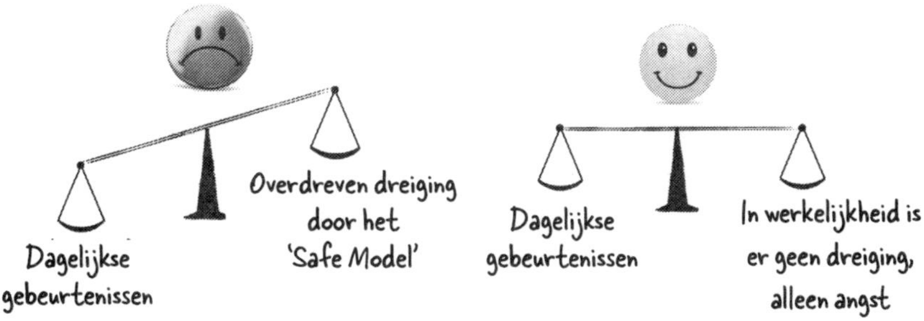

Gewone dingen kunnen snel een grote bedreiging worden. Door al die beschermende lagen heen, leiden ze naar jouw grootste angsten. 'Als ik voor al deze mensen moet spreken, kom ik niet meer uit mijn woorden en dan nemen ze me niet serieus.' 'Ik hou niet van de warmte. Het is slecht voor mijn make-up. Mensen beoordelen me daarop. Als ze dat doen wijzen ze me af.' Iets moois als een warme dag wordt zo onderdeel van de angst voor afwijzing. *Alles* wordt een bedreiging voor het safe model. We worden er ongelukkig door, niet omdat het leven oneerlijk is maar omdat onze verwachtingen besmet raken met de Angstillusie.

Yoda, de wijze Jedi-meester in *Star Wars,* vat het allemaal samen in een uitspraak: 'Angst is de weg naar de donkere kant. Angst leidt tot woede. Woede leidt tot haat en haat leidt tot lijden.' Ik hou van Yoda.

De enige manier om te ontsnappen aan de vicieuze cirkel is die meteen al af te breken, in zijn geheel, in één keer. Je angst onder ogen zien lijkt moeilijk, maar het valt best mee.

Leg de gelofte af

Velen van ons zijn tevreden met hun lijdensweg en hebben geaccepteerd dat het leven nu eenmaal zo is. We laten het ons aanleunen, meestal weten we zelf niet eens waar we bang voor zijn. De eerste stap richting vrijheid is je angsten herkennen en erkennen. Verstop jezelf niet, maar ga de uitdaging aan.

Weet je hoe olifanten in gevangenschap worden gehouden? Aan een heel dun kettinkje. Deze loodzware reuzen zouden de ketting zonder moeite kunnen breken maar dat doen ze niet omdat ze hem al om hebben sinds ze jong waren. Ze zijn geconditioneerd. Ze hebben eerst wel geprobeerd los komen, maar dat lukte niet, dus daarna probeerden ze het niet meer. Wij gedragen ons net zo. We overdrijven onze angsten en zoeken niet langer naar vrijheid.

Ik weet bijna zeker dat je brein nu zegt: maar angst *kan* ook goed zijn. Je moet die Mo niet geloven. Onze angsten beschermen ons tegen gevaar. Er zitten positieve aspecten aan angst.

Nee! Dus niet. Wat ons in leven houdt en ons vooruit helpt zijn onze *daden*, niet onze *angsten*. Die verlammen ons vooral. Ze vertroebelen ons oordeel en beletten ons de juiste beslissingen te nemen.

Faalangst is niet goed voor ons functioneren. Het voegt slechts angst toe. Wat ons echt succesvol maakt is hard werken. En je *hoeft* niet bang te zijn om hard te werken. Als ik terugkijk besef ik dat ik, als ik succes had, altijd weer bang was voor de volgende fase, waardoor ik mezelf nooit de kans heb gegeven echt te genieten van de beste momenten van het leven. Mijn angst was een streep door de rekening van mijn geluk, zelfs als ik reden had voor een feestje.

Onthoud!

Er is niets positiefs aan angst. Het zijn je daden en niet je angsten die je veiligheid bieden.

De gedachten die leiden tot angst hebben altijd betrekking op de toekomst. Je brein laat je geloven dat de volgende minuut stukken erger zal zijn dan dit moment, tenzij je iets doet om jezelf te beschermen. Als je bang bent, denk je dat het leven je beduvelt en dat je gevaar loopt als je geen actie onderneemt.

Maar geloof je nu echt dat het leven, met al zijn macht, en al zijn eindeloze facetten en vertakkingen jou bewust te grazen wil nemen? Denk je echt dat de aarde draait met de levens van meer dan zeven miljard mensen erop om jou angst aan te jagen? Als het leven het echt op je zou hebben voorzien, denk je dan dat jouw droevige beschermingslaagje helpt? Je houdt jezelf voor de gek: je hebt geen schijn van kans.

Onthoud!

Het enige wat het leven *wil* is te worden beleefd.

Het leven wil jou alle smaken laten proeven. Zuur is niet slechter dan zoet, het smaakt alleen anders. Het leven probeert je aandacht te trekken terwijl jij heel hard je best doet het buiten te sluiten. Het leven probeert je ervaringen aan te reiken, om van te genieten of van te leren terwijl je ontwikkelt en groeit. Maar jij blijft jezelf afsluiten en je weigert het leven te omarmen.

Wees eens eerlijk: hoe vaak zijn je ergste angsten uitgekomen? Hoe vaak kreeg je door een speling van het lot meer dan je had gehoopt?

De toekomst ziet er beter uit dan jij verwacht. Dat is altijd zo geweest. Je zou niet zijn waar je nu bent als de situatie nu overeenkwam met je vroegere angst voor dat nu, toch?

Als je blijft hangen in zorgen over de toekomst, vergeet je dat angst het bewijs is dat het goed met je gaat. Ga maar na: als je brein zich zorgen kan maken over de toekomst, heb je per definitie nu geen reden om je zorgen te maken.

Onthoud!

Op dit moment gaat het goed met je.

Veel kinderen huilen als ze voor het eerst naar school gaan omdat ze bang zijn. Een paar uur later gaat het alweer goed met ze, vinden ze het zelfs leuk. Waar komt die magische ommekeer vandaan? Verandert de school om aan hun verwachtingen te voldoen? Helemaal niet. Niets verandert. De kinderen komen er alleen achter dat het spelen met andere kinderen helemaal niet zo erg is.

We blijven dit patroon herhalen. Sommigen van ons vinden het lastig iemand aan te spreken op zijn pestgedrag, voor het eerst een presentatie te geven, een slechte relatie te beëindigen of iemand die ze niet kennen zomaar aan te spreken. Maar als we het toch doen ondanks onze angst, beseffen we dat we nergens bang voor hoeven te zijn. Het is even een uitdaging, maar als je je angst overwint blijkt het de moeite meer dan waard te zijn.

Ben je er klaar voor?

Waag de sprong

Om je angst te overwinnen moet je die angst recht in zijn gezicht durven kijken. Als je dat doet, zie je dat er niets te vrezen valt.

De makkelijkste manier om de angstspelletjes van je brein te ontregelen is deze: zodra je weet wat je angst is, ga ermee aan de slag. Als je bang bent voor spreken in het openbaar, zorg er dan voor dat je bij de eerstvolgende gelegenheid een praatje houdt. Zorg ervoor dat je niet meer terug kan. Denk niet na, doe het gewoon! Ik beloof je dat het goed komt.

Ik heb een aantal vragen die je helpen bij het overwinnen van je angsten. Ik noem de lijst De Ondervraging, omdat hij je laat zien wat je brein voor je achterhoudt.

Wat is het ergste wat er kan gebeuren?

Zodra je deze vraag stelt, schiet je brein in hyperstand en komen er duizend-en-een horrorverhalen naar buiten. Laat maar komen. Ga erin mee. Zorg dat uiteindelijk je allergrootste angst overblijft. Gebruik deze als voorbeeld: wat is het ergste wat er kan gebeuren als ik in het openbaar spreek?

Het kan heel saai worden waardoor iedereen in slaap valt.

Dat is niet zo erg. Wat nog meer?

Ze zouden kunnen gaan lachen.

Is dat het ergste?

Nee, ze kunnen me ook van het podium jouwen.

Oké, dat is niet best. Kan het nog erger?

Natuurlijk. Mijn baas zou erbij kunnen zijn en dan verlies ik mijn baan.

Aha, dat is echt erg. Maar ga eens wat verder?

Nou ja, iemand zou me kunnen doodschieten.

Wel reëel blijven. Wat is je worstcasescenario?

Dat zei ik al, ze joelen me van het podium, en mijn baas ontslaat me.

Oké, we zijn er.

Dit is een worstcasescenario voor jouw angst. Ik weet dat de gedachte alleen al pijn doet, dus vergeef me. Maar ik heb goed nieuws voor je. Het benoemen van dit soort scenario's helpt je het absolute dieptepunt te bereiken.

Vanaf hier gaan we klimmen. De volgende vraag komt misschien als een verrassing.

En wat dan nog?

Dit is het omslagpunt van angst naar moed. Wat kan mij het schelen als ik mijn baan kwijtraak? Houdt mijn leven dan op? Zal ik omkomen van de honger? Wat maakt het uit als ze me van het podium joelen? Hou ik op te bestaan? Misschien schaam ik me wel, maar raak ik echt beschadigd als ik uitgejouwd word? Als dit het worstcasescenario is, begrijp je dan dat je dit overleeft als je de pijn die ermee gepaard gaat negeert? We blijven klimmen.

Hoe waarschijnlijk is het?

Wees eerlijk: wat is de kans dat het allerergste echt plaatsvindt? Is het jou ooit overkomen? Hoe vaak is het anderen overkomen? Hoe vaak heb je slechte sprekers gehoord en hoe vaak zijn die uitgejoeld? Precies. Blijf klimmen.

Kan ik iets doen om dit scenario te voorkomen?

Dit is dus mijn favoriete vraag. Hier ga je jouw angst omzetten in daden.

Ga er even voor zitten en bereid je goed voor. Oefen je toespraak voor de spiegel, of met je vrouw of hond. Oefen net zo lang tot je jezelf prettig voelt. En ga dan weer door. Als je je goed voorbereidt, verkleint dat op zijn minst de kans op een worstcasescenario en ben je ontspannen.

Het kan gebeuren dat je brein nu begint tegen te sputteren: waarom doe je me dit aan? Mijn leven was een makkie voordat ik dit boek ging lezen.

Niet op letten. Je bent er bijna.

Kan ik herstellen?

Het wordt nog interessanter als je jezelf afvraagt: wat als er een piepklein kansje is dat mijn worstcasescenario uitkomt en ik weggehoond word en mijn baan verlies? Kom ik daar nog overheen? Zou je de komende maanden eventueel iets minder kunnen uitgeven? Ga je een nieuwe baan vinden? Zeker. En met een leukere baas, hoop ik. Het wordt even iets minder leuk, dat geef ik toe, maar het gaat voorbij net als alle andere nare ervaringen tot nu toe.

Voel je je iets beter? We hebben de juiste gedachtegang gevolgd en de angst ontmaskerd die je verlamt. Onder dat enge masker zit een schattig katje. De rest is verzonnen. Het engste scenario betekent niet het einde van je leven. Als je actie onderneemt, verklein je de kans. En als het toch gebeurt, weet je hoe je er weer uitkomt. Wat een opluchting.

Maar het wordt nog leuker. Je kunt hoger!

Je brein denkt altijd aan wat er fout kan gaan, zodat het zich kan voorbereiden op gevaar en jouw veiligheid kan garanderen. Twee andere vragen kunnen je gedachten afleiden van alles waar je bang voor bent en je de goede kant opsturen.

Wat gebeurt er als ik niets doe?

Dat is nog eens een goede vraag. Tegen welke prijs zou je alles zo willen laten? Wat heb je ervoor over om in die slechte relatie te blijven zitten? Wat zou beter voor je zijn? In je eentje wonen, zelfs voor de rest van je leven (worstcasescenario) of een rotrelatie hebben? Wat zou er gebeuren als je een baan hebt waar je doodongelukkig van wordt? Hoe erg is het als je je bestedingspatroon moet aanpassen?

Ik kan je dit beloven: het is veel schadelijker voor je met angst te leven dan er iets aan te doen. Daarom overdrijft je brein jouw angsten ook altijd zo. Het moet ook wel, anders zou je ze te makkelijk kwijtraken!

Dan nu de beste vraag van allemaal.

Wat is het *bestcase*scenario?

Je kent die scènes wel uit actiefilms waarin een geheim agent een knop indrukt waardoor het hele landgoed van de slechterik na een serie spectaculaire explosies wordt vernietigd. Dat kan ook gebeuren met jouw opgebouwde angst. Je brein kijkt toe in ongeloof en vraagt zich af hoe het buitenspel werd gezet, bang dat zijn rol hier een beetje is uitgespeeld. Deze wedstrijd moet je winnen.

Wat is het beste dat kan gebeuren? *Die* vraag moet je stellen.

Wat als je je baan zou opgeven en weer piano ging spelen? Wat doe je als het wel helpt iemand op zijn pestgedrag aan te spreken? Wat gebeurt er als de sterren goed staan? Zou jij de volgende Harry Potter schrijven? Nog belangrijker, zou je er gelukkig van worden? Meestal komt alles wel goed. Waarom zou je het niet wat zonniger inzien?

De prijs die je betaalt voor nietsdoen is meestal hoger dan die van je angsten aanpakken. En als dat lukt haal je er veel voordeel uit.

Als je erachter komt dat je angst overdreven is, kun je die ook makkelijk onder handen nemen. Als je weet dat je iets moois staat te wachten, ga je extra je best doen.

Laten we ophouden met die doemscenario's. Bekijk het volgende moment met een optimistische blik. Doe iets aan je angsten, een voor een, en vernietig ze. Ze waren toch al niet echt.

Het is tijd

Ik heb ontdekt dat als je angsten omzeilt, ze je blijven achtervolgen. Het leven zal je angst voor angst blijven testen, als een wijze leraar die erop toeziet of je klaar bent voor de volgende les. Als je een bepaalde angst eenmaal hebt overwonnen, houdt de test op en ben je klaar. Maar als je je verstopt, blijft de angst keer op keer terugkomen.

Ik vond het net als ieder ander moeilijk mijn angst toe te geven. Ook aan mezelf. Ik deed stoer, maar was bezig met liegen. Ik had faalangst. Dus ik bleef mezelf pushen. Slagen als zakenman was mijn antwoord op angst. Als je een grote deal sluit heb je succes. Als dat niet lukt, ben je een loser. Ik was constant aan het werk en als de dood een fout te maken. Ik hield mijn angst in stand en dus onderwierp het leven – de ultieme leraar – mij aan een test. Ik moest mijn angst onder ogen zien toen ik het een keer totaal oneens was met een van mijn managers. De situatie was totaal uit de hand gelopen en ik stond op het punt op te stappen of ontslagen te worden, een nare toestand. Geen baan meer hebben was voor mij de ultieme vorm van falen.

En toen bedacht ik me dat een verandering eigenlijk prima zou zijn. Ik koos ervoor mijn angst binnen te stappen. Ik werd blij van de vrijheid die ik kreeg door mijn ontslag. Ik wist dat er wel weer iets nieuws op mijn pad zou komen. Dus ging ik weg, de angst verdween en de test was klaar. Ik ben dol op het werk dat ik nu doe. Er was niets om bang voor te zijn.

Nog een test.

Ik wilde het beste voor mijn gezin en ik moest en zou aan hun verwachtingen voldoen. Het voelde heerlijk dat ik ze luxe kon bieden en dus werd ik bang dat te verliezen. Ik leerde investeren en sparen. Ik verafgoodde geld bijna, totdat ik een financiële blunder beging en bijna al mijn vermogen kwijtraakte. Ik kwam oog in oog te staan met mijn angst en zag dat het niet zo erg was. Ik merkte dat ik veel minder geld nodig had dan gedacht, dat mijn gezin helemaal niet zo veel van me verwachtte en dat ik er wel weer bovenop zou komen. Ik voelde me bevrijd. Ik was niet bang meer, de test was klaar en ik maakte me nooit meer zorgen over geld.

Test na test verdwenen mijn angsten, totdat ik even dacht dat ik onbevreesd leefde. Ik had veel te verliezen maar was daar niet bang voor, omdat ik er niet meer aan hechtte. Het voelde heerlijk.

En toen verliet Ali ons.

Een grotere angst bestaat niet. Ik had Ali met mijn leven beschermd. Ik hield het altijd voor mezelf maar het verliezen van een van mijn kinderen is altijd mijn grootste nachtmerrie geweest. Nog een keer werd ik voor de leeuwen gegooid en moest ik mijn grootste angst onder ogen zien. De pijn was en is ondraaglijk, maar mijn laatste angst is langzaam maar zeker verdwenen. Met deze laatste zet op het schaakbord win ik, of ik verlies. Hoe dan ook, er komt geen nieuwe angst meer. Zelfs als ik denk aan Aya, de zon in mijn leven, is deze test klaar. De test voor getoonde moed hoef ik niet meer te doen, daarvoor ben ik al geslaagd.

Angst voor de dood is de grootste van allemaal en die angst aanpakken is de ultieme vorm ervan. Toen Ali ons verliet ging ik dood en dat bedoel ik positief. Ik kon het leven eindelijk in perspectief zien. Ik heb een overweldigend gevoel van rust over me. Ik heb niets meer te verliezen, niets meer te vrezen.

Eckhart Tolle noemt dit 'doodgaan voor je sterft', leven met de wetenschap dat het een keer allemaal voorbij zal zijn betekent dat je echt niets hebt en dus ook niets te verliezen hebt.

Ik bereikte de pijngrens van een marathonloper toen Ali overleed. Ik weet nu dat ik me na de volgende stap nog vrediger ga voelen. Ik huil steeds weer als ik bedenk dat het me een leven kostte om me vrij te voelen. Maar Ali heeft ook zijn weg gevonden, ook hij is volledig rustig.

Ik weet dat je gelukkig bent Ali, waar je ook bent. Het zal alleen nog wat schitterende dagen duren voordat ik weer die knuffel krijg die ik zo mis en je me op onze eigen manier groet: '*Ezayak ya aboya.*' Tot ik je weer zie, probeer ik zonder angst te leven.

Je zou geen enkele dag met angst moeten leven. Doe de test en slaag ervoor.

Heel belangrijk!

Leer dood te gaan voor je sterft. Het is tijd je angsten onder ogen te zien.

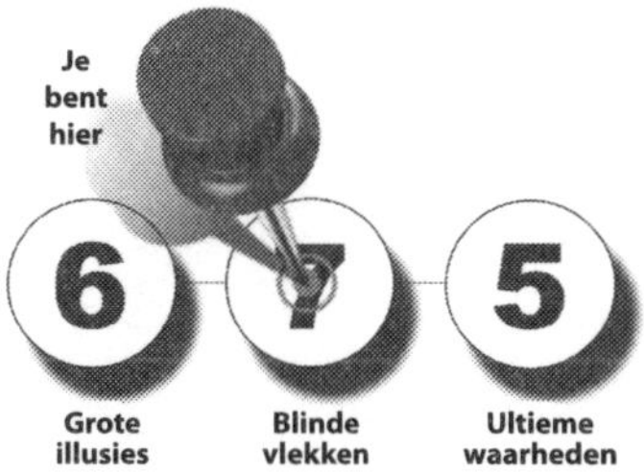

Deel 3

7

Blinde vlekken hebben invloed op de manier waarop ons brein informatie verwerkt. Ze vertroebelen ons beeld van de werkelijkheid. De vlekken worden gecombineerd met de neiging van het brein pessimistisch te zijn, zodat wij overleven. Dit staat de Geluksformule in de weg waardoor wij nodeloos lijden.

HOOFDSTUK 9

Is het waar?

Onze uitdagende relatie met ons eigen brein is terug te voeren op een onderdeel dat duizenden jaren geleden in elkaar is gezet en getest. In een totaal andere omgeving, met totaal andere vereisten. Kenmerken die ooit voordelig waren, werken onze kans op geluk nu tegen. Ondanks zijn enorme veelzijdigheid komt ons brein nog steeds met oplossingen aan die niet passen bij onze moderne samenleving – en nog minder bij geluk. Omdat het brein uit de oertijd stamt is zijn wereld antiek, troebel en beangstigend. Net als zijn strategieën. Als we dit orgaan goed willen gebruiken, moeten we de programmering aanpassen aan de nieuwe omgeving. Maar laten we eerst kijken hoe het allemaal begon.

Over de oorsprong van blinde vlekken

Achter de prehistorische jager beweegt een takje. De jager is meteen alert. Hij maant zijn medejagers stil te zijn en luistert geconcentreerd, probeert alle andere zintuiglijke indrukken *weg te filteren*. Hij luistert alleen naar wat er in het bosje gebeurt. Al het andere vervaagt en raakt op de achtergrond.

De wind waait van achter hem richting het bosje en hij beseft dat hij daarom de geur van het beest waar hij bang voor is, niet opvangt. Dit hoort bij het aanvalsplan van roofdieren. Het is waarschijnlijk een slim dier, een tijger misschien, en gezien de hoogte van het takje dat bewoog een grote tijger, *veronderstelt* de jager.

De groep jagers houdt de adem in, er heerst een oorverdovende stilte. Het takje beweegt niet meer, het beest voelt zich vast bespied. De prehistorische jager *voorspelt* een gevecht. Hij weet uit welke hoek de aanval komt en kan de snelheid inschatten. Het duurt nog een paar seconden, weet hij, en hij gebaart zijn medejagers in dekking te gaan.

Zijn voorzichtigheid komt door pijnlijke ervaringen uit het verleden. Sinds hij voor het eerst met zijn vader het bos inging, waren al veel jagers omgekomen door onoplettend gedrag. Ook al is het vele manen geleden, hij *herinnert* zich goed hoe de beesten hun slachtoffers tegen de grond werkten en het vlees van hun botten scheurden. De herinneringen staan op zijn netvlies gebrand. Zijn hart klopt in zijn keel.

De jager moet nu in actie komen. Als hij nog meer kostbare tijd verkwist aan het analyseren van de situatie, kan hij bijna niet meer ontsnappen. Het risico wordt te groot. Hij moet snel beslissen. Het gevaar is acuut. De jager *voelt* een overweldigende paniek. Zijn brein zorgt voor de uitstoot van een flinke dosis adrenaline ter voorbereiding op de vecht-of-vluchtrespons. Terwijl de paniek overheerst, *overdrijft* het brein, elk mogelijk scenario lijkt veel gevaarlijker dan het eigenlijk is. Het kan een groep tijgers zijn, denkt de jager, misschien zijn we omsingeld. Vechten heeft geen zin, we gaan allemaal dood. Nog meer takjes bewegen. De jager draait zich om en wil vluchten. Op dat moment vliegen er een paar vogels weg. Een beetje schaapachtig kijkt hij omhoog. De tijger bleek een vlucht vogels. Wat maken die paar stressvolle minuten uit, denkt het brein, we leven tenminste nog.

Duizenden jaren lang heeft ons brein gefunctioneerd met de zeven kenmerken die ik hier beschreef: filters, veronderstellingen, voorspellingen, herinneringen, oordelen, emoties en overdrijving. Ze droegen lang geleden allemaal bij aan de overleving van onze soort. En onze voorouders namen het ongemak van de bijwerkingen voor lief, want dat was nodig in hun gevaarlijke omgeving. Het was logisch dat zij het ergste vreesden, omdat het ergste vaak ook gebeurde.

Terwijl onze samenleving zich verder ontwikkelde en we tijgers verdreven uit onze steden, en jachtvelden plaatsmaakten voor kantoren, clubs en winkelcentra, bleven we vertrouwen op deze zeven kenmerken. Maar we vragen ons nooit af hoe effectief ze nog zijn in deze 'buitenaardse' omgeving. Net als je een schroevendraaier kunt gebruiken om te schroeven of om iemand mee te doden, kunnen overlevingstechnieken veranderen in blinde vlekken, die ons ongelukkig maken, helemaal in combinatie met een ander ouderwets kenmerk van het brein:

De neiging een brombeer te zijn

De werking van ons brein doet me denken aan mijn eerste auto: een oud, gedeukt, tweedehands barrel. Er was altijd wel iets mis, een kapotte bougie, startproblemen, een lekkende radiator. Bovendien reed de auto nooit helemaal rechtdoor, omdat de wielen niet uitgelijnd waren. Het was een wrak. Als de radiator lekte, de auto oververhit was of de bougies niet werkten, haperde de motor. Maar zelfs als ik hier iets aan deed, bleef de auto nog steeds een afwijking naar links houden.

Hetzelfde gebeurt in het brein. Vaak vertroebelt een van de zeven blinde vlekken ons waarnemingsvermogen. Elk op een andere manier, terwijl ons brein het leven probeert te snappen. Boven die blinde vlekken hangt een hardnekkig, overkoepelend probleem: de neiging tot mopperen, waardoor onze gedachten uit balans raken.

Na een tijdje werd het gevaarlijk in die oude auto te rijden als ik die wielen niet liet uitlijnen. Pas daarna kon ik de andere problemen een voor een aanpakken. Mijn automonteur heeft de hele auto binnenstebuiten gekeerd zoals het hoort. Laten we dat ook met jouw brein doen.

Jouw hersenonderzoek

Laten we je brein even op de brug zetten en twee snelle onderzoekjes doen. *Check* en *track.*

Check

Kijk naar het plaatje en noteer wat je zo op het eerste gezicht ziet.

Zag je de teddybeer van het meisje, het boek dat uit haar tas valt, de lege parkeermeter? Zag je het stoplicht, de jongen die wegrent, de auto die te hard rijdt, het meisje dat wil oversteken? Zag jij het dreigende gevaar? De meesten van ons wel.

We zoemen uit, kijken naar het grotere plaatje en je ziet opeens dat er niets verkeerd gaat. De auto staat geparkeerd, er is een verkeersregelaar en iedereen is in veiligheid. Waarom is dat niet het scenario dat jij verwachtte?

Probeer Check te spelen in je dagelijks leven. Je zult zien dat je brein bij elke situatie het ergste vermoedt en bedenkt waar een eventuele dreiging zit. Het komt maar zelden voor dat je brein oog heeft voor wat er goed gaat of alledaags is. Het is een beetje als de jager die een paar vogels aanzag voor een tijger.

Track

Vouw een stukje papier in tweeën, en schrijf op de ene helft + en op de andere helft -. Zet bij elke gedachte die in je hoofd opkomt een vinkje bij + of -, al naar gelang de gedachte. Voorbeelden van plusgedachten zijn: *ik heb een goed leven, ze blijft altijd van me houden, ik ben geweldig.* Voorbeelden van mingedachten: *ik haat mijn werk, ik maak alleen maar rotdingen mee, hij is een eikel, ik ben dik.*

Tel de vinkjes. Komen er vooral optimistische gedachten uit je brein of zijn ze pessimistisch, veroordelend of kritisch (negatief)?

De meeste mensen hoeven de test niet heel lang te doen om erachter te komen dat hun meeste gedachten negatief, voorzichtig, veroordelend en pessimistisch zijn. Geldt dat ook voor jou? Dat geeft niets. Het geldt namelijk voor ons allemaal.

Onderzoek heeft aangetoond dat we de neiging hebben negatief te denken – zelfkritisch, pessimistisch en angstig. De psycholoog Mihaly Csikszentmihalyi gebruikt de term 'psychische entropie' om aan te geven dat zorgen maken de standaardinstelling van het brein is.[1]

Psychologen aan de Universiteit van Texas deden eenzelfde soort onderzoek als de tracktest. Ze vroegen aan studenten twee weken lang bij te houden wat voor soort gedachten ze hadden en daar 'goudeerlijk' over te zijn. De uitkomst was dat tussen de zestig en zeventig procent van alle gedachten negatief waren, een fenomeen dat 'negatieve dominantie' wordt genoemd.[2] Dat is niet niks. Deepak Chopra heeft in zijn blog *Why Meditate?* ooit uitgerekend dat dit neerkomt op zo'n 35.000 negatieve gedachten per dag.[3]

Maar onze negatieve houding gaat verder dan het aantal negatieve gedachten. We laten ons ook bij het nemen van besluiten leiden door negatieve gedachten. Onderzoek toont aan dat mensen sneller een besluit nemen om iets negatiefs te vermijden dan om iets positiefs te bereiken. Dit fenomeen heet 'de vooruitzichttheorie'.[4] Dit is waarom je de slechte recensie van een restaurant belangrijker vindt dan de goede. Terwijl de goede recensie natuurlijk net zo goed kan kloppen.

We zetten onze hersencapaciteit ook voor een groter deel in voor de verwerking van negatieve informatie. Felicia Pratto en Oliver John van de Universiteit van Berkeley deden een onderzoek waarbij deelnemers woorden moesten oplezen die achter elkaar op hun computerscherm verschenen. De woorden hadden verschillende kleuren en stonden voor of een positieve of een negatieve karaktereigenschap. De eigenschappen hadden niets met de opdracht te maken, want de deelnemers moesten zo snel mogelijk alleen de kleur van de woorden benoemen. Ze bleken er langer over te doen als de karaktertrek negatief was. Het verschil in antwoorden toont aan dat ze meer aandacht gaven aan de negatieve karaktertrek.[5]

Een andere interessante uitkomst was dat de deelnemers zich de negatieve trekjes beter herinnerden dan de positieve, los van de frequentie van positieven en negatieven in de test. Dit impliceert dat negatieve kenmerken makkelijker blijven hangen dan positieve en we daarom negatieve dingen vaker herinneren. Als we worden gevraagd een recent emotionele beleving op te halen, vertellen we vaker over iets negatiefs dan over iets positiefs. We onderschatten ook hoeveel positieve dingen we meemaken, omdat we die sneller vergeten.[6]

Sociaal hebben we meer respect voor negatieve mensen dan voor positief ingestelde mensen. Christopher Nass van de Universiteit van Stanford beweert dat we mensen met een negatieve kijk op de wereld slimmer vinden.[7] We hebben zelfs meer negatieve woorden in onze woordenschat (waarop we onze gedachten baseren): 62 procent van alle emotionele woorden in de Engelse taal zijn negatief.

Al deze negativiteit is geen toeval. Die vloeit voort uit het ontwerp van ons brein. De amygdala bijvoorbeeld gebruikt twee derde van zijn neuronen om negatieve ervaringen op te sporen en die worden meteen in het langetermijngeheugen opgeslagen. Positieve ervaringen moeten minstens twaalf seconden in ons bewustzijn blijven voordat ze van het korte naar het langetermijngeheugen worden doorgezet. 'Het brein lijkt op klittenband als het om negatieve gedachten gaat en op teflon als het om positieve gaat.'[8]

Het bewijs is overweldigend en ik kan wel door blijven gaan, maar het komt hierop neer:

Onthoud!

De meeste mensen zijn over het algemeen negatief.

Dus waarom moppert ons brein zo? Om daarachter te komen moeten we van de theorie de echte wereld in.

Een ijverige advocaat

Je brein zoekt vaak naar een mogelijke dreiging. En waarom zou het ook iets anders doen, aangezien z'n enige reden van bestaan jou beschermen is?

Stel je voor dat het gesprek in het hoofd van onze prehistorische jager zo ging: 'Relax, er zijn hier helemaal geen tijgers. Je hoeft het niet te checken. Ga die grot maar in, het komt wel goed.' Dat soort optimisme zou minder stressvol zijn, maar de jager had waarschijnlijk niet lang geleefd. Als puur overleven op het spel staat, kun je beter voorkomen dan blussen.

Je brein is niet gemaakt om jou aan te moedigen, het wil je beschermen. Daarom gedraagt het zich vaak als een ijverige advocaat. Goede advocaten beschermen je door middel van honderden contracten en juridische documenten die voorzien in alles wat mis kan gaan. Het meeste gaat nooit gebeuren, maar in het onwaarschijnlijke geval dat het toch gebeurt willen zij niet degene zijn die iets hebben gemist en zo je hele zaak op het spel hebben gezet.

Want ze geven prioriteit aan onze overleving, niet ons geluk.

Onthoud!

Onze hersenen hebben vaker wel dan niet de neiging te bekritiseren, te oordelen en te klagen.

Onze hersenen hebben ook de neiging de mooie gebeurtenissen te ontkennen, want die leveren geen voordeel op om te kunnen overleven. Daarom wordt er nogal wat gemopperd in ons hoofd.

Dit gemopper staat voor een soort onvrede met het leven. Je huidige leven lijkt niet op het veilige en onbedreigde leventje waar je op had gehoopt. Stop die onvrede in je Geluksformule en de uitkomst is negatief. Met de blinde obsessie van je hersenen jou in leven te houden, gaan ze voor het gemak voorbij aan wat eigenlijk overduidelijk is: dat het negatieve wat we meemaken een uitzondering is.

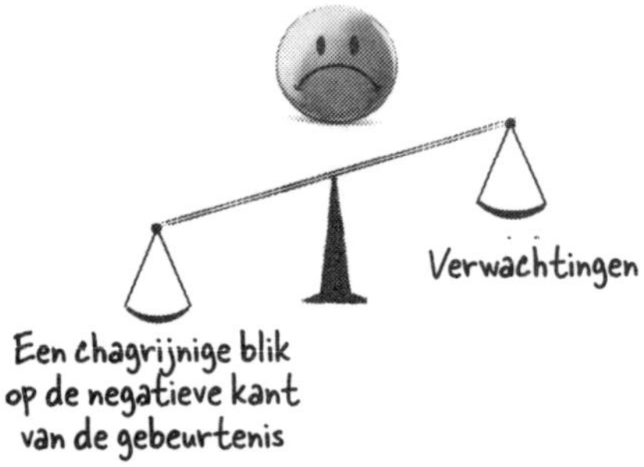

Geloof je me niet? Wat is hier dan het antwoord op: wat is de norm, gezond of ziek? Goed weer of orkanen? Hoe vaak maak je een aardbeving mee en hoe vaak niet?

Onthoud!

Het leven bestaat bijna volledig uit positieve dingen.

Positieve gebeurtenissen negeren is niet slim. Het is net als de zwarte inkt tegen deze witte achtergrond. Onze ogen zijn erop getraind het zwart (de inkt) te vinden, maar het meeste wat zichtbaar is, is wit (het papier). Als je ervoor kiest te focussen op het wit in plaats van het zwart, ontdek je dat je alles ook anders kunt ervaren. En nou niet meer mopperen.

Onthoud!

Kijk naar het wit van de pagina, niet naar het zwart van de inkt.

De waarheid en niets dan de waarheid

Laten we nog even naar die zeven blinde vlekken kijken. Weet je nog hoe de jager reageerde op dat trillende takje? Vergelijk dat eens met het volgende scenario.

Je loopt je kantoor binnen en terwijl je je spullen op je bureau neerlegt, rolt er een potlood op de grond. Die gebeurtenis is op zich onbelangrijk. Maar in je brein gebeurt mogelijk dit:

Ik ben mijn potlood kwijt. Ik kan het niet vinden (*filter*).

Ik hou van dat potlood (*emotie*). Ik kan niet zonder dat potlood (*voorspelling*).

Het is mijn gelukspotlood (*oordeel*).

We hebben samen zoveel meegemaakt (*herinnering*).

Zonder dat potlood ben ik niets. Mijn kinderen krijgen niets te eten (*overdrijving*).

Iemand heeft het gestolen (*aanname*). Het zal Emily wel zijn (*aanname*).

Ze is gemeen (*oordeel*).

Als ik hier niets aan doe word ik de sufferd van het kantoor (*voorspelling*).

Vandaag een potlood, morgen mijn baan (*overdrijving*).

Terwijl je gaat zitten en je aanvalsplan voorbereidt, loopt Emily langs en zegt: 'Hé, je potlood ligt op de grond.'

We hebben allemaal weleens zoiets meegemaakt. Je hebt vast weleens overdreven gereageerd op een opmerking van een vriend die niet bedoelde wat jij erin hoorde. Heb je ooit een

ramp voorspeld terwijl daar geen enkele reden voor was?

In bovenstaand scenario gaat het om een potlood, toch? Maar de gedachte in je brein maakt er een doemscenario van. Als jouw gedachten zoiets simpels al overdrijven, moeten we onszelf misschien een voor de hand liggende, maar weinig populaire vraag stellen:

Heel belangrijk!

Wat is er waar van de constante stroom gedachten in mijn hoofd?

Er is geen betere plek deze vraag te beantwoorden dan in de rechtszaal, waar men altijd op zoek is naar de waarheid. Maar dit keer maken we het niet makkelijk voor het brein en laten we het niet optreden als een mopperende, ouderwetse advocaat. Nee, je brein is hier de verdachte. En jij speelt de rol van de rechter, wiens taak het is de waarheid boven tafel te krijgen. De definitie van waarheid in de rechtszaal is: de waarheid en niets dan de waarheid. Volgens die definitie durf ik te stellen dat *niets* van dat geklets in je hoofd ooit 'helemaal' waar is. *Nee, niets.*

Dat is nogal een bewering, Mo. Bewijs het maar, zeg jij.

Ik wil graag eerst een expert naar voren roepen die de zeven blinde vlekken tot in detail kan uitleggen.

Filters

Het beeld van hoe wij de wereld zien is altijd incompleet omdat ons brein delen van de waarheid weglaat zodat het zich kan richten op zijn zogenoemde prioriteit. Wat wij opnemen is meestal gefilterd, waardoor maar een klein stukje van de waarheid overblijft.

De wereld bombardeert je elke seconde van de dag met

informatie. Via je zintuigen beleef je alles tot in detail: de temperatuur van de kamer, de sterkte van het licht, de achtergrondgeluiden, de bewegingen van een vlieg, de woorden van een vriend en miljoenen andere prikkelingen. De meeste informatie is niet van belang voor de beslissingen die jij op wat voor moment dan ook neemt. En je hersenen, los van hun enorme capaciteit, hebben beperkingen. Daardoor filtert je brein alle details eruit die je niet nodig hebt. Het brein kan zich daardoor focussen op de gegevens die het nodig denkt te hebben voor een bepaalde beslissing.

Als jij probeert de straat over te steken krijg je via je zicht informatie over de auto's, hun snelheid en hun richting. Je brein rekent de afstand uit die je moet afleggen. Met zijn instinctieve kennis over trigonometrie en dynamica berekent het de plek voor een mogelijke botsing. Je ogen krijgen de instructie stoplichten te checken en je oren de opdracht te luisteren naar eventuele toeters die je zouden kunnen waarschuwen. Het brein coördineert je spierbewegingen, zodat je naar links en rechts kijkt als extra voorzorgmaatregel en pas dan doe jij een stap naar voren.

We doen dit allemaal in een oogopslag. Als je dit soort functionaliteit in een robot wilt stoppen, kom je erachter hoe complex dit allemaal is. Het ontwijken van obstakels vereist een zeer ingewikkelde ruimtelijke rekenmethode, gecombineerd met een zeer geavanceerde spiercoördinatie. Dit vraagt veel verwerkingscapaciteit. En omdat zelfs de kleinste fout het einde van je leven kan betekenen, neemt je brein zijn werk heel serieus en geeft het jou alle aandacht. Door middel van filters.

Als je de straat oversteekt let je niet op alle geuren om je heen. Je luistert wel naar claxons en sirenes maar de onbelangrijke geluiden gaan aan je voorbij, zoals het gezang van vogels in de bomen of het gehuil van een baby verderop.

Als de naderende auto zo snel rijdt dat jij erop let, zie je het knappe meisje aan de overkant niet staan en Brad Pitt ook niet. Filteren is heel effectief.

Na het lezen van de hele zin, merk je dat het het menselijk brein je vaak niet informeert dat het het woord 'het' twee keer wordt herhaald.

Daniel Simons en Christopher Chabris hebben samen de *Selective Awareness Test* ontwikkeld, waarmee ze laten zien hoe dit soort filters werken.

Ze vroegen deelnemers naar een filmpje te kijken van twee basketballende teams, een in het wit en een in het zwart. De deelnemers moesten tellen hoe vaak de spelers van het witte team de bal naar elkaar speelden. Niet zo moeilijk dus. Maar het brein neemt dit soort taken heel serieus en focust zich suf. Je moet de test hier even bekijken, voor we verder kunnen. Kijk maar even op YouTube en typ in de zoekfunctie: selective awareness test.

De meeste deelnemers kwamen met het goede antwoord. Maar als ze werd gevraagd naar de gorilla (een man verkleed als gorilla loopt rond de helft van het filmpje door het beeld), antwoordde meer dan de helft: welke gorilla?[9]

Je ervaart dit soort filteren als je naar de bioscoop gaat. Eerst zie je de lege stoelen, de mensen, de geur van popcorn en het licht van het uitgangbordje. Als de film eenmaal begint, filter je al deze randzaken eruit en focus je helemaal op de film. Je omgeving wordt onbelangrijk en als de film goed genoeg is, merk je niet eens dat er tijd verstrijkt.

Filters worden gebruikt om de pijn en emotionele reacties af te zwakken als we oog in oog komen met dingen die we niet aankunnen. Extreme pijn als we een bot breken bijvoorbeeld, wordt gefilterd zodat ons brein zich kan richten op het vragen om hulp. Bij verlies van een geliefde begint de eerste fase van verwerking met ontkenning. Dit is een mechanisme van het brein om verdriet te beperken door de gebeurtenis eruit te filteren en te doen alsof het verlies nooit heeft plaatsgevonden. Als we extreem filteren, gaat dat tegen ons werken en kunnen we bijna niet meer focussen. We zijn soms te veel bezig met iets dat ons ongelukkig maakt en filteren dan alles weg wat ons op andere gedachten kan brengen. Terwijl we dat doen laten we steeds meer signalen binnen die bij het filter passen waardoor ons ongeluk wordt bevestigd. Als je de waarheid eruit filtert, komen de ingrediënten voor je Geluksformule in gevaar. Het wordt een lijdensweg, niet omdat het leven je niet bracht wat je had verwacht, maar omdat je niet merkte wat het leven je daadwerkelijk had gegeven.

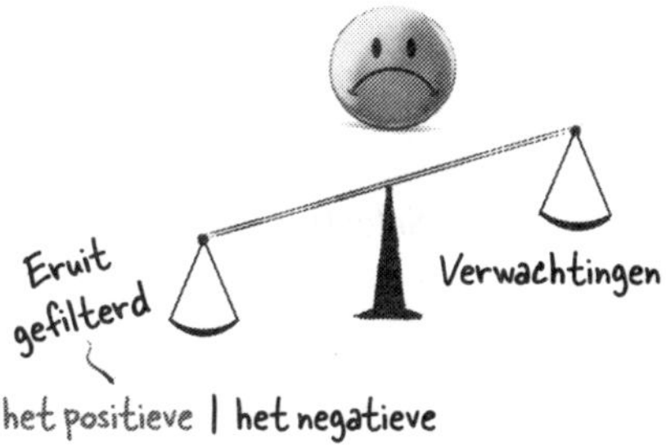

Reken maar uit hoeveel je wegfiltert, het resultaat zal je enorm verbazen. Probeer het maar. Leg het boek even neer en kijk om je heen. Kijk naar de hoeveelheid details om je heen die je hebt gemist en weggefilterd, terwijl je dit boek aan het lezen was. Tel het aantal voorwerpen dat je ziet, de kleuren, geuren, geluiden die je nu wel observeert. Reken nu snel uit hoeveel waarheid dit bij elkaar opgeteld is en dan kom je hierachter:

Onthoud!

Het verhaal dat je brein vertelt is altijd incompleet.

Aannames

Het brein heeft een samenhangende en begrijpelijke hoeveelheid informatie nodig om besluiten te nemen. Na het uitfilteren van de meeste waarheid, gaat het brein veronderstellen dat er nog informatie mist. Een verkeerd gespeld woord lezen is hier een duidelijk voorbeeld van.

ht s nt cmplx vr ht brn n t nmn
wlk klnkrs n dz zn ntbrkn.

Aannames vervormen de waarheid zelfs op het fysieke niveau van visuele waarneming. De term die ik gebruik, *blinde vlek,* wordt meestal gebruikt als iemand iets belangrijks mist. Maar anatomisch gezien zijn blinde vlekken de delen van je gezichtsveld waar je niets ziet omdat je retina de cellen niet heeft om connectie te maken met je optische zenuw. Zonder cellen om licht te detecteren wordt een deel van je gezichtsveld niet waargenomen. Jij zou het zien als een zwarte vlek, ware het niet dat je hersenen het vermogen hebben aannames te doen. Je hersenen vullen de blinde vlek in met de omgevingsdetails en informatie vanuit het andere oog - indien beschikbaar - en vervangen die blinde vlek zo door een beeld dat waarschijnlijk is. Hoewel het eindplaatje perfect is, klopt het niet helemaal, omdat delen ervan door je brein zijn gegenereerd.

Proberen aannames te doen over wat er mist is misschien niet zo erg, maar veranderen wat je daadwerkelijk ziet om aan je hersenverwachtingen tegemoet te komen gaat wel heel ver.

Een beroemd experiment, uitgevoerd door Edward Adelson van het MIT toont aan wat ons brein doet en gebruikt daarvoor een plaatje van een dambord. Welke van de vlakken (A) of (B) is donkerder? Het is echt heel duidelijk toch? (A) is veel donkerder dan (B).

Maar dat antwoord klopt niet. Kijk nog eens naar hetzelfde plaatje, maar vervaag alle vlakjes behalve (A) en (B). Welk vlak is nu donkerder? Als je het plaatje op deze manier ziet, dan zie je de waarheid. De schaduw van de groene cilinder maakt het witte vlak (B) donkerder, genoeg om precies te lijken op het goedverlichte vlak (A). Maar omdat wij het dambordpatroon goed kennen veronderstelt ons brein wat de juiste kleur van (B) *zou moeten* zijn en gebruikt dat als het beeld dat jij uiteindelijk te zien krijgt.

Het meest ongelooflijke aan deze truc is dat zelfs nu je de waarheid kent, je brein bij het zien van het eerste plaatje weer het veronderstelde beeld oproept. Probeer het maar!

Als je dit concept toepast op je gedachten in het algemeen, merk je dat je de hele dag bezig bent met het doen van aannames. We gaan ervan uit dat een man sterker is dan een vrouw, dat grijs haar staat voor wijsheid, dat rijk succesvol betekent en dat huidskleur, enzovoorts. We doen de hele tijd dit soort aannames.

En in onze moderne sociale kringen vermenigvuldigen die aannames zich en vertekenen ze ons zicht op de werkelijkheid. Dit is een wereld waarin tijgers geen bedreiging meer vormen maar nare collega's, ontrouwe partners en economische crises wel. Onze uitdagingen zijn zo complex dat we ze niet meer in alle details, in hun volledige omvang kunnen begrijpen. En dus vullen we de gaten zelf in en produceren we uitgebreide doorwrochte verhalen die maar ten dele kloppen. Als in je hersenen binnenkomt: 'mijn baas heeft dit kwartaal zijn target niet gehaald' veronderstel je dat ze onder druk staat en dat ze denkt dat jij haar met jouw kwalificaties gaat vervangen. Hierdoor denk je mogelijk dat ze je te grazen wil nemen en veronderstel je, zonder enige reden, dat ze jou zwart wil maken. Conclusie: je ziet je baas als vijand en zo gedraag je je ook.

Als je iets positiever in het leven stond, interpreteer je dezelfde boodschap misschien wel heel anders, namelijk dat het belangrijk is voor het team om dit kwartaal te scoren en je baas er alles aan gaat doen om jou daarbij te helpen. Conclusie: je ziet je baas als bondgenoot en gedraagt je daarnaar.

Het zijn allebei geloofwaardige scenario's maar geen van beide is ontegenzeggelijk waar. Beide zijn reeksen van veronderstellingen die we op feiten moeten checken.

Dit soort situaties gebeuren tientallen keren per dag. Om bij te blijven doet ons brein meer en meer aannames, sneller en sneller, met het resultaat dat de echte feiten achterblijven. En omdat het de prioriteit van je mopperige brein is om jou te beschermen, komen er vaker negatieve verhalen bovendrijven dan positieve. Denk er dus om: die verhalen kloppen niet.

Onthoud!

Een aanname is niets meer dan een in je hersenen gegenereerd verhaal. Het is niet de waarheid.

Voorspellingen

Ons brein produceert aannames om gaten te dichten. En wat is het grootste gat? De toekomst. We weten niet wat gaat komen. De toekomst kan miljoenen kanten op. Niets is zeker, maar vertel dat je hersenen maar eens. Schaamteloos vullen ze de gaten op.

Ons brein kan minstens twee momenten uit het verleden met elkaar verbinden en daar een trend aan ontlenen. Het komt vervolgens met een scenario dat alleen maar gebaseerd is op extrapolatie.

Een voorbeeld. Als de vriend van je beste vriendin vreemd is gegaan en die knappe gast uit die ochtendsoap gaat ook vreemd, telt je brein die twee ervaringen op en ziet meteen een trend: alle mannen gaan vreemd. De lijn wordt doorgetrokken naar je vriend, die jou natuurlijk ook gaat bedriegen. Je voorspellende motor begint een verhaal te construeren. Je herinnert je dat je vriend vorige week hallo zei tegen de buurvrouw die een jaar geleden ook al een keer met hem flirtte. *Wat een bedrieger.* Je voelt al welke kant dit opgaat. Je vindt je voorspelling helemaal correct en voorspelt het einde van het verhaal. Klopt dit? Totaal niet, maar het is in ieder geval een compleet verhaal.

Nu wordt het interessant.

Als je voorspelt dat je vriend je gaat bedriegen ga je je gedragen alsof het al is gebeurd en dan doet hij het misschien ook. En als dat zo is, zeg jij: zie je nou wel, ik zei het toch al, mijn voorspelling komt uit. Maar was het wel een voorspelling? Hoe vaak creëert je angst voor de toekomst de werkelijkheid waar je bang voor bent?

We zullen het nooit weten.

Ik weet alleen dit:

Onthoud!

Voorspellen dat iets gaat gebeuren zorgt er vaak voor dat het zal gebeuren.

We extrapoleren en voorspellen de hele tijd. En met de gedragsverandering die onze voorspelling veroorzaakt, komt die laatste vaak uit. En hoe vaker dit gebeurt, hoe meer we geloven dat onze voorspellingen waar zijn. Je slimme brein biedt voorspellingen niet meer aan als *mogelijke* toekomstscenario's die *kunnen* gebeuren maar als feitelijke waarheid om huidige situaties in te schatten. Alle hoop op geluk gaat hiermee verloren.

Maar hier is een feit:

Onthoud!

Je voorspellingen zijn niets meer dan door je brein gegenereerde mogelijkheden. Ze zijn niet gebeurd en ze zijn niet waar.

Herinneringen

Ons brein vermengt daarna onze waarneming van het nu met herinneringen uit het verleden. Op het werk bijvoorbeeld, gaan we ervan uit dat iets niet gaat werken omdat we het al eens vergeefs hebben geprobeerd. Zulke vooroordelen gaan voorbij aan de omstandigheden bij de vorige poging die misschien totaal zijn veranderd. Een kans die je nu hebt moet je niet laten beïnvloeden door slechte herinneringen uit het verleden, want dan neem je beslissingen die niet gebaseerd zijn op de werkelijkheid.

We doen allemaal aan vermenging. We creëren een beeld van iemand die we voor het eerst ontmoeten, gebaseerd op een herinnering van iemand die erop lijkt. We vermengen onze herinneringen met dingen uit het nu en scheppen zo een groter beeld, gekleurd door het verleden.

Als je een liter water vermengt met een druppeltje inkt, is die vloeistof niet meer puur. Herinneringen zijn net als die druppel inkt. Als je ze mixt met het heden krijg je een rijker en meer herkenbaar verhaal, maar het is niet meer een afspiegeling van de werkelijkheid. En het wordt nog erger.

Als je een onzichtbare, vervuilde stof, een virus bijvoorbeeld, vermengt met een liter water loop je een beperkt risico. Maar als die vervuilde liter in je waterleiding zit, is elke druppel water voor lange tijd besmet. En dat is precies wat we doen als we herinneringen mengen met huidige gebeurtenissen. We zien herinneringen als een archief van het verleden – van wat echt is gebeurd. Maar herinneringen zijn niets meer dan een beschrijving van wat we *denken* dat er is gebeurd. En wat we denken is altijd vervormd door onze blinde vlekken, dus vaak niet waar.

Je vriendin en jij gaan naar een heerlijk restaurant en krijgen ruzie. Je houdt er een slechte herinnering aan over.

Als je er weer heen gaat is je oordeel over het restaurant gekleurd en heb je er geen goed gevoel meer bij. Dit is je verontreinigde liter. Maar nu komt het. Je slaat de nieuwe ervaring – samengesteld uit een huidige werkelijkheid en een verdrietige herinnering – op als een nieuwe droevige herinnering die weer wordt gerecycled in een volgend verhaal. De foutmarge in je waarneming wordt steeds groter naarmate je vaker het verleden met het heden mengt. Je komt terecht in eindeloze cycli van waarnemingen die steeds verder van de waarheid komen te staan.

Laat je waarneming van het heden niet negatief beïnvloeden.

Onthoud!

Je herinneringen zijn niets meer dan een afspiegeling van wat je denkt dat er is gebeurd. Ze zijn vaak niet waar!

Oordelen

Herinneringen blazen de werkelijkheid op met een reeks gebeurtenissen uit het verleden. Oordelen komen ook uit het verleden, maar zijn nog krachtiger. Ze nemen de vorm aan van een label, maar er zit geen specifieke gebeurtenis aan vast. Ons brein oordeelt en beoordeelt alles en maakt er korte codes van door alle context en details weg te laten. Het gebruikt die oordelen om snelle beslissingen te nemen, maar het brein is niet nauwkeurig.

Een man uit het Midden-Oosten met een zwarte baard wordt automatisch gezien als een terrorist. Een grijze, regenachtige dag wordt meteen beoordeeld als ellendig en een bijzondere sportauto krijgt het oordeel supersnel. Dit komt door herhaalde associatie. Als mensen met een bepaald uiterlijk regelmatig op televisie verschijnen en je hoort de nieuwslezer steeds het woord *terrorist* gebruiken, telt je brein gemakshalve een en een bij elkaar op. Hierdoor wordt je brein sneller. Het hoeft niet telkens weer een hele analyse te doen. Het kijkt even in zijn database en gebruikt het oordeel dat al klaar is.

Kijk de volgende keer eens om je heen op een drukke plek. Je zult zien hoe vaak je mensen en dingen in je omgeving beoordeelt. *Ze is klein. Hij is eng. Het is hier te licht. Dat is te duur. Wat een koopje.* Al deze labels plaatsen iets of iemand in een bepaalde categorie – goed of slecht – en ze weerhouden je ervan beter naar de naakte werkelijkheid te kijken.

Oordelen over iets of iemand is heel instinctief, apen doen het ook. Bij een bekend experiment werd een groep apen in een grote kooi gezet. Aan een hoge ladder hing een tros bananen. Een van de apen begon de ladder op te klimmen om ze te gaan halen. Op dat moment spoot een onderzoeker koud water op de aap en daarna ook op de andere apen. De eerste aap liep de ladder af, de andere bleven beneden zitten, op de koude vloer, nat en ongelukkig. Maar al snel kreeg eentje al weer zin in de bananen en begon de ladder op te klimmen. En opnieuw besproeide de onderzoeker alle apen met koud water.

Het duurde niet lang voor de apen wisten waar ze aan toe waren. Als een aap richting de ladder ging, sprongen de andere daarbovenop om een nieuwe koude douche te vermijden. De apen associeerden de ladder met een slechte ervaring en creëerden een label. Zelfs toen het spuiten ophield, bleven ze weg bij de bananen omdat ze dachten: ladder = koud water. Sneu voor de apen.

Oordelen staan verdere analyse in de weg en daardoor

missen we context. Het was logisch dat de apen na de koude douche niet meer klommen, maar toen de context veranderde, leden de apen hierdoor onnodig honger.

We missen zoveel realiteit omdat de context van oordelen afhangt van culturele achtergrond, leeftijdsgroepen en miljoenen andere variabelen. In het Westen bijvoorbeeld wordt een slanke, gebruinde vrouw gezien als rijk en krijgt ook dat label. Deze kenmerken duiden er kennelijk op dat ze tijd heeft aan haar lichaam te werken en in de zon te zitten. In veel Afrikaanse landen hebben rijke vrouwen wulpse lichamen en een lichtere huidskleur. Daar tonen die kenmerken dat ze genoeg te eten hebben en niet hoeven te werken in de zon. Een slanke, bruine vrouw in Afrika zou waarschijnlijk gezien worden als arm.

Alles wat ons afhoudt van de waarheid, houdt ons af van geluk. Als we oordelen doen we de waarheid geweld aan. We beperken ons tot een heel snelle conclusie die niet op waarheid berust. En steeds wanneer we verkeerde input leveren voor onze Geluksformule gaat die mank en worden we ongelukkig. We verliezen ons plezier in het leven omdat we het reduceren tot een handjevol kleuren en namen. Terwijl de wereld zo'n oneindig kleurrijke lappendeken is.

Dit oordelen is voor mij een belangrijk punt, aangezien Ali aan deze blinde vlek de meeste hekel had. In een essay dat hij schreef als motivatie om te worden toegelaten tot de universiteit, vertelde hij over zijn leven als tiener met supercoole dreadlocks en de problemen die hij ondervond als hij tussen het Oosten en Westen reisde. In het Westen werd hij beoordeeld op zijn naam, ras en godsdienst, in het Oosten werd hij beoordeeld op zijn onacceptabele uiterlijk. Hij schreef: 'Hoe komt iemand erachter hoe ik echt ben, als ze niet door mijn dreadlocks en ras heen kunnen kijken?' Toch hebben oordelen hem nooit veranderd. Toen hij veertien was wilde de vader van het meisje op wie hij verliefd was Ali niet in de buurt hebben vanwege zijn oosterse afkomst. Ali – in al zijn oprechtheid – stopte langer dan anderhalf jaar met bellen en sms'en totdat de vader door die oprechtheid inzag hoe hij Ali had veroordeeld. Hij veranderde van mening en liet ze weer hun gang gaan. Ali bleef zichzelf, hoe vaak hij ook veroordeeld werd.

Toen hij ons verliet postte zijn leraar Engels over hem: 'De jongen die gewoon zijn eigen weg ging.'

Ik zie hem vooral als de jongen die mij zoveel waarheden bijbracht, onder meer deze:

Onthoud!

Omdat context ontbreekt, verhullen oordelen vaak de waarheid.

Emoties

Emoties maken ons menselijk, maar als we ze mixen met logica, kunnen ze ons oordeel kleuren. Terwijl onze besluiten meestal gebaseerd zijn op logisch nadenken (idealiter), komen de meeste van onze daden voort uit emoties. We werken hard omdat we ambitieus zijn, een gezin hebben of naar iets verlangen. We kruipen weg uit angst of verlegenheid. Zelfs schijnbaar kille politici en CEO's handelen vanuit emoties van trots, bezorgdheid of angst. We gebruiken altijd emoties omdat ze een cruciaal onderdeel van ons overlevingsmechanisme zijn.

Als de tijger waar onze voorouders zo bang voor waren nu voor je zou staan, zou je meteen in paniek raken. Je brein schiet onmiddellijk in de stressstand, geen onzin nu.

Je normale gedachtegang wordt uitgeschakeld en je hele lijf staat op scherp. Adrenaline overspoelt je lichaam – en dan gebeurt er een wonder. Je springt op, duikt op de tijger en snijdt zijn keel door. Je bent een supermens geworden, dankzij je hevige emoties.

Ons moderne brein weet niet van ophouden, ook al is er in deze tijd geen fysiek gevaar meer. Het blijft bezig en zet emoties in bij denkbeeldige dreigingen. Wij richten onze emoties tegenwoordig op gebeurtenissen waar de holbewoner niets van zou begrijpen. Als je hem zou vragen waar hij zijn inkomen vandaan haalde, zou hij je glazig hebben aangekeken en gezegd hebben: morgen gaan we op jacht. En als er niets te vangen valt? Dan gaan we de dag erna weer. En wat doe je als je oud bent en niet meer kunt jagen? Onze stam gaat op jacht. En hoe gaat het met je pensioen, je verzekering en het studiefonds voor je kinderen? Huh?

Als je onze levensstijl vergelijkt met die van vroeger merk je meteen waarom ons leven zo gestrest is. Het leven was vroeger wel harder maar ook eenvoudiger, omdat de emoties van onze voorvaderen leken op die van de dieren om hen heen. Een antiloop bijvoorbeeld, kan angst ervaren net als wij. Als er een tijger in de buurt is, verandert hij van een rustig in een angstig beest. Zijn hart gaat sneller kloppen en hij begint keihard te rennen. Er ontstaat een wilde achtervolging. De antiloop gaat als een speer, maakt moeilijke bochten en de tijger delft het onderspit. Een paar minuten later is de antiloop in veiligheid en eet hij rustig een bosje gras alsof er niets is gebeurd. De tijger blijft niet dralen nu zijn prooi is ontsnapt. Hij verwijt zichzelf niet dat hij te traag was, of een verkeerde bocht maakte. Hij schaamt zich ook niet tegenover zijn soortgenoten. Als de prooi uit zicht is, gaat de tijger terug naar zijn vaste plek. Hij gaat rustig liggen en laat zich niet van de wijs brengen door de zoemende vliegen om hem heen. Ik vind dit zeer inspirerend.

Wij moderne mensen gedragen ons heel anders. We worden in beslag genomen door een emotie, vaak zelfs meerdere, soms tegenstrijdige emoties tegelijk. Veel van die emoties maken ons ongelukkig. Toch houden we emoties levend, soms wel een leven lang, vaak zonder hun invloed te erkennen.

Zijn we wel zo rationeel als we denken, met die stroom van menselijke emoties? In een van Plato's dialogen beschrijft Phaedrus de ratio als een koetsier die zijn onstuimige paarden in toom houdt. Dit beeld bevestigt de westerse neiging emoties te wantrouwen, de basis van een cultuur die rationaliteit boven alles zet.

We zijn getraind, vooral in professionele relaties, logisch na te denken en ons emotioneel te beheersen, onze emoties niet te tonen. De ironie is dat de emoties de touwtjes in handen hebben. De waarheid die we verbergen is dat we eerst besluiten nemen gebaseerd op emoties en pas daarna de rationele argumenten verzamelen die ons besluit rechtvaardigen. Als jij echt een nieuwe tv wilt, besluit je binnen een paar seconden dat het een koopje is en begin je pas daarna naar argumenten te zoeken die dat ondersteunen. Overtuigd van het goede van de deal, negeer je maar al te graag het minder goede en dus gaat die tv mee naar huis. Het tegenovergestelde is ook waar. Als jij aanhanger bent van een bepaalde politieke partij, vind je de speech van de tegenstander al bij voorbaat waardeloos zonder dat je een woord hebt gehoord. En als je dan naar die speech luistert, doe je niets anders dan bewijzen verzamelen voor jouw vooroordeel.

Als je hierover nadenkt, besef je dat Plato's paarden de leiding hebben. Accepteer deze eenvoudige waarheid en probeer de paarden nu te laten doen wat jij wilt.

Onthoud!

We zijn niet zo rationeel als we denken. Onze perceptie van de waarheid wordt vaak aangetast door irrationele emoties.

Overdrijving

Je zou bijna respect krijgen voor de ongelooflijke vasthoudendheid van je brein en zijn motto: *je kunt niet voorzichtig genoeg zijn.* Alsof de waarheid niet genoeg is ons te overtuigen, overdrijft ons brein ook nog eens om onze aandacht te krijgen.

En overdrijven werkt. Je wordt erdoor gegrepen, net als alle andere soorten hier op aarde. Het is niet moeilijk een laboratoriumrat te leren een vierkant van een rechthoek te onderscheiden. Je hoeft hem alleen maar een stukje kaas te geven als hij de rechthoek uitkiest. De associatie versterkt het gedrag en al snel zal de rat steeds naar de rechthoek gaan. Zodra hij die neiging ontwikkelt, gebeurt er iets dat *peak shift* heet: een voorkeur voor 'overdreven' – langere, dunnere – rechthoeken.

Wat het knaagdiertje heeft leren herkennen is niet een bepaalde rechthoek maar rechthoekigheid zelf: hoe rechthoekiger de vorm, des te meer aandacht die krijgt. De rat reageert het sterkst op de grootste afwijking van de norm.[10] Hierdoor kiest een vrouwelijke pauw een mannetje met een grote staart en krijgen de sterkste mannelijke leeuwen en gorilla's alle vrouwtjes. Peak shifts zijn nog sterker bij meer ontwikkelde soorten. Vrouwen zoeken een man met goede genen en stabiliteit als ze kinderen willen. Ze voelen zich aangetrokken tot mannen die er sterk uitzien, dat wijst op goede genen, maar ook tot mannen met genoeg geld en een succesvolle carrière. Hoe overdrevener, hoe sterker de aantrekkingskracht. Daarom zijn producten die dit uitstralen ook zo populair. Mannen voelen zich instinctief aangetrokken tot vrouwen met overdreven lichaamskenmerken, want die wijzen op vruchtbaarheid. Plastische chirurgie is niet voor niets zo populair.

Toch zijn geen van deze overdrijvingen echte kenmerken. Ze leiden vaak tot een overdreven beeld en hebben meestal niets te maken met echte rijkdom of vruchtbaarheid. De overdrijving misleidt ons, maar nog belangrijker: als iets negatiefs wordt uitvergroot begint onze lijdensweg.

Als een negatieve gebeurtenis wordt overdreven, maken wij ons zorgen hoewel er statistisch gezien geen enkele reden voor is. We houden ons mentaal bezig met vliegtuigongelukken, aanvallen van haaien of aanslagen, terwijl dagelijkse ongelukken in onze omgeving veel gevaarlijker zijn en ongezien blijven. Nobelprijswinnaar Daniel Kahneman noemt dit 'beschikbaarheidsheuristiek': als je denkt aan een incident met een bewezen risico, overdrijft je brein de kans dat dit ook echt gebeurt. 'Op een of andere manier wordt de kans op een ongeluk groter (in je hoofd) als je een over de kop geslagen auto langs de kant van de weg ziet liggen,' aldus Kahneman.[11]

Aan de andere kant negeren we gebeurtenissen die niet overdreven worden, ondanks hun omvang. Professor Slovic, professor psychologie aan de Universiteit van Oregon zegt: 'Op 9/11 overleden 3000 mensen op één dag. Bij de genocide in Rwanda in 1994 kwamen 800.000 mensen om in 100 dagen. Dat is 8000 mensen per dag, gedurende 100 dagen. De wereld reageerde nauwelijks.'[12]

Als ons brein overdreven standpunten formuleert in ons hoofd gebruikt het peak shifts en beschikbaarheidsheuristiek om onze aandacht te krijgen. Ons brein houdt ons bij de les maar we betalen er uiteindelijk wel de prijs voor: we lijden eronder. We lezen te veel in wat onze vrienden zeggen, we overdrijven het gevaar als we onze baan verliezen, en we vergroten elke angst uit. Elke vorm van overdrijving blaast onze verwachtingen op en verhoogt onze ontevredenheid, hoe fijn het leven ook eigenlijk is. Een overdreven kijk maakt je ongelukkig en is niet eens op waarheid gebaseerd. Overdrijving voegt lagen fictie toe aan de realiteit, en dat is een leugen.

Onthoud!

Wat meer is dan de waarheid, is minder waar.

Slotopmerkingen

In het strafrecht is iemand onschuldig tot zijn schuld is bewezen. Maar dat is niet het geval met ons brein. In het 'breinrecht' is je brein schuldig tot zijn onschuld wordt bewezen.

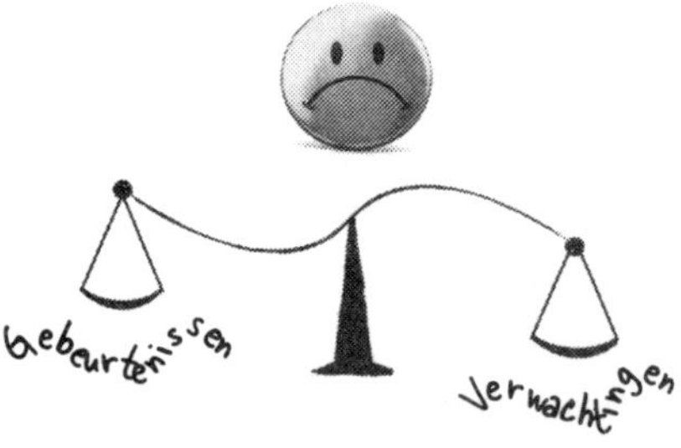

Het leven gezien door de lens van onze blinde vlekken

Shawn Achor, Harvard-professor in de psychologie, zegt: 'Het is niet de werkelijkheid die ons vormt maar de lens waardoor je brein de wereld bekijkt. Als ik alles weet over je omgeving, kan ik maar tien procent van je langetermijngeluk voorspellen. Negentig procent wordt voorspeld door de manier waarop jouw brein de wereld ervaart.'[13]

De clash tussen gebeurtenissen en verwachtingen in je Geluksformule komt meestal doordat je gedachten worden gevoed met verkeerde informatie. De gebeurtenissen zijn vertekend en je verwachtingen opgeblazen. De vergelijking klopt van geen kanten, twee negatieven leiden nooit tot iets positiefs, sterker nog, ze maken er een puinhoop van. Klaar met dit onnodig lijden!

Leer je brein de waarheid te vertellen, de gehele waarheid en niets dan de waarheid.

De code van je brein debuggen

Ons brein is net een softwareprogramma. Als het programma besmet is, blijft het maar op halve kracht draaien. Het moeilijke bij programmeren is het virus te detecteren. Als dat lukt is het probleem vrij makkelijk op te lossen. Dat geldt ook voor je brein.

Filteren is een makkelijk te herkennen bug als je onthoudt dat je waarneming nooit compleet is. Er valt altijd meer te ontdekken. Als je merkt dat je brein een reeks ingewikkelde gebeurtenissen in een korte zin samenvat of een gedachte steeds laat terugkomen, vraag dan: ‘Welk deel van het verhaal filter je er nu uit, hoofd? Is er nog meer dat ik moet weten voordat ik beslis?’ Je brein is maar een stuk gereedschap. Als je iets vraagt, krijg je antwoord. Het zal zeggen: ‘O sorry, vergeten te melden.’ Vraag het nog eens, dan komt de waarheid voor een groot deel wel boven.

Als je de naakte waarheid wilt zien zonder aannames, moet je informatie ontleden met je zintuigen. Als je iets niet hebt waargenomen, is de informatie verzonnen. Een makkelijke manier om aannames te spotten is te begrijpen dat ware gebeurtenissen worden beschreven met werkwoorden als *ik zag, ik hoorde, mij is verteld, ik merkte,* terwijl verzonnen verhalen vaak deze werkwoorden bevatten: *ik denk, ik voel, ik veronderstel, ik geloof* en zelfs, *ik weet zeker.*

Deze talige waakzaamheid helpt je ook herinneringsvirussen te scannen. Die zitten altijd in de verleden tijd in je hoofd. Gedachten als *zo was het vroeger* en *ik kende hem toen* en *dat waren nog eens tijden* zijn voorbeelden van gedachten uit het verleden.

Voorspellingen zijn verbonden met toekomstige tijden. Ze zijn dus op niets gebaseerd. Als iets nog niet is gebeurd, is het slechts een vooruitblik, hoe sterk je ook gelooft dat het gaat gebeuren.

Oordelen zijn vaak korte, snelle maar zelfverzekerde uitspraken: *hij is gek* of *wat een bende hier.* Ze kunnen ook uit een woord bestaan: *knap, eng, maf* en miljoenen andere lovende of afkeurende woorden. Ze lijken een ingewikkeld onderwerp samen te vatten in een woord, om iets snel te beslissen. Als je ze tegenkomt, kijk er dan kritisch naar en verwijder het oordeel.

Het weglaten van alle emoties uit je gedachten is ondoenlijk en ook niet slim. Maar bij het luisteren naar het gesprek in je hoofd moet je wel letten op de emoties die je blik kunnen vertroebelen. Werkwoorden als *ik voel, ik hou van* en *ik haat* of zinnetjes als *ze is niet te harden, hij is vreselijk* en *hij is heel irritant* zijn allemaal emotioneel getint.

Overdreven gedachten zijn vaak nogal generaliserend: *enorm, minuscuul, nooit, altijd* etc. Als je deze woorden hoort, let dan goed op. Je brein blaast de boel hier flink op.

Onthoud dat de waarheid, ongehinderd door blinde vlekken, nogal droog overkomt. 'Ze is een ontzettend lekker wijf' wordt dan 'Ze heeft symmetrische kenmerken, grote blauwe ogen, lang haar en een mooie huid'. Het klinkt niet echt als een spontaan compliment maar de ultieme Geluksformule komt wel steeds dichterbij.

Door het één voor één wegwerken van de blinde vlekken kun je grote vooruitgang boeken. Maar onthoud, we hebben deze kenmerken al eeuwen dus ze gaan echt niet zo snel weg. Net als mijn oude auto het ene mechanische probleem na het andere had, wordt ons brein altijd beïnvloed door een of andere blinde vlek. Toen mijn auto elke week panne had, hoopte ik op een magische fix waardoor alles in één keer goed zou komen. Dat was onmogelijk maar het is wel mogelijk bij onze hersenen.

Samengevat in een simpele vraag: Is het waar?

Is het waar?

In haar boek *Loving What Is,* stelt Byron Katie zich bovenstaande vraag, als basis voor haar model. Katie ontwikkelde een methode van zelfonderzoek die ze *The Work* noemt, een systeem waarbij we onzinverhalen weggooien en die vervangen door ware verhalen (*what is*).

Laten we beginnen met een simpel voorbeeld:

Mijn puberdochter wordt nog eens mijn dood.

Is dat waar? Ga je er echt dood aan?

Nou, je weet wel wat ik bedoel. Ze is onmogelijk om mee te leven.

Is dat waar? Hoe kan het onmogelijk zijn als je tot op dit moment met haar hebt geleefd?

Ik bedoel gewoon dat ze altijd onbeleefd is.

Is dat waar? Altijd? Elke minuut van de dag?

Nee niet altijd, maar ze moet sowieso niet zo brutaal doen.

Is dat waar? Zijn pubers niet allemaal weleens brutaal? Onder welke steen heb jij gewoond?

Blijf jezelf constant vragen: is dit waar en je komt erachter hoe belachelijk de uitspraken van ons brein zijn. Blijf ermee doorgaan totdat je een beschrijving hebt die feitelijk is, een verhaal gebaseerd op de waarheid: *mijn dochters gedrag wijst erop dat ze een beetje geïrriteerd is.* Dat is helemaal waar.

Oefen deze techniek zo vaak je kunt. Ik weet zeker dat je brein oneindig veel oefenmateriaal voor je heeft.

De waarheden

Meestal is het enige wat mis is met ons leven de manier waarop we erover denken. Als je de wereld ziet voor wat die is kun je de Geluksformule oplossen. En hoe vaker je dat doet, des te meer zal je zien dat je leven aan je verwachtingen voldoet, als je doelen maar realistisch zijn. Op een gegeven moment kom je dan bij de vraag: als dat zo is, waarom besteden we dan aandacht aan de Geluksformule? Dat is een *fantastische* vraag.

Die we gaan beantwoorden bij 5

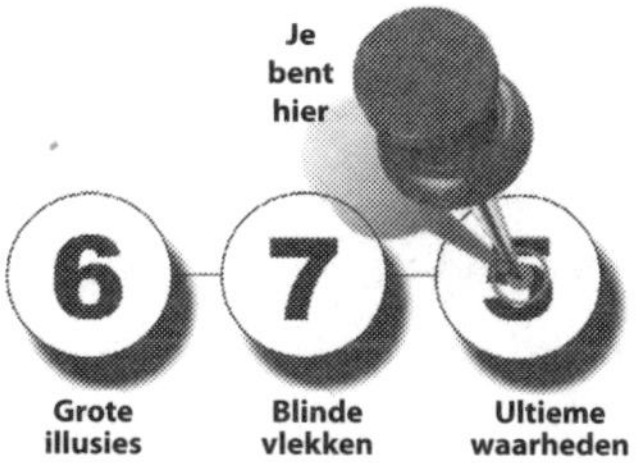

Deel 4

5 Ultieme waarheden moet je kennen om te beseffen dat het leven zich altijd gedraagt zoals verwacht. Die waarheden heb je nodig om de Geluksformule op te lossen. Ook heel zware en moeilijke gebeurtenissen voldoen aan de verwachtingen van een wijs iemand die weet hoe het leven echt is en niet hoe die zou willen dat het leven is. Al die onverwachte wendingen in het leven doen je niets meer omdat je ze verwacht en precies weet hoe je ermee om moet gaan. Als je vast blijft houden aan de waarheid, stijg je boven je gedachten uit en bereik je een staat van rust, waar geluk verzekerd is. Je stijgt uit boven een door externe gebeurtenissen bepaalde, voorwaardelijke staat van geluk, om te belanden in een staat van permanent diep geluk

Voordat ik met jou de door mij benoemde waarheid durf te bespreken, wil ik even een paar dingen kwijt.

De waarheid geeft je vrijheid. Ik weet dat dit een cliché is, maar het is waar. Verlies, gebrek en pijn, liefde, groei en inspiratie – ze maken allemaal deel uit van het leven. Hoewel ze verschijnen als je ze het minst verwacht, is het moeilijk om je een leven zonder voor te stellen.

Toen Ali ons verliet, werd het verlies van een dierbare een centraal thema in mijn leven. Mijn vrienden deelden hun eigen verhalen over verlies met mij. Sommige van die verhalen waren erger dan dat van mij. Het verbaasde mij hoeveel mensen iets vreselijks hebben meegemaakt en toch gewoon doorleven zonder dat hun pijn opvalt. Ik begon me af te vragen of er überhaupt mensen waren die nog nooit iets tragisch hebben beleefd. Er zijn inmiddels honderden graven rondom dat van Ali gegraven en het gaat maar door. Ik zie de mensen die de graven bezoeken, vrienden en familie van de overledene. En er zit een patroon in. Na het chaotische, emotionele begin volgen er maanden van rouw. Bezoekers huilen en zijn verdrietig. Ze komen vaak en blijven lang. Ik zat een keer bij Ali's graf toen een van hen naar me glimlachte. Zoiets gebeurt meestal na een paar maanden. Mensen praten soms tegen de overledenen en zeggen dat ze hem of haar missen. De bezoekjes worden steeds minder. Op sommige plekken wordt het rustig, terwijl er steeds nieuwe graven bijkomen. Ik ging me afvragen of de dood ook niet bij onze verwachtingen hoort. De dood is niet welkom, hij is indringend, pijnlijk en hij komt ongelegen, maar zeker niet onverwacht. Dood is heel echt. En dus te verwachten.

Dat geldt voor elke waarheid. We willen er niet aan, maar worden erdoor overdonderd. We leven in het verleden en maken ons zorgen over de toekomst, maar we kunnen alleen invloed hebben op het *nu*. We proberen de controle te behouden en ons leven voorspelbaar te maken, maar uiteindelijk nemen zwarte zwanen en vlinders het over omdat *verandering* echt is. We sputteren tegen en willen er niet aan maar het heeft geen zin:

Onthoud!

Elke waarheid gebeurt precies zoals verwacht, zelfs als je die totaal niet verwachtte.

En dat is maar goed ook want zo heb je de meeste kans de Geluksformule op te lossen.

Ik zou Ali's dood nooit overleefd hebben als ik niet een levensstijl had ontwikkeld die gebaseerd is op het accepteren van de dood. Dit is makkelijker gezegd dan gedaan, geef ik toe. En net als een goede boogschutter moet je niet alleen je doel *zien*, maar – nog belangrijker – het moet *het enige* zijn dat je ziet. Je doel is de waarheid. Maar denk aan Gloria Steinems wijze woorden:

Onthoud!

De waarheid geeft je vrijheid, maar eerst zal ze je kwaad maken.

We zijn nu al zo ver gekomen in dit boek, ik hoop dat we nog vrienden zijn en ik wil graag dat dat zo blijft. Dus hier komt mijn disclaimer over wat ik *beweer* dat de vijf ultieme waarheden zijn: beweren dat iets de waarheid is, laat staan de ultieme waarheid, staat haaks op de Kennisillusie. Niets is ontegenzeggelijk waar. Dit zijn *mijn* vijf waarheden. Ze hielpen *mij* diep geluk te vinden en het verlies van Ali te overleven. Elke gebeurtenis in *mijn* leven, hoe zwaar of hoe fijn ook, bekeken door de waarheidslens, was te verwachten. Gebeurtenissen voldeden aan mijn verwachtingen, hoewel een aantal me echt niet in de koude kleren ging zitten, en mijn Geluksformule is daardoor voor altijd kloppend gemaakt.

Ik denk dat je het eens zult zijn met een deel van mijn waarheid. *Nu, verandering,* en *dood* zijn echt. De andere twee, *liefde* en *het grote ontwerp*, zijn misschien controversieel. Zoals zovelen, had ik in het begin niets met de laatste twee waarheden, maar opeens vond ik antwoorden in de logica en de wiskunde waardoor ik van mening veranderde. Ik hoop dat je mijn logica volgt en openstaat voor een alternatief standpunt. Als je het nog steeds niet met me eens bent is dat prima. Je kunt op zoek gaan naar je eigen waarheden. Het maakt niet uit wat je vindt zolang je maar wegwijzers hebt voor jouw eigen pad richting diep geluk.

De waarheid is *altijd* maar een fractie van een lange reeks mogelijkheden in het leven. De rest bestaat uit illusies. Daarom is de waarheid ook zo moeilijk te achterhalen. Maar hier is een makkelijke test: als een bepaald idee voor jou een lijdensweg betekent, moet je je misschien afvragen of het wel echt is. We zijn hier niet om te lijden maar, zoals Ariana Huffington (van *The Huffington Post*) zei: 'om net zolang te worden bewerkt en geschuurd tot overblijft wie we werkelijk zijn'.[1]

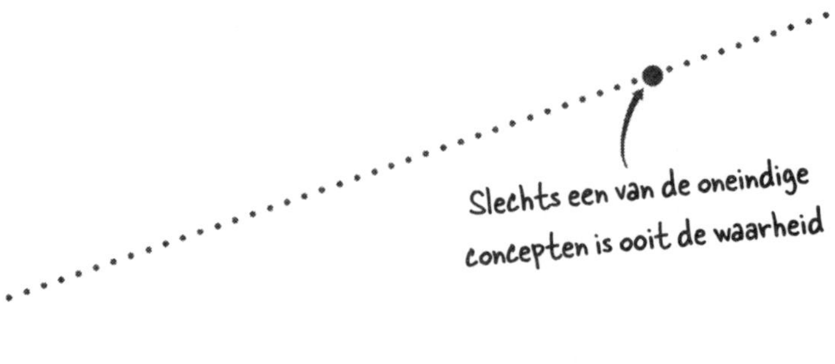

Soms zijn illusies makkelijk te herkennen, hetzelfde geldt voor waarheden. Maar er is ook een groot schaduwgebied. Dan moet je een cruciale keuze maken en de gouden regel voor geluk toepassen: kies ervoor te geloven in wat je gelukkig maakt. Want dat ligt het dichtst bij de waarheid. Als ik het moeilijk vind een bewijs te vinden voor of tegen een bepaald iets, kies ik altijd wat me gelukkig maakt. Kiezen voor wat me ongelukkig maakt terwijl er geen bewijs is voor de waarheid is gewoon niet zo slim.

Onthoud!

Als niets zeker is – en dat is bijna altijd het geval – kies voor geluk.

Dit wordt onze basisregel als we straks komen bij omstreden waarheden. Laten we beginnen met een waarheid die vaststaat: nu is echt.

HOOFDSTUK 10

Hier en nu

Het hele leven is hier en nu. Waarom leven we dan vooral in het daar en toen? Waarom leven we in ons hoofd buiten het huidige moment? Waarom gaan we volledig op in de Gedachte-illusie en zijn we ongevoelig voor de schoonheid om ons heen? Waarom doen we onszelf pijn, door niet in het nu te leven? Antwoord: omdat we zo getraind zijn.

Matt Killingsworth van trackyourhappiness.org deed een onderzoek met meer dan vijftienduizend deelnemers. Zij noteerden gedetailleerd hoe ze zich voelden bij alles wat ze deden. Er kwamen 650.000 verslagen uit, met een belangrijke uitkomst: los van wat ze deden, waren de deelnemers duidelijk gelukkiger als ze helemaal in het nu zaten. Het maakte niet eens uit waar ze aan dachten. Het maakte niet uit of ze een fijne, neutrale of vervelende gedachte hadden. Als ze het nu verlieten, werden ze minder gelukkig. Punt.[1]

Matt legt uit: 'Als afdwalende gedachten zouden werken als een fruitautomaat, zou je steeds de kans hebben 50, 20 of 1 euro te verliezen.' Je verliest dus met je afdwalende gedachten, of die nu fijn, neutraal of naar zijn. Je kunt beter helemaal niet spelen.

Onthoud!

Je hebt meer kans op geluk als je je volledig bewust bent van het huidige moment.

Wat is bewustzijn?

Door ons bewustzijn – een gevoel van kennis en waarneming van een situatie – kunnen we op elk willekeurig moment de wereld bevatten. Wat we daarvoor nodig hebben is aanwezigheid – de staat van bestaan en aandachtig zijn.

Stel dat ik een praatje houd over geluk. Als jij hierbij niet 'fysiek aanwezig' bent en niet kunt horen wat ik zeg, zal je je niet 'bewust zijn' waarover ik het heb. (Ik kom hier later nog op terug, dus slik het nog maar even niet voor zoete koek.)

Fysieke aanwezigheid alleen is echter niet genoeg. Je zou er verveeld bij kunnen zitten. Het geluid zou bij je binnenkomen maar je zou je niet *bewust* zijn van wat ik besprak. Als je er niet bewust bij bent is er alleen *ontvangst* zonder bewustzijn – tegenwoordig een maar al te bekend verschijnsel.

Soms duiken we daar nog onder en belanden we in een

staat van *afwijzing*. Als je oordoppen in had gehad tijdens mijn saaie praatje zouden de geluidsgolven nog steeds je oor proberen binnen te gaan, maar je laat de geluiden niet toe.

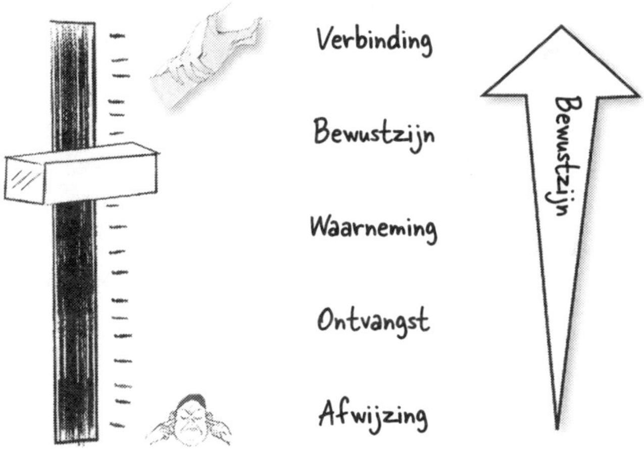

Je bewustzijn gaat werken als je oplet, als je geïnteresseerd bent in wat er gebeurt. Je raakt betrokken en herkent de geluiden als woorden en concepten. Dit is *waarneming*.

Hoe meer je probeert je ergens van bewust te zijn, des te beter je oplet en des te meer je waarneemt. Als het onderwerp je enorm interesseert en iemand in de zaal achter je staat op om een vraag te stellen, draai je je om en spits je je oren zodat je de vraag kan horen. Je wilt niets missen. Dit is *bewustzijn*: *wanneer je volledig opgaat in het moment*, je volledig bewust bent van wat er aan de hand is.

Voor mij is dit het stadium waarin ik me springlevend voel.

Soms ga je zo op in het moment dat je signalen opvangt die niemand anders voelt. Je zou aan de gelaatsuitdrukking en de lichaamstaal van de vrouw naast je kunnen aflezen dat ze het niet eens is met de spreker. Je bent je hyperbewust van alles om je heen en je verrast ook jezelf met hoeveel je opvangt. Dit is wat ik noem *verbinding.*

Onthoud!

Bewustzijn heeft geen aan- en uitknop. Het is een dimmer. Als je hem hoger zet, word je bewuster.

Je bewust blijven is voor sommigen lastig, zeker in een wereld die zoveel afleiding kent. Je zou jezelf deze vraag kunnen stellen: wat zijn de dingen die ik kan doen om me ergens volledig van bewust te zijn? Denk maar even na. Niet valsspelen en stiekem naar de antwoorden hieronder bekijken ☺.
We gaan antwoorden vergelijken.

In het vak hieronder heb ik een voorzetje gegeven. Ja sorry, het was een strikvraag.

De verbinding maken

Weet je nog die Full Awareness Test uit hoofdstuk 6 waarbij je je ogen dichtdoet, die vervolgens weer opent en alles opneemt wat je in de kamer ziet? Weet je nog hoeveel dat was, in korte tijd? Moest je er iets voor doen om alles om je heen te zien? Kwam er *doen* bij kijken? Nee, helemaal niet. Het moment dat je je ogen opent en je bewust wilt zijn, ben je dat ook. Je bewustzijn is altijd klaar om te ontvangen, maar dat kun je natuurlijk uit de weg gaan.

Je hebt misschien een hekel aan een spreker. Die emotie neemt je in beslag en daarmee verdwijnt je bewustzijn. Je begint kleine hartjes te tekenen, je focust je daarop, of je laat je gedachten afdwalen naar een andere plaats en tijd. Doen betekent dat je niet meer oplet. Als je stopt met doen, keer je terug naar je standaardinstelling: zijn. En als je bezig bent met zijn, ben je volledig bewust bezig.

De Full Awareness Test geeft je twee seconden *te stoppen met doen*. Langer heb je niet nodig om je volledig bewust te worden en je ware zelf te vinden.

Heel belangrijk!

Je hoeft niets te doen om je ergens bewust van te zijn. Het is je standaardinstelling. Om er te komen moet je stoppen met doen!

Maar het leven vraagt van ons dat we de staat van zijn afwisselen met de staat van doen. Sommigen van ons zijn meer in de ene staat dan in de andere. De meeste mensen *doen* meer dan ze *zijn*. Dat wordt tegenwoordig van ons verwacht. We worden elke morgen wakker en razen door een leven dat totaal gericht is op doen. Deze snelle, veeleisende levensstijl staat haaks op onze menselijke aard.

Het is als leven onder water met zware schoenen aan. Alles om je heen is wazig, onbekend en zwaar. Het is moeilijk op een natuurlijke manier te bewegen of te functioneren. Je voelt je vermoeid terwijl je vecht tegen de kracht van het water. Je voelt de onderwaterdruk en je komt adem tekort. Je ogen branden door het zoute water, maar je probeert de weg te vinden terwijl je uitgeput en niet jezelf bent. Dit klinkt misschien hard, maar het lijkt op het leven in een onbewuste toestand.

Klinkt dit bekend? Voor mij wel.

Al dat doen en denken laat tegenwoordig geen ruimte meer voor bewustzijn. Als je al het lawaai weglaat, word je aanweziger, besteed je aandacht en begin je te ontvangen. Je kunt geen glas vullen dat al vol is. Je moet het schrale water weggooien en er fris water in doen. Je *doet* niet aan bewustwording, je *bent* bewustwording.

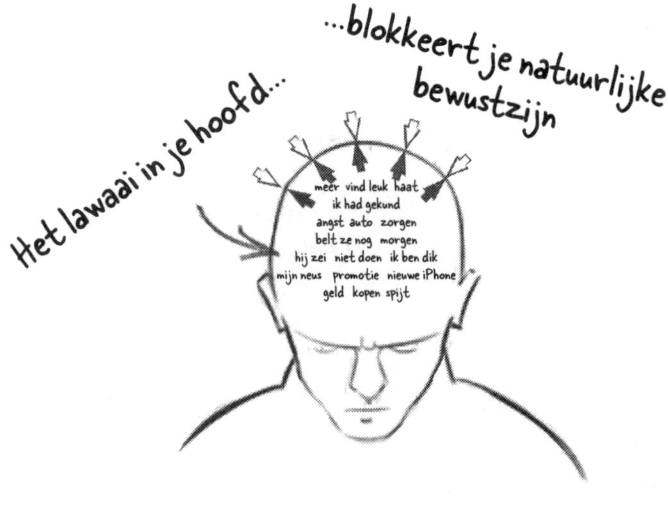

Onthoud!

Stop met doen en wees gewoon.

Terwijl je aan het doen bent, kom je er gek genoeg achter dat doen niet de enige manier is om vooruitgang en succes te boeken. Soms ga je vooruit door gewoon te zijn – een concept dat haaks staat op de westerse cultuur.

無為 In het taoïsme heet dit concept *wu wei*, wat vertaald betekent: doen door niet te doen. Taoïsten gebruiken hierbij graag een agrarische metafoor. Als je van plan bent een plant te kweken, doe wat je moet doen. Geef hem water, zonlicht en mest. Daarna begint het *niet doen* en laat je de plant met rust om hem te laten groeien. Als de plant eenmaal groeit, kan meer doen alleen maar schade aanrichten. De wijze boer weet dat je het beste resultaat bereikt door niets te doen. Niets doen is het beste wat je kunt doen.

Onthoud!

Het resultaat van bewustzijn is positief, vooral als er niets te doen valt.

De reikwijdte van je bewustzijn

Veel meditatietechnieken benoemen vier hoeken waarbinnen het bewustzijn zich afspeelt. Richt je aandacht op een van die hoeken en je komt een eindeloos spectrum aan onderwerpen tegen waar je je bewust van kunt worden.

Deze vier hoeken zijn:

De buitenwereld. Je kunt via je zintuigen de wereld om je heen beleven. Je bewust worden van zicht, geluid, geur, smaak en aanraking.

Binnen in je lichaam. Door je aandacht naar binnen te richten kun je je bewust worden van je eigen lichaam. Van je pijn, je prikkelingen, je adem, je hartslag en ga zo maar door. Let op de verschillende delen van je lichaam en voel dat ze leven.

Je gedachten en emoties. Als je je bewust genoeg bent kun je het gesprek en het drama observeren. Je kunt aandacht geven aan de gedachten en emoties die door je heen vloeien en ze daarna weer laten gaan.

Je verbinding met het overige zijn. Op het hoogste niveau van puur bewustzijn laat je de verbinding binnen die je hebt met de rest van het zijn: je liefde voor de zee, je interesse in vlinders en de compassie die je hebt met arme mensen. Deze verbindingen zijn geen zintuigelijke waarnemingen van de buitenwereld, het zijn geen gevoelens van je eigen lichaam en het zijn ook geen emoties. Het zijn pure verbindingen waardoor je voelt dat je deel uitmaakt van iets groters dan alleen jouw persoonlijke ervaring van de wereld.

Probeer het zelf eens. Onderzoek de uiterste hoeken van je bewustzijn. Het is waarvoor je bedoeld bent.

Hoe te zijn

De moderne mens vindt het moeilijk om gewoon te *zijn*. We worden constant getraind te *doen*. Ons brein vliegt alle kanten op. Ons drukke leventje laat ons niet gewoon aanwezig zijn. Er bestaat veel literatuur over het onderwerp, maar ik vond het altijd moeilijk daar tijd voor vrij te maken. Ik kreeg geweldige mystieke tips, ingesproken met een dromerige stem, met tussendoor lange pauzes en in woorden die ik nooit eerder had gehoord. Maar ik had ook gewone, tastbare hulpmiddelen nodig die ik mee kon nemen naar mijn werk of op reis, waar geen meditatie bij kwam kijken. Zo ontstond mijn eigen lijst met praktische tips en technieken waar ik baat bij had en die jou hopelijk kunnen helpen om meer bewustzijn te ontwikkelen, naast je dagelijkse beslommeringen. Deze tips helpen je te stoppen met doen en je hoofd op te ruimen.

Wees superbewust!

Het begint allemaal met prioriteit geven aan je bewustzijn. Zoek uit wat er vanbinnen bij je zit en wat er om je heen gebeurt. Wees nieuwsgierig. Ga op ontdekkingsreis. Wees fanatiek.

Weet je nog de *Selective Awareness Test* waarbij mensen de gorilla niet zagen omdat ze naar basketballende mensen keken? Gebruik je hersenen om te focussen. Zorg dat je brein elke morgen openstaat voor nieuwe ervaringen. Kijk morgen bijvoorbeeld eens hoeveel verschillende bomen je tegenkomt. Kijk de rest van de week hoelang je erover doet naar je werk, neem verschillende routes. Let op hoe je met andere mensen omgaat. Kijk of je je baas anders behandelt dan de mensen die je onder je hebt. Let eens op hoeveel water je drinkt per dag of op je houding als je zit. Het maakt niet uit waar je aandacht naar uitgaat, zorg ervoor dat je alert bent. Als je weer thuis bent, probeer je zoveel mogelijk te herinneren van je dag. Als je een deel kwijt bent, blijf proberen dat deel terug te halen.

Begin een *positieve-dingen-logboek*. Blijf alert en zoek naar de goede dingen in het leven. Schrijf ze op. Als je ernaar op zoek gaat kom je ze overal en altijd tegen. Je dag wordt er mooier en positiever van.

Als je denkt dat je het een beetje doorkrijgt, let dan ook op de momenten dat je niet met bewustzijn bezig bent (want van die momenten zou je je ook bewust moeten zijn). Let op wanneer je gedachten zich niet meer in het nu afspelen. Je hoeft er niets tegen te doen, als je het maar herkent: 'Ai, ik was er even niet helemaal bij.' En daardoor ben je weer terug in het nu.

Onthoud!

Je krijgt de zwarte band van aanwezigheid als je doorhebt dat je niet bewust bent.

Verminder de afleiding

Het is een lastige taak bewust te blijven in onze moderne wereld, omdat we onszelf die ruimte niet geven. We zijn altijd in de weer met Facebook, smartphones, e-mail en allerlei andere technologische snufjes. Je moet maar eens opletten hoeveel mensen om je heen alleen maar naar dat kleine schermpje zitten te staren. We hebben het altijd druk en werken elke dag een ellenlange to-dolijst af. Als we even tijd over hebben pakken we onze smartphone en checken we berichtjes, video's en foto's. Als we naar huis rijden doen we de radio aan en als we thuis komen gaat de tv aan, of we zijn online tot we gaan slapen. Dagen gaan voorbij zonder ook maar een minuut stilte. Sta op en pak je leven terug.

Zorg voor minder afleiding. Houd je telefoon in je zak als je even tijd over hebt. Zet de radio uit als je naar huis rijdt en neem thuis de tijd om helemaal niets te doen in plaats van tv te kijken.

Ruim tijd voor jezelf in, korte momenten om even alleen te zijn. Houd je aan die afspraken. Ondanks mijn drukke leven lukt het me altijd wat tijd voor mezelf vrij te maken en mijn andere afspraken passen daar prima omheen.

Zet je computer uit in het weekend. En als je internet gebruikt, focus dan alleen op wat je nodig hebt. Besteed 's ochtends en 's avonds hooguit tien minuten aan sociale media. Maak ruimte om volledig aanwezig te zijn.

Onthoud! **Minder is meer.**

Stop

Ja, je leest het goed: stop gewoon. Stop met wat je doet als je merkt dat de drukke dag weer met je aan de haal gaat. Blijf weg van die stress totdat je tien dingen om je heen hebt geobserveerd, een voor elke vinger. Ik zie een boom, een dikke kat, ik voel een briesje, de pijn in mijn linkerschouder en hoor het gebrom van de waterkoeler achter me. Tel tot tien, haal diep adem en ga weer aan het werk.

Maak een totem

In *Inception,* mijn favoriete film, raken de echte wereld en de droomwereld met elkaar verstrengeld. De dromers gebruiken een totem om onderscheid te maken tussen de droomwereld en de wakkere wereld. Dat kun jij ook doen. Draag altijd iets bij je dat je eraan herinnert bewust in het moment te zijn. Neem iets ongewoons, dat steeds opvalt als je het ziet. Een steentje met een rare kleur, een stukje hout of een tol. Iets dat je zegt: en nu even stil zijn. Leer met je totem leven. Ik draag gebedskralen. Als ik die pak, maak ik voor elk van de drieëndertig kralen een observatie. Ik zie een bloem, dat is één. De geur van koffie, nummer twee. Ik zie ze niet alleen, ik bewonder ze ook. Ik heb oog voor hun schoonheid. Ik denk na over hoe ze zijn ontstaan en wat hun levensverhaal is. Ik zie een vlieg dan ook niet als zomaar een vlieg. Ik kijk naar het waanzinnig complexe ontwerp waardoor het minibeestje zo foutloos kan bewegen. Ik ga er helemaal in op en kom los van mijn gedachten. Ik word volledig bewust.

Je kunt ook een digitale totem nemen. Gebruik je telefoon als wekker, stel een paar stiltemomenten per dag in. Zorg dat er geen dag voorbijgaat zonder.

Bewaar je totem op een plek die je meerdere malen per dag voelt of ziet. Ik hou mijn kralen in mijn broekzak en steeds als ik ze aanraak denk ik:

Heel belangrijk!

Het is tijd voor mijn bewustzijnspauze.

Tijdloze tijd

Gun jezelf de luxe van een tijdloze ervaring, ten minste één keer per week. Ik bedoel tijdloos hier letterlijk. Ga aan het eind van de dag naar een plek waar je geen tijd kunt zien, geen klok kunt kijken. Ga naar de kust, naar het bos, of zoek een rustige kamer op. Zorg dat je geen contact met tijd hebt, geen klok of horloge, geen telefoon, niets. Het zal in het begin wat vreemd voelen. Je gaat aan heel veel dingen tegelijk denken en je zorgen maken over van alles en nog wat. Hou vol. Na een tijdje geeft je brein zich over en word je heel blij. Je voelt dat alles stil wordt en dat de uren ongemerkt aan je voorbijgaan. Maak je geen zorgen over die grijns op je gezicht. Dat is een goed teken.

Heel belangrijk!

Je bent volledig aanwezig als je de tijd loslaat.

Wat je ook doet, doe het goed

Bewustzijn is een staat van zijn, onthoud dat. Maar we houden het niet de hele dag vol. Het ene moment doen we, het andere zijn we, zodat we productieve burgers kunnen blijven. Soms raak je afgeleid omdat iets te makkelijk voor je is en verschuift je aandacht van de echte wereld naar het binnenste van je hoofd. Je kunt dan nog steeds volledig aanwezig zijn, als je je focust op het doen en niet op het eindresultaat. De truc is om alles zo goed mogelijk te doen. Doe bij alles wat je doet, hoe klein ook, je uiterste best, doe altijd alsof het de eerste keer is. Doe het beter dan de vorige keer en wees trots op wat je goed doet.

Dat geldt niet alleen voor je werk maar voor alles: van de afwas tot aan de tijd die je met je gezin doorbrengt. Probeer het op weg naar je werk. Maak er een feest van en wees aanwezig. Wat kunnen jou die files schelen. Kijk om je heen, luister naar een audioboek of ga het gesprek aan met een vriend. Doe iets waardevols met je reistijd.

Onthoud!

Wees je bewust van de reis, hier speelt het leven zich af.

Hier nog een laatste tip: doe één ding tegelijk. Kijk geen tv als je eet. Praat niet met je dochter terwijl je je e-mail checkt. Multitasking is een mythe. Wees volledig aanwezig.

Onthoud!

Wat je ook doet, geef het je onverdeelde aandacht.

Hoe meer tips je gebruikt – deze of andere – hoe sneller je die vredige staat van zijn bereikt. En hoe vaker je je afvraagt waarom je altijd hebt toegelaten dat je gedachten afdwalen. Dus neem het ervan en geniet van elke levenservaring. Probeer niets te missen.

Onthoud!

Leef je leven in het hier en nu, niet binnen in je hoofd.

HOOFDSTUK 11

De pendule

Verandering is echt. Het enige wat je nauwkeurig kunt voorspellen is dat alles morgen anders zal zijn. Krantenkoppen bestaan alleen uit zwarte zwanen: 'Eiland getroffen door aardbeving' of 'Duizenden mensen komen om bij oorlog', maar ze missen de miljarden subtiele veranderingen die deze grote gebeurtenissen veroorzaken: de vlindereffecten. Van het ene op het andere moment verandert onze wereld zo ingrijpend dat je gerust kunt stellen dat geen twee momenten in de geschiedenis van het universum precies hetzelfde waren. Elke subtiele verandering geeft elk moment van ons leven opnieuw vorm. En al die veranderingen zijn relevant. Een snelle bocht naar links kan je leven redden en de plotselinge beweging van een mug de andere kant op kan je fataal worden.

Een multiversum

Als we willen begrijpen hoe belangrijk elke kleinste verandering kan zijn, moeten we naar een bizarre kant van de wetenschap kijken. Stel je eens voor dat die kleinste veranderingen, die vlindereffecten, veel meer kunnen dan alleen jouw leven beïnvloeden. Stel dat ze een heel nieuw universum kunnen creëren. Wetenschappers beweren dit al tientallen jaren, in een theorie over een multiversum. Je glimlacht naar een vreemdeling en hop, een nieuw universum. Je fronst en hop, nog een universum. Er valt een steen, nog eentje. Deze drie universums zorgen weer voor een oneindige reeks andere, met een oneindig aantal kopieën van jou. Een versie van jou leest dit boek, maar een andere ging koffie halen en begon een ander boek te lezen waardoor zijn leven een totaal andere wending nam waardoor je president van de Verenigde Staten wordt. Dat ene kleine verschil verandert zoveel dat het resultaat best gezien kan worden als twee verschillende universums.

De multiversumtheorie klinkt een beetje *over the top*, maar hij laat zien wat voor invloed kleine veranderingen kunnen hebben. Vermenigvuldig de verregaande invloed van elk willekeurig veranderingetje met hoe vaak ze gebeuren en het wordt al-

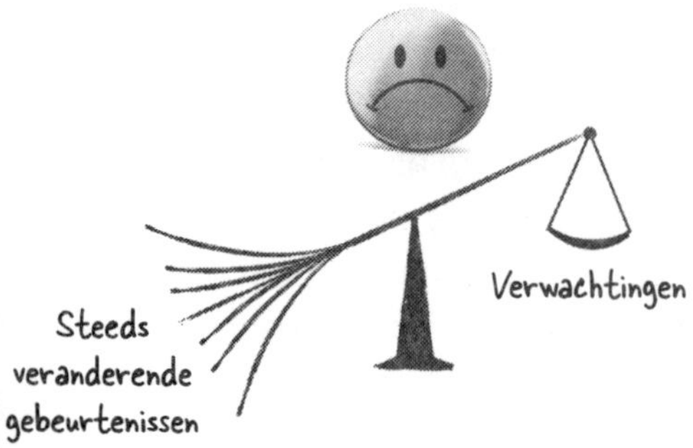

lemaal te ingewikkeld om te bevatten, laat staan ermee om te gaan.

Onze pogingen invloed uit te oefenen op dit scala aan veranderingen stellen ons teleur. Hoe hard we ook ons best doen, we krijgen nooit wat we verwachten. En we weigeren onder ogen te zien hoe nutteloos onze inspanningen zijn. We raken uitgeput en vragen ons af waarom het leven altijd zo zwaar is. We realiseren ons niet dat *wij* daar zelf verantwoordelijk voor zijn.

Project cockpit

Stel je voor dat er een cockpit bestaat waarin alle knoppen zitten die nodig zijn om je leven te sturen. Geweldig toch? Je hebt alles onder controle. Je kunt je volgende promotie regelen, het gedrag van je dochter bepalen, het verkeer op weg naar je werk en elk ander aspect van je leven. Die cockpit zou enorm moeten zijn, dat wel. Ons leven hangt met zoveel samen dat je de ruimte van een voetbalstadion nodig hebt om alle knoppen en metertjes kwijt te kunnen.

Eerst denk je dat je alles makkelijk kunt bedienen, maar zodra er lichtjes gaan knipperen en je rare geluiden hoort, wordt het verwarrend. Als er een lichtje uitgaat, gaat er ergens anders een ander lichtje aan. Je raakt in paniek, want je kunt onmogelijk alles tegelijk controleren. Je stort in, zwaar gefrustreerd dat je niet alles onder controle hebt. Neem het maar aan van een ouwe controlfreak. Dit was precies hoe mijn leven er elke dag uitzag: een eindeloze reeks van mislukkingen en teleurstellingen. Tot ik er op een dag achter kwam dat je het leven niet op microniveau kunt controleren. Het ging niet over *wat* ik moest doen maar *hoe* ik al die kleine dingen moest doen. Je hebt geen cockpit nodig met miljoenen knopjes. Je moet je levensstijl alleen een beetje aanpassen.

Vind het pad

Vele spirituele leerstellingen spreken van een pad naar een vreedzaam leven. Neem bijvoorbeeld de oude Chinese taoïstische leer, die je helpt een pad te vinden waarop je in balans door de verschillende fasen van het leven kunt komen. Ook boeddhisten noemen het een pad, in de islam is het zelfs een recht pad. Allemaal raden ze ons af controle te ambiëren over ieder aspect van ons leven en in plaats daarvan al die gebeurtenissen in het leven een eigen balans te laten vinden.

Alle factoren die ons leven beïnvloeden gedragen zich als een pendule. In een natuurkundig systeem zoekt de pendule een equilibrium: het evenwichtspunt waar hij moeiteloos stil hangt. Je moet moeite doen, kracht gebruiken, om dat evenwicht te verstoren. Als je die kracht vervolgens weer wegneemt, keert de pendule terug naar zijn natuurlijke staat en pendelt hij op en neer om uiteindelijk tot stilstand te komen op het rustpunt in het midden. Daar waar geen kracht nodig is, kan de pendule vredig in balans blijven.

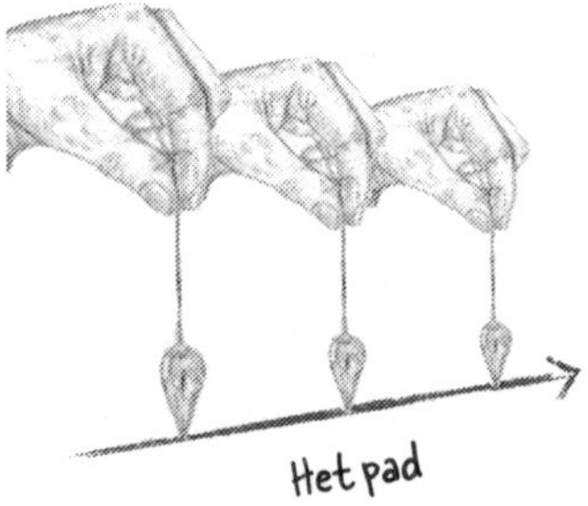

Als je duizenden pendules in evenwicht wil houden, laat ze dan hun eigen balans vinden. Op dezelfde manier pas je dit toe op alle duizenden kleine beslissingen in je leven. Zorg dat ze allemaal zelf hun evenwicht vinden en dat ze niet extreem uitslaan. Doe zo min mogelijk je best je leven in balans te houden. En als alle pendules in evenwicht hangen op hun rustpunt, vormen al die rustpunten een pad. Jouw pad.

Onthoud!

Er is geen inspanning nodig om systemen in evenwicht te houden. Als alles wat je doet moeiteloos gaat, heb je je pad gevonden.

Extremen putten ons uit. Werk je te hard, is het leven niet leuk. Werk je te weinig, voel je je waardeloos. Breng je te veel tijd door met je verkering, raak je verveeld en ga je ruzie maken. Zie je elkaar te weinig, gaat je relatie als een nachtkaars uit. Praat je te veel, luister je nooit. Praat je te weinig, hoort niemand je en word je niet begrepen.

Alles wat we doen heeft een evenwichtspunt. Als je dat punt passeert, moet je moeite doen om het systeem in een onnatuurlijke positie te houden. De moeite die het kost een onevenwichtig bestaan te leiden, neemt exponentieel toe naarmate je meer systemen draaiende probeert te houden. Het wordt steeds meer die cockpit met die miljoenen knopjes, die onmogelijk te besturen valt.

Onthoud!

Laat alles zijn natuurlijke balans vinden.

In de Chinese filosofie laten *yin* en *yang* zien dat schijnbaar tegenstrijdige krachten elkaar juist aanvullen. Ze zijn met elkaar verbonden en van elkaar afhankelijk. Alles heeft zowel een yin, het vrouwelijke of negatieve principe (donker, nat, koud, passief en verwoestend), als een yang, het mannelijke en positieve principe (licht, warm, droog en actief). Een schaduw kan bijvoorbeeld niet bestaan zonder licht, andersom ook niet. In een harmonieus leven vullen yin en yang elkaar aan. Als je een steen in het water gooit, ontstaan er golfjes met pieken en dalen. Ze houden elkaar in bedwang totdat het water weer kalm is. Je vindt een leven in balans als je beide kanten omarmt en extremen vermijdt.

Onthoud!

Leef op de lijn waar yin en yang elkaar ontmoeten.

In de Griekse filosofie werd deze benadering van balans omschreven als 'het gouden midden', het wenselijke midden tussen een extreem overschot en een extreem tekort. Zelfs de meest gewilde eigenschappen moeten in balans zijn. Moed bijvoorbeeld, zou in extreme vorm al snel leiden tot roekeloosheid, en tot lafheid als je er een extreem gebrek aan hebt.

Het klinkt misschien eenvoudig, maar deze levensbeschouwing is het tegenovergestelde van wat wij in westerse culturen van jongs af aan leren. We leren er vol in te gaan, er het maximale uit te halen, zonder te kijken hoe uitdagend het allemaal is. We leren onze zwakheden te overwinnen (de moeilijkste weg), in plaats van onze sterke kanten te benutten (de makkelijkste weg). Ons wordt geleerd alles uit de kast te halen zodat we rijk, mooi en succesvol worden. We doen hier heel veel moeite voor en lijden eronder.

In mijn kringen is het kiezen van de moeilijkste weg een sport geworden. Ik kom vaak machtige zakenmannen tegen die zich een slag in de rondte werken en enorm onder druk staan. Hun leven is een constant gevecht. Ze zoeken steeds weer een nieuwe grens op, ver weg van hun *comfort zone*, steeds een stapje verder. Ook in hun privéleven zijn het net machines. De avonden zijn bestemd voor netwerk-etentjes of andere zakelijke bijeenkomsten. Hun kinderen worden van de muziekles naar de tennisles gebracht. Elke minuut is gepland, er mag niets verkeerd gaan. De schaarse vrije tijd die ze hebben besteden ze aan extreme sporten of marathons. Ze gaan heel ver om fit te blijven, maar ze betalen er uiteindelijk wel een hoge prijs voor.

We gaan graag het gevecht aan met het leven en verliezen vaker dan dat we winnen. We klagen dat het leven zwaar is.

Het leven kan makkelijk zijn. Het is het pad dat we kiezen dat zwaar is.

Onthoud!

Zoek de weg van de minste weerstand.

In de film *Forrest Gump* speelt Tom Hanks de zwakbegaafde Forrest, die door zijn 'simpelheid' de weg van de minste weerstand bewandelt. Daardoor komt hij terecht in de beste voetbal- en tafeltennisteams, ontmoet hij drie Amerikaanse presidenten, wordt hij onderscheiden als oorlogsheld, wordt hij kapitein op een garnalenboot, zet hij een eigen bedrijf op en wordt hij een van de eerste investeerders in Apple. Soms kun je maar beter meewaaien met de wind. De balans waar wij naar op zoek zijn ligt ergens tussen ons hectische bestaan en dat van Forrest.

Heel belangrijk!

Leef op het pad.

Kijk omlaag

Een van de pijlers van onze moderne cultuur – naast succes en vooruitgang – is ambitie. We willen hoger, verder, groter en meer. We leren onze kinderen hun waarde af te meten aan hoeveel ze bereiken, niet alleen in absolute zin, maar ook in concurrerende en vergelijkende zin. Het is niet genoeg iets te bereiken, het is belangrijk meer te bereiken dan de ander. *Dat* is wat we succes noemen. Het is niet langer genoeg iets te leren, je moet beter scoren dan een ander. Het is niet genoeg een leuk en vruchtbaar leven te hebben, je leven moet beter zijn dan dat van je buren. Het is niet goed genoeg gewoon te voetballen, je moet de wedstrijd winnen.

Terwijl we constant vergelijken wordt de kans op teleurstelling groter, omdat er altijd wel iemand is die verder gaat of het beter doet.

Het is niet moeilijk te zien dat de een beter bedeeld is dan de ander. Sommige mensen zijn lang, anderen zijn klein, rijker en armer, gezonder, grappiger of knapper. Daarom is er altijd wel iemand die 'meer' heeft dan jij. We vergeten de andere kant van de medaille. Er is namelijk ook altijd wel iemand die 'minder' van iets heeft dan jij. Zo is het leven.

Jezelf vergelijken met anderen die het beter lijken te doen is gedrag dat ik 'tegen iemand opkijken' noem. Als we tegen iemand opkijken, focussen we op de dingen die we tekortkomen. We proberen in te schatten wat we moeten doen om die

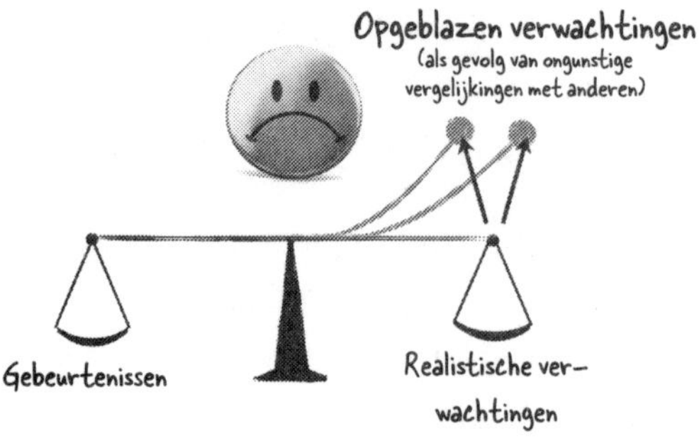

koplopers in te halen. We denken onterecht dat we pas goed genoeg zijn als we voorliggen. Onze verwachtingen over onszelf zijn veel te hoog gegrepen en daardoor slaan we de plank mis. Uiteindelijk denken we dat het leven oneerlijk jegens ons is vergeleken met anderen, en die gedachte maakt dat we lijden.

Begrijp me niet verkeerd. Er is niets mis met vooruit willen in het leven, maar tegen iemand opkijken, jezelf vergelijken, eindigt altijd verkeerd. Er is altijd wel een reden om te denken dat je er niet alles hebt uitgehaald. Werknemers kijken op tegen managers, managers kijken op tegen hun leidinggevenden. Modellen kijken op tegen slankere collega's en miljonairs tegen miljardairs.

Probeer dit eens: reset je ambitie en focus op het worden van een beter mens, in plaats van jezelf met anderen te vergelijken. Kijk niet op maar *kijk omlaag*. Werk hard, ontplooi jezelf en doe iets goeds in de wereld, maar zorg wel dat je je goed blijft voelen. Hou op met kijken naar wat je niet hebt. Je hebt oneindig veel dingen niet. Maak daar je doel niet van, anders raak je echt teleurgesteld en vind je de Geluksformule niet. Kijk eens naar de miljarden mensen die het minder hebben dan jij. Ja, *miljarden*.

Als jij een kop koffie voor een paar dollar kunt kopen, wees dankbaar, want meer dan drie miljard mensen leven van minder dan 2,50 dollar per dag, meer dan 1,3 miljard mensen van minder dan 1,25 dollar. Als je een glas water drinkt, bedenk dan dat bijna 800 miljoen mensen geen schoon drinkwater hebben. En als je een huis hebt, sta er dan eens even bij stil dat alleen al in de Verenigde Staten 750.000 mensen op straat leven, in de kou.

Als je goed kijkt, zie je dat verdriet en ellende – hoe verkapt ook – veel dieper gaan dan we denken. Misschien wel het mooiste voorbeeld is het mysterie van de Japanse glimlach. Voor de meeste mensen is een glimlach een uiting van vrolijkheid. Voor de Japanner kan het van alles zijn: gevoelens van ongemak, twijfel, angst, schaamte, om er een paar te noemen. In de zwijgende Japanse cultuur tonen mensen niet snel hun extreme gevoelens, zeker niet de negatieve. Als iemand een fout maakt bijvoorbeeld, lacht hij of zij om de schaamte te verbloemen. Ik vroeg ooit een Japanse vriendin waarom iedereen in Tokio constant glimlacht, wetend dat het snelle leven daar een flinke tol eist. In prachtige bewoordingen antwoordde ze: 'We houden ons lijden voor onszelf en geven jou onze glimlach.'

Ik heb veel bewondering voor Japan en het intrigeert me dat een heel land zijn pijn met zoveel waardigheid kan verstoppen. Er is heel veel ellende op de wereld, dus als je jezelf dan toch wilt vergelijken, doe het dan met iemand die het minder heeft. Als je het zo bekijkt, zie je dat er genoeg overblijft om gelukkig mee te zijn.

Een vriend van mij, een zeer succesvolle zakenman, was constant bezig zichzelf hogere doelen te stellen. Toen kreeg hij een acute alvleesklierontsteking. Maandenlang lag hij in bed en werd hij in leven gehouden met medicijnen en vloeibaar voedsel. Naarmate zijn gezondheid verslechterde, verdwenen zijn ambities. Hij was niet langer geïnteresseerd in materieel gewin of zijn carrière. Hij vergeleek zichzelf niet langer met een collega die promotie kreeg of een buurman met zijn flitsende nieuwe auto. Toen hij weer beter werd, vond hij rijkdom niet meer belangrijk en was hij vooral blij dat hij weer op zijn zij kon slapen.

Heel belangrijk!

Alleen als we omlaag kijken realiseren we ons hoe bevoorrecht we zijn.

Omlaag kijken helpt je de mooie dingen in het leven te waarderen. En het is geen geheim dat gevoelens van dankbaarheid ons gelukkig maken.

De psychologen Robert Emmons van de University of California en Michael McCullough van de Universiteit van Miami deden onderzoek waarbij ze drie groepen deelnemers vroegen een paar zinnen per week te schrijven over een bepaald onderwerp. De eerste groep schreef over dingen waar ze dankbaar voor waren, de tweede over dingen waar ze niet tevreden over waren. De derde groep beschreef gebeurtenissen waar ze positief dan wel negatief door waren beïnvloed.

Na tien weken voelde de groep die over dankbaarheid schreef zich beter over hun leven. Ook sportten ze meer en gingen minder vaak naar de dokter dan de deelnemers uit de groep die over irritaties schreef.[1]

Martin Seligman van de Universiteit van Pennsylvania testte met honderden vrijwillige proefpersonen de impact van dankbaarheid. Elk van de proefpersonen werd gevraagd een herinnering van vroeger op te schrijven, daarna wekelijks een dankbrief te schrijven en die persoonlijk af te leveren bij iemand die ze wilden bedanken. De deelnemers werden daar erg gelukkig van en dat gevoel duurde soms wel een hele maand.[2]

Onthoud!

Dankbaarheid is een zeker pad naar geluk.

En *dankbaar* is een mindset. Als je omlaag kijkt ga je steeds opener staan voor dankbaarheid in je leven. Je kunt zelfs dankbaar zijn voor je eigen ellende als je ziet dat iemand anders er veel erger aan toe is. Je realiseert je dat die ellende jou misschien door een beetje geluk bespaard is gebleven.

Laten we het voorbeeld van Ali nemen. Kan ik omlaag kijken en dankbaar zijn voor zo'n tragisch verlies? Is er iets ergers dan het verliezen van iemand als Ali? Natuurlijk. Het had veel erger kunnen zijn. Er zijn veel twintigers die kanker krijgen, bijvoorbeeld. Sommigen ondergaan maandenlange chemo en bestraling en redden het uiteindelijk toch niet. Zou dat een beter afscheid zijn geweest van Ali? Nee. Er zijn studenten die met de verkeerde mensen in aanraking komen, verslaafd raken, doodgaan aan een overdosis. Zou dat beter voor Ali zijn geweest? Zeker niet. Nog simpeler gesteld: zou het beter zijn geweest als Ali was overleden in Boston, waar hij studeerde, dan bij ons in Dubai, waar hij maar een paar dagen op bezoek was? Natuurlijk niet.

Als ik *omhoog* zou kijken naar hoe lang we nog samen hadden kunnen zijn, zou ik daaronder lijden omdat Ali is verdwenen en ik daar niets aan kan doen. Ik koos ervoor *omlaag* te kijken en dankbaar te zijn voor de eenentwintig prachtige jaren die Ali bij ons was. *In plaats van haatdragend te zijn over zijn dood voel ik dankbaarheid voor zijn leven.*

'Ali was eigenlijk nooit ergens bang voor,' zei een van zijn vrienden ooit. 'Hij had een beetje hoogtevrees, maar hij was nooit echt bang. Ik weet nog dat ik hem naar zijn grootste angst vroeg en toen antwoordde hij: "Iemand verliezen van wie ik hou." Toen hij er niet meer was bedacht ik me dat hem dat in ieder geval bespaard is gebleven. Zijn grootste angst is nooit uitgekomen. En dat vind ik wel heel bijzonder.'

Als je toch deze aarde moet verlaten is Ali's rustige vertrek met zijn familie om zich heen niet het worstcasescenario. Als je omlaag kijkt zijn er talloze andere scenario's die veel erger zijn. Het leven was misschien beter geweest als hij nog een dagje extra bij ons was gebleven, maar zelfs dat had nog veel vervelender kunnen uitpakken.

Kijk nu eens naar de zware momenten in je eigen leven. Wees eerlijk tegen jezelf. Je bent misschien niet de gelukkigste mens op aarde maar zeker niet de ongelukkigste. Mocht je dat vergeten, denk dan hieraan:

Onthoud!

Kijk omlaag!

HOOFDSTUK 12

Love is all you need

Ik hou van vlinders. Maakt niet uit welke soort of welke kleur, ik hou er gewoon van. Ik hoef ze niet te hebben en ik hoef ze ook niet echt te zien. Ik ben gewoon blij dat ze er zijn. Ik hou zo van vlinders dat ik ze wel zou willen omhelzen. Dat doe ik niet, maar ik overspoel ze wel met dat gevoel van liefde als ik er eentje zie en ik heb het idee dat ze dat voelen, want ze komen vaak mijn kant op. Soms vliegt er eentje vrolijk voor mijn ogen als ik naar mijn werk loop en landt hij op een takje alsof hij wil zeggen: ik zit hier gewoon zodat jij lekker van mij kan genieten.

Daarna fladdert hij weer om me heen en dit blijft soms maar

doorgaan. Is dit toeval? Ik denk het niet.

Het maakt ook niet uit, ik hou gewoon van *alle* vlinders.

Ik vind ze ook *mooi.* Ik vind hun kleurpatroon mooi, hun schoonheid en hun elegantie. Ik bewonder hun ontwikkeling van rups tot schoonheidskoningin, hun moeilijke en onzekere bestaan in hun cocon. Ik vind het mooi hoe ze bloemen bestuiven en ik heb respect voor hun uithoudingsvermogen tijdens hun korte, kwetsbare leven.

Mooi vinden, bewonderen, waarderen en respecteren zijn verschillende soorten gevoelens en allemaal anders dan *houden van.* Ik vind dingen of mensen mooi en bewonder ze om bepaalde redenen. Liefde daarentegen is er gewoon: liefde is niet te verklaren, niet ondersteund door wat dan ook en altijd hetzelfde.

Liefde – ware liefde – is echt. Andere emoties zijn tijdelijk. Ze verschijnen als er een reden voor is en gaan weer weg als de reden verdwijnt. Hoe leuk je een vlinder vindt hangt af van hoe mooi zijn patroon is. Een grijze, onaantrekkelijke vlinder oogst weinig bewondering maar mijn *liefde* voor vlinders wordt er niet minder door.

Denk eens aan de universeel gangbare moederliefde. Na maanden van oncomfortabele zwangerschap en de acute pijn van de bevalling worden bijna alle nieuwe moeders overspoeld door een golf van liefde als ze dat verkreukelde kleine dingetje in hun armen hebben. Deze liefde blijft bestaan, wat er ook gebeurt. Een kind groeit op, gaat het huis uit en belt je misschien niet meer, maar de liefde blijft. Het kind verlaat misschien de wereld, zoals Ali, maar de moederliefde groeit alleen maar.

Wat voor soort liefde?

Als je de popmuziek mag geloven is liefde een verschrikkelijke uitputtingsslag. Heel veel songteksten en romans gaan over vastgelopen relaties en verlangen. En ja, er is een vorm van liefde die pijn doet. Maar die andere soort leidt tot puur en langdurig geluk. De liefde uit de popcultuur is een illusie, maar het soort liefde waar minder over gesproken wordt, die heel diep zit, is wel degelijk echt.

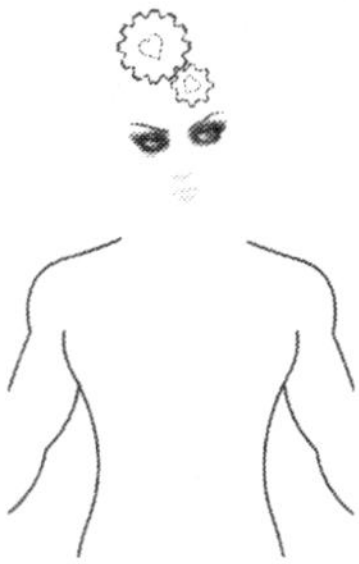

Voorwaardelijke liefde komt voort uit de gedachte: ik hou van je *omdat* ... Deze vorm is een illusie, net als al het andere dat is gebaseerd op een gedachte. Het is vluchtige liefde en naarmate de gedachte zich ontwikkelt gaat die onvermijdelijk leiden tot lijden.

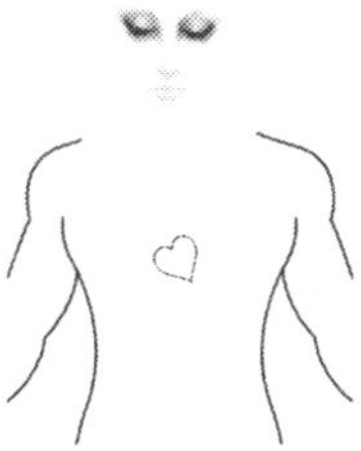

Onvoorwaardelijke liefde is juist voelbaar en onbegrijpelijk. Het is een vorm van liefde die zich uit in: ik hou van ... en meer niet. Geen redenen of voorwaarden, geen verwachtingen of eisen en geen teleurstellingen. Geen gedachten. Dit is de enige vorm van ware liefde. Moeilijk te vinden, maar wel echt.

Onthoud!

Onvoorwaardelijke liefde is echt. Het is de enige emotie die niet gegenereerd is door een gedachte in je hoofd.

Een gevoel zonder gedachte

De essentie van wat onvoorwaardelijke liefde echt maakt is dat gedachten er geen rol in hebben. Alle emoties anders dan onvoorwaardelijke liefde zijn gebaseerd op gedachten. Jaloezie is een afgeleide gedachte. *Zij heeft wat ik niet heb.* Haat komt voort uit een gedachte. *Er is iets met hem wat totaal niet bij mijn manier van leven past.* Aanbidding komt door een gedachte. *Ik heb zijn kenmerken bestudeerd en ze overtreffen mijn verwachtingen.* En ook woede komt voort uit een gedachte. *Het gedrag van haar is bedreigend. Ik moet sterk zijn om me veilig te voelen.*

Voorwaardelijke liefde begint ook met een gedachte. *Zij maakt me gelukkig en daarom hou ik van haar* of *Ik voel me veilig bij hem en daarom hou ik van hem.* Dit gaat ook op voor onze liefde voor dingen: *ik zie er goed uit in deze auto, daarom hou ik ervan* of *deze schoenen zitten heerlijk, daarom hou ik van ze.* Zolang de reden overheerst blijft de voorwaardelijke liefde bestaan, maar zodra die reden wegvalt verandert de gedachtegang en vloeit het gevoel weg. Het zou zelfs kunnen veranderen in haat, woede, angst of een andere door gedachten veroorzaakte emotie.

Daarom gaat het vaak slecht met relaties. Ze zijn gebaseerd op voorwaardelijke liefde in een wereld die steeds verandert. Schoonheidsidealen, entertainmentwaarde, lichamelijk genot en andere verwachtingspatronen zijn een voorwaarde voor liefde geworden. En als je niet krijgt wat je verwachtte, wordt het sprookje een nachtmerrie.

Onvoorwaardelijke liefde is bestand tegen verandering en snijdt dwars door de Tijdillusie heen. Zelfs als ik mijn dochter een paar maanden niet zie, groeit mijn onvoorwaardelijke liefde voor haar met de dag. Echte liefde snijdt ook dwars door de Kennisillusie heen. We houden van de zee, de sterren en de dieren. We voelen ons met hen verbonden ook al begrijpen we ze niet helemaal. Deze liefde snijdt dwars door Zelfillusie heen, waardoor je van iets of iemand kan houden hoewel je het met je fysieke zintuigen niet kan bevatten. Het is de enige vorm van liefde die blijft bestaan, zelfs tot na de dood. Ali's liefde blijft altijd bij mij, ook al leeft hij niet meer in onze fysieke wereld. Ik gebruik het woord *altijd* op deze plek bewust. Ware liefde voel je *altijd*, elke seconde van de dag. Tijd is geen voorwaarde voor liefde die onvoorwaardelijk is.

Het echte diepe geluk van liefde

Er bestaat geen geluk zonder liefde. Terwijl voorwaardelijke liefde vaak lijden betekent, brengt echte liefde blijvend geluk. Er bestaat geen nemen bij ware liefde. En waar niets te halen valt, verwacht je niets en lijd je ook niet aan teleurgestelde verwachtingen, zoals wel het geval is bij voorwaardelijke liefde. Iets terugkrijgen, ergens voldoening uit halen of zelfs liefde terugkrijgen: het is allemaal voorwaardelijk. *Ik verdien het liefde te krijgen als voorwaarde voor mijn geluk* is een gedachte die uit ons ego ontspringt, weer zo'n poging te laten zien dat we *goed genoeg* zijn en het waard zijn om van te houden. Alle gedachten uit ons ego zijn gedoemd ons teleur te stellen en terwijl de verzonnen liefde afbrokkelt, begint de lijdensweg. Als je niets verwacht, geen eisen stelt aan je geliefde, ontdek je het echte diepe geluk van liefde, want:

Je voelt je gelukkig omdat je liefde geeft zonder verwachtingen

Onthoud!

Geen verwachtingen hebben stelt nooit teleur.

Alles wat je moet weten over onvoorwaardelijke liefde en de impact die het heeft op je geluk is opmerkelijk eenvoudig:

Heel belangrijk!

Het ware geluk van ware liefde is liefde geven.

De economie van liefde

Als jij je omgeving overspoelt met liefde geeft die altijd meer terug dan jij verwacht. Probeer het maar en kijk wat er gebeurt.

Heel belangrijk!

Hoe meer je geeft, hoe meer je terugkrijgt.

Ik zou willen dat ik dit kon bewijzen aan de hand van indrukwekkende statistieken en staafdiagrammen. De liefde is echter nogal onderbelicht in de wetenschap, maar wat denk je hiervan: in de natuurkunde is het zo dat energie nooit verdwijnt. Energie neemt niet eens af. Het verandert van vorm maar in elk gesloten systeem eindig je met evenveel energie als waarmee je begint. Die wet is ook van toepassing op de liefde. Echte liefde kan niet vernietigd worden. Hij verandert van vorm en komt bij je terug als je er helemaal niet op rekent. Liefde doet het zelfs beter dan energie: liefde trekt liefde aan. Het is net als met je spaarrekening: hoe meer liefde je inbrengt, des te meer die groeit en vermenigvuldigt en als je wilt innen, ligt er een schat op je te wachten. Noem het de wet van behoud – of vermenigvuldiging – van de liefde.

Heel belangrijk!

Liefde is nooit verspild. Hoe meer je ervan geeft, hoe meer je terugkrijgt.

Kijk naar de mensen die vrede en liefde hebben gebracht in onze wereld, ondanks het offer dat ze ervoor moesten brengen: Moeder Teresa, Gandhi, de Dalai Lama. Ze zijn geliefd bij miljarden mensen. Die liefde bestaat nog steeds, terwijl de eerste twee er niet meer zijn. We houden van ze, hoewel we niet hun hele verhaal kennen. Ook jij houdt waarschijnlijk van iemand die net is als zij. Hoe kan het ook anders?

In het zakenleven ben ik nog nooit een gratis en duurzame bron tegengekomen die zoveel oplevert als de liefde. Het is vergelijkbaar met de commercie rond een rockster, als een getalenteerde muzikant in zijn eentje een schitterend nummer schrijft, waardoor hij voor de rest van zijn leven binnen is. Zo'n muzikaal talent is wellicht vrij zeldzaam, maar wij kunnen allemaal een onvergetelijk meesterstuk van onvoorwaardelijke liefde creëren. Wat misschien wel wat support nodig heeft. Mijn liefdeshandleiding bestaat uit drie praktische tips.

Liefdeshandleiding

Drie simpele stappen zullen je helpen te profiteren van wat liefde oplevert:

Hou van alles en iedereen

Een slang ziet er misschien eng uit en gedraagt zich ook zo, maar hij is niet gemeen: hij doet alleen precies wat hij moet doen. Hij doet nooit meer dan hij moet doen en hij doet het altijd goed. Als je een hekel hebt aan slangen, haat je eigenlijk het verhaal dat je brein heeft verzonnen, namelijk het verhaal dat ze gemeen en glibberig zijn. Geen enkele slang is erop uit iemand zomaar pijn te doen. Hij jaagt om te eten, net als wij. Wij doen dat tegenwoordig in de supermarkt, maar we zijn net als de slang even hard bezig met overleven. We zijn de grootste vleeseters van allemaal. En toch vinden we allemaal dat we liefde waard zijn.

Als je niet langer bezig bent met hoe een slang zich zou moeten gedragen of eruit moet zien, wat blijft er dan over? Juist, onvoorwaardelijke liefde. Zoek giftige slangen niet op, maar heb geen hekel aan hen om wie ze zijn.

Als je van slangen kunt houden, kun je van al het leven houden: de bomen, de rotsen, de bijen. Zelfs als je door de maskers van glibberige en gemene mensen heen kijkt, vind je pure liefde. Ook de meest irritante, haatdragende mensen hebben een vredig kind in zich dat liefde en waardering zoekt. En als je van ze houdt, laten de meeste mensen hun masker vallen en blijken ze echt.

Onthoud!

Verwijder voorzichtig het egomasker en hou van wat er onder dat masker vandaan komt.

Het klinkt misschien idealistisch, maar ik ben ook realistisch. Ik ken ook al die dictators en tirannen, waardoor het lastig is te geloven in het idee van onvoorwaardelijke liefde, maar zij zijn de uitzonderingen op de regel. Ik heb gewerkt met de moeilijkste politici en ook bij hen zag ik vaak hun menselijke kant.

Ik heb van Ali een handige strategie geleerd met betrekking tot mensen die zo vastzitten in hun ego dat ze hun ware ik nooit laten zien. Al als klein kind gaf Ali mensen met een enorm ego drie kansen. Daarna ging hij ze uit de weg of vertelde hij ze vriendelijk maar beslist dat ze niet bij hem pasten. Toch hield hij zelfs als hij niet meer met ze omging nog steeds van ze en ik weet zeker dat ze ergens ook van hem bleven houden.

Denk niet dat van alles en iedereen houden naïef is, romantisch of idealistisch. Het is zelfs een beetje egoïstisch. Je krijgt niet alleen liefde terug, het helpt je ook de Geluksformule op te lossen. Liefde geven en er niets voor terug verwachten geeft enorm veel energie en geluk. Het is gewoon een heel goede keuze.

Hou van jezelf

Hoe kan je ergens van houden of liefde verwachten als je niet van jezelf houdt? In onze cultuur veroorzaakt het gebrek aan zelfliefde het meeste ongeluk.

Uit onderzoek blijkt dat maar vier procent van de vrouwen in westerse landen denkt dat ze knap zijn. Meer dan zestig procent vindt dat ze slanker moeten zijn om liefde te verdienen. Helaas is dit geen verrassing. We worden systematisch getraind niet van onszelf te houden tenzij we voldoen aan heel strenge eisen.

We leven in een maatschappij die is geobsedeerd door succes en we zijn gaan geloven dat gemiddeld niet 'goed genoeg' is. Als je erover nadenkt is het een heel arrogante veronderstelling: denken dat iets of iemand niet goed genoeg zou kunnen zijn. Een gemiddeld iemand is niet aantrekkelijk genoeg, we moeten allemaal fotomodellen zijn. Maar zelfs fotomodellen voelen zich niet goed genoeg want er is altijd een knapper model. Gemiddeld zijn voelt bedreigend omdat bovengemiddelde mensen onze kans op succes afpakken. Maar het spreekt voor zich dat we niet allemaal bovengemiddeld kunnen zijn. Want om een gemiddelde te kunnen hebben, moet er iemand boven en onder het gemiddelde zitten, nietwaar? Dat is een lagereschoolrekensom.

Als je jezelf onmogelijke doelen blijft stellen raak je teleurgesteld en wordt het leven een lijdensweg: een flinke streep door de Geluksformule. Door die groeiende teleurstelling hoopt de stress zich op totdat we er niet meer tegen kunnen.

Stop nu even voor een minuut en vraag jezelf af of je ook zo omgaat met de mensen van wie je houdt. Nee, die geef je warmte en zekerheid. Waarom behandel je jezelf dan zo slecht?

Je bent per slot van rekening een zoogdier, de soort die instinctief zorgt voor zijn hulpbehoevende nakomelingen. We zijn geprogrammeerd die gevoelens van geborgenheid op te zoeken als we kwetsbaar zijn. De warmte, de tederheid en de lieve woordjes die we van onze ouders kregen zodat we minder stress hadden. Als we ons veilig voelen, maakt ons brein feelgoodhormonen aan waardoor we beter presteren en ons gelukkiger voelen. Zo zouden we ook voor onszelf moeten zorgen. Behandel jezelf als een baby. Geef jezelf warmte, liefde en tederheid. Van strengheid komt niets goeds. Liefde is alles wat we nodig hebben: *love is all we need.*

Zelfliefde werkt en is haalbaar. Ook dat heb ik van Ali geleerd. Hij kon zich heel goed neerleggen bij wie hij echt was. Hij deed altijd enorm zijn best en was tevreden, wat de uitkomst ook was. Zolang hij maar deed wat hij kon gaf hij zichzelf er nooit de schuld van als iets niet lukte. Hij was goed in muziek, maar niet in sport en dat vond hij prima. Hij was goed in vriendschappen, maar niet altijd gelukkig in de liefde en ook dat was prima, omdat hij nu eenmaal zo was en blij was met zichzelf. En zijn omgeving met hem.

Hou van jezelf omdat je je best doet.

Dat is makkelijker gezegd dan gedaan omdat we vaker kijken naar wat we niet leuk vinden aan onszelf of luisteren naar kritiek van anderen, dan wat we wel leuk vinden. Hierdoor vinden we onszelf steeds minder leuk, maar er is makkelijk iets aan te doen. Begin met een dagboek of stuur jezelf e-mails. Schrijf eens op wat je positief en bewonderenswaardig vindt aan jezelf. Dwing jezelf elke dag iets op te schrijven waar je trots op bent. Hou de complimenten bij die je krijgt: wat was het, wie gaf het, waar kwam het door? Kijk in je dagboek als je vindt dat je niet goed genoeg bent. Het zal de negatieve gedachten zichtbaar maken en je eraan herinneren dat je zo slecht nog niet bent.

Belangijker nog is jezelf omringen met mensen bij wie jij je goed voelt. Hou de deur gesloten voor pestkoppen en mensen die constant kritiek leveren. Sta open voor mensen met liefdevol, positief en constructief advies. Als een vriend zich negatief gedraagt, geeft hem dan net als Ali drie kansen. Zeg hem:

Heel belangrijk:

Ik voel me slecht als jij zoiets zegt. Ik wil geen mensen om me heen die me naar beneden halen, dus stop ermee alsjeblieft.

Als ze negatief blijven doen, stel dan opnieuw een grens en als ze het een derde keer doen, pak je spullen en zeg:

Heel belangrijk!

Ik voel me slecht door jou en ik verdien beter!

Zelfs als ze gaan smeken, hou je je poot stijf. Drie keer is scheepsrecht. Je moet assertief zijn in het leven, zo leren anderen ook hun gedrag te veranderen.

Ten slotte: onthoud dat je geen reden nodig hebt *onvoorwaardelijk* van jezelf te houden. Je bent niet je ego. Je bent niet je carrière of je bezit. Je bent niet je succes of je status of wat je ook van jezelf vraagt om van jezelf te kunnen houden.

De echte jij, Ukkie, is het altijd waard om van te houden.

Onthoud!

Jij – los van je ego – verdient alle liefde.

Wees vriendelijk

Wat doe je als je echt liefhebt? Je geeft gul. Als je iets geeft aan iemand van wie je houdt, voelt dat even goed als het voor jezelf houden. Vaak zelfs beter.

Als je leert van alles en iedereen te houden, geef dan

onvoorwaardelijk. Geef geld aan goede doelen of gooi eens een euro in de hoed van een straatmuzikant. Een euro per dag houdt sommige families in de derde wereld in leven en is ook genoeg om een kind een week lang te voeden.

Geef niet alleen geld. Geef ook complimenten, goed advies of een glimlach. Geef liefde en accepteer mensen zonder te oordelen. Behandel mensen die je helpen met respect: de serveerster of het kassameisje. Wees goed voor ouderen. Help vrienden aan contacten. Bel mensen die het moeilijk hebben en luister naar ze. *Behandel iedereen zoals jij behandeld zou willen worden.* Dat is de gouden regel van de liefde.

Ga verder dan alleen de mensen om je heen. Geef planten water, geef vogels iets te eten, aai een poes en sla een vlieg eens niet dood. Zorg goed voor je auto, je boeken, zelfs voor je computer. Als jij geeft, krijg je iets terug van het leven. Doe net alsof je het universum iets geeft. Je krijgt het terug met rente. Niets wordt verspild.

Onthoud!

Liefhebben is alles geven wat je kunt.

Geef weg wat je niet nodig hebt. Schoenen, broeken, jurken zijn er om te dragen, in de kast heeft niemand er iets aan. Laat ze leven door ze te geven aan mensen die er goed voor zorgen en ze dragen.

Het leven wordt leuker als alles soepel loopt. Een leven lang geven is als een frisse stromende rivier, vol leven, mooi en gelukkig. Water zonder beweging is als een moeras, muf en triest. Welke wil je zijn?

Onthoud!

Laat het leven vloeien. Houd wat je nodig hebt, geef de rest weg.

Als je iets waardevols weggeeft, betaalt de wereld je terug met rente. Dat is misschien moeilijk te bevatten op persoonlijk vlak, maar het wordt duidelijker als je naar de maatschappij als geheel kijkt. Economisch gezien zou de wereld er een stuk beter voorstaan als mensen die te veel hebben geven aan mensen die te weinig hebben. Daarom stimuleren politici en andere beleidsmakers uitgaven juist als het economisch slecht gaat. Het klinkt vreemd want mensen zijn in zo'n situatie geneigd te sparen. Maar als ze stoppen met uitgeven, stort de economie in terwijl spenderen op langere termijn het verstandigst is. Hoe meer we geven, hoe meer we overhouden.

Heel belangrijk!

Wat je geeft krijg je in overvloed terug.

Hier komt bij dat hoe groter de kring is waarin je geeft, hoe meer je terugkrijgt. Als jij iemand helpt die je niet kent, doe je dat zonder iets terug te verwachten – en dat levert veel op. Als we onvoorwaardelijk geven, betaalt het leven je ruimschoots terug. Je kunt nog verder gaan en iemand die je helemaal niet leuk vindt een complimentje geven of een keer niet bekritiseren. Je krijgt daar zeker iets voor terug.

Het werkt echt zo. Ik heb het natuurlijk getest, ingenieur die ik ben. Steeds als ik gaf, merkte ik dat ik geschenken kreeg uit onverwachte hoek. Vaak kreeg ik veel meer dan ik gaf. Als ik stopte met geven werd het leven zwaarder en merkte ik dat ik overal voor moest vechten.

Onderzoekers Michael Norton, Elizabeth Dunn en Lara Aknin aan de Harvard Business School gaven proefkonijnen vijf of twintig dollar die ze diezelfde dag moesten uitgeven. De ene helft moest het geld aan zichzelf besteden, de andere helft moest het uitgeven aan anderen. Degenen die het geld aan zichzelf moesten besteden kochten dingen als koffie en eten, de andere helft kocht cadeautjes voor familie of gaf geld aan de daklozen. Het resultaat? De groep die geld aan anderen had uitgegeven voelde zich veel gelukkiger dan de groep die het aan zichzelf moest besteden. Dat was steeds het geval, los van het uitgegeven bedrag.[1]

Ook andere studies wijzen uit dat *je met geld geluk kunt kopen – als je het weggeeft.* Hetzelfde geldt voor wat jij hebt te geven: je glimlach, tijd, aandacht, kennis en complimenten.

Onthoud!

Geven is de positieve kant van egoïsme. Het maakt de gever gelukkig.

En *last but not least*, de ultieme vorm van geven is mensen *vergeven* die het niet lijken te verdienen. Vergeef de automobilist die je vanochtend sneed, de collega die je beledigde, de 'vriend' die nare dingen over jou op Facebook zette.

Er zijn misschien wel duizend goede redenen waarom die man jou vanochtend sneed. Het kan zijn dat zijn vrouw aan het bevallen was en hij snel naar haar toe wilde. Misschien had hij een slechte autorijleraar, ontweek hij een andere auto of week hij uit voor een eekhoorn die de weg overstak. Het gaat jou ook een keer gebeuren. Vergeef en je wordt vergeven. Je krijgt er altijd iets voor terug. Vergeef mensen die ruzie met je maken, al hebben ze misschien ongelijk. Wat ik altijd mooi vond aan Ali was hoe hij zwichtte in discussies, ook al was hij niet overtuigd. Hij luisterde aandachtig en zei wat hij ervan vond. Hij vond het niet belangrijk om gelijk te krijgen, hij wilde heel graag vriendelijk zijn. En iedereen was dan ook vriendelijk tegen hem.

Heel belangrijk:

Kies ervoor vriendelijk te zijn in plaats van gelijk te hebben.

Dit was mijn sentimentele, onwetenschappelijke hoofdstuk, vergeef me. Als er al een hoofdstuk onwetenschappelijk mocht zijn, is het dit wel, het hoofdstuk over liefde. Onvoorwaardelijke liefde is waar ons universum op steunt, hoe onverklaarbaar ook. Als het gaat om het vinden van diep geluk, dan verwoordden The Beatles het het best:

Heel belangrijk!

Love is all you need.

HOOFDSTUK 13

L.I.P.

De dood is echt. Iedereen moet eraan geloven, er is geen ontkomen aan. De dood is misschien wel echter dan het leven.

Dit hoofdstuk is het moeilijkste wat ik ooit heb geschreven. Er hangt een soort griezeligheid rondom de dood en je kunt je misschien voorstellen dat dit voor mij zwaar is. De dood beangstigt ons en daarom spreken we er liever niet over. Vandaag wel. In dit hoofdstuk zal ik goudeerlijk zijn over het onderwerp. Het spijt me als ik soms hard overkom of iets schrijf wat indruist tegen je geloof.

Ali’s overlijden bracht mij oog in oog met de waarheid over leven en dood. Ik ging er anders over denken en ging nog bewuster leven. Ik raakte ook mijn laatste angst kwijt: ik ben niet meer bang om dood te gaan. Misschien kom jij er net als ik ooit achter dat die angst onterecht is en dat de dood misschien zelfs een wijze levensles bevat. Het wordt geen makkelijk hoofdstuk, maar ik denk dat het de moeite waard is.

De meeste westerse culturen vermijden het gesprek over de dood. Daardoor weten wij er niet heel veel over en dat maakt ons nog banger. In veel andere culturen wordt de dood openlijk besproken en sommige vieren de dood zelfs. Mexicanen bijvoorbeeld eren hun doden één keer per jaar op Allerzielen. Hun viering wijkt op een cruciaal punt af van onze vieringen in het westen: het is een feest *met* de doden, niet *voor* de doden. De doden zijn aanwezig, ze worden niet alleen maar herdacht of herinnerd. Het is een viering met veel eten en cadeaus en overal bloemen. De levenden vertellen verhalen over hun geliefden en verwelkomen de geesten van de doden. Soefi's in het Midden-Oosten doen iets vergelijkbaars: ze vieren feest op de sterfdag van een vriend of familielid. In Rajastan (India) wordt er feest gevierd als iemand twaalf dagen dood is. In Ierland houden ze een wake, een wilde viering waarbij veel wordt gelachen en muziek gemaakt.

Hoe komt het dat de dood op zo veel verschillende manieren wordt beleefd? Mensen gaan toch allemaal op dezelfde manier dood? Het is dus vooral een kwestie van benadering en beleving.

De mythes waar wij in geloven

Als wij ons nou eens echt verdiepen in de dood, kunnen we die misschien een plek geven in ons leven, in plaats van er bang voor te zijn. Maar we ontrafelen eerst even een paar mythes.

Er is een dag van doodgaan

Doodgaan is een integraal deel van ons leven. Zodra we worden geboren beginnen we met doodgaan. Jij bent op dit moment bezig dood te gaan. Je rode bloedcellen, alle vijfentwintig biljoen, sterven binnen de komende vier maanden af. Als je dit hoofdstuk uit hebt zijn meer dan honderdvijftig miljoen cellen in je hele lichaam afgestorven. Daar zaten tweeduizend hersencellen bij die nooit meer worden vervangen. Dood is geen gebeurtenis, het is een proces. Er is niets bijzonders aan de dag dat we doodgaan.

Onthoud!

We gaan elke dag een beetje dood.

Dood is de vijand

Dood is een onmisbaar onderdeel van de voedselketen die al het leven op aarde in stand houdt. In die keten aast elke soort op de dood van een ondergeschikt organisme. Zonder de dood van een ander zouden we niet overleven. Wij mensen jagen tot we doodgaan, daarna doet misschien een bosje gras of een mooie boom zich tegoed aan onze overblijfselen.

Onthoud!

Zonder dood zou er geen leven zijn.

Sommige levensvormen houden langer stand dan andere, maar verdwijnen doen ze allemaal. Elke minuut gaan miljarden wezens dood nadat hun rol in het ecosysteem is uitgespeeld. De enige soort die echt veel waarde aan het leven hecht is de mens.

De dood is nooit welkom

We weten donders goed dat er geen ontsnappen aan is. Maar willen wel graag dat de dood een afspraak maakt in plaats van zomaar binnen te vallen. En ook graag een afspraak in de verre toekomst. *Hé, ik ben nog steeds gezond, ik heb het hier naar mijn zin dus kom over dertig, wat zeg ik, driehonderddertig jaar maar terug. Weet je wat, ik bel wel even als ik er klaar voor ben.*

Als het lekker gaat, willen we niet dood. Maar de meeste mensen kennen ook de schaduwzijde. Als het leven tegenzit, slaat onze houding al snel om. Als we heel ziek zijn of ons lichaam oud en krakkemikkig wordt, vragen we ons af: *dood, waar blijf je?*

De dood komt nooit op het juiste moment. Als een geliefde overlijdt, voelen we ons verraden. We worden boos op de dood: nog één knuffel moet toch kunnen, denken we. Maar hoe snel is te snel? Wat had ik gehad aan nog één omhelzing van Ali, of zelfs aan nog een heel jaar samen? Had ik dan gezegd: oké, neem hem nu maar mee. Nee. Het was nog steeds veel te vroeg geweest. Ik zou altijd blijven hopen op nog een extra omhelzing.

Als we besluiten dat het leven geen optie meer is, krijgen we langzaam vrede met de dood. Toen Ali's bloedingen toenamen en zijn belangrijkste organen werden aangetast, hielden die er een voor een mee op. Urenlang bleef ik hopen en bad ik dat hij weer beter werd. Ik vond dat zijn tijd nog lang niet was gekomen. Maar toen een dokter me informeerde over de schade die Ali's lichaam had opgelopen, veranderde ik van mening. Ik vroeg me af of een langer verblijf op aarde beter zou zijn voor Ali, met zijn beschadigde brein. Misschien was dit wel een beter moment.

Of we nou willen of niet: de dood heeft al een afspraak met jou en mij. Wij weten alleen niet wanneer. Dat is misschien waarom we zo kunnen genieten van het leven. Als de dood uiteindelijk aanklopt, zijn we daar misschien anders over gaan denken. Als we de alternatieven afwegen, ontdekken we misschien dat we er klaar voor zijn.

Onthoud!

Vroeg of laat zijn we allemaal klaar om dood te gaan.

De dood doet pijn

Wat we ook moeilijk vinden is de manier waarop we doodgaan. We vinden een verdrinkingsdood niet prettig want die is heftig en nat. Doodvallen vinden we ook niets. Kun je doodgaan aan snoep? Hm, dat lijkt er meer op. Ik wil wel overlijden aan een overdosis suikerspin.

We worden boos op de wereld – of op God zo je wilt – als een tsunami dood en verderf zaait. Het voelt wreed. Er is toch wel een prettigere manier om dood te gaan! Wel, zoals je weet komt de dood plotseling en ongewenst. Hoe maakt dan niet meer zoveel uit.

Ali zei altijd tegen me dat hij niet bang was om dood te gaan maar wel bang was voor pijn. Hij was pas elf toen hij erover begon. (Misschien moest hij er zo vroeg over beginnen, tenslotte had hij maar eenentwintig jaar de tijd om een heel leven in te proppen.) Mijn antwoord aan hem was: maak er een wens van, *ya habibi,* dat je nooit zulke pijn zult hebben. De dag van zijn overlijden ging hij om half elf slapen en hij slaapt nog steeds. Als mijn tijd gekomen is wil ik ook vredig inslapen. Beter dan suikerspin.

Een dood die gepaard gaat met veel pijn, daar zijn we allemaal bang voor. Maar is dat wel terecht? Er is geen pijnlijke dood. Wel een pijnlijk leven vlak voor de dood. Denk daar maar aan. Als we gaan, is er geen pijn meer. Woody Allen zei ooit: 'Ik ben niet bang om dood te gaan, ik wil er alleen niet bij zijn als het gebeurt.' Woody hoeft niet bang te zijn. Als we gaan, zijn we er niet bij.

Onthoud!

De dood zal je geen pijn doen.

De dood kan gefopt worden

Dit is een van de grootste mythes van onze tijd. Voordat de peperdure gezondheidsindustrie zich wierp op levens redden, was doodgaan veel eenvoudiger. Nu duurt het veel langer. Het is ingewikkelder, pijnlijker en veel duurder geworden.

Vroeger gingen mensen plotseling dood, of binnen afzienbare tijd. De dood werd verwacht en was een geaccepteerd gegeven, en hoewel familie en vrienden natuurlijk in rouw achterbleven, was het makkelijker voor de mensen die doodgingen. Er was minder langdurige pijn, er werd minder geleden.

Maar de tijden zijn veranderd. We ontwikkelen middelen tegen alle soorten kwalen. De levens van miljarden mensen zijn inmiddels verlengd en daardoor is de globale levensverwachting de laatste zestig jaar met de helft omhoog geschoten.[1]

Een langer leven betekent in de meeste gevallen niet een beter leven. Peter Saul, een intensive-carespecialist, bespreekt deze problematiek in zijn TED-talk *Let's talk about dying*. Hij vindt de belofte levens te *redden* inspirerend, maar eigenlijk zou het levens *verlengen* moeten heten. Zo bekeken wordt een extra dag leven pas de moeite waard als het leven die verlenging waard is. Wij maken dit onderscheid echter vaak niet en zetten alles op een paar jaar extra, ook al betekent dit een lijdensweg. Hierdoor overlijdt een op de tien mensen op de intensive care en worden mensen vaak kunstmatig in leven gehouden, ook al zijn ze klinisch dood.[2]

Naarmate we langer leven zorgt een andere miljardenindustrie ervoor dat we er niet ouder uit komen te zien. We spuiten en slikken om strak te blijven. En als we eindelijk doodgaan, staat er weer een bedrijf klaar om ons in te vriezen en zo te behouden voor de toekomst, tot de medische techniek zover is dat waar we aan gestorven zijn niet dodelijk meer is en we weer tot leven kunnen worden gewekt. Die droom is al heel oud en gaat terug naar de tijd van de farao's uit mijn thuisland.

Het is natuurlijk überhaupt een wonder dat we leven. Kijk eens naar je eigen lichaam en besef dat al die honderden levensfuncties perfect op elkaar afgestemd moeten zijn om ons in leven te houden. Denk aan al die tienduizenden proteïnes in ons lijf die werken als een geoliede machine. Denk aan de biljoenen cellen die gevoed en vervangen moeten worden. We worden iedere morgen wakker en verwachten dat de machine het gewoon doet, maar ons lichaam is extreem kwetsbaar. Een verkeerde bacterie of een onwillig orgaan kan leiden tot de volledige ineenstorting van het systeem. Er zijn ontelbare storingsmogelijkheden.

Neem de dood van Ali. Die was het resultaat van een

speldenprik, een naald die door een ader heen stak. Zijn we echt zo kwetsbaar? Ja, dat zijn we. Meer dan we denken. Er kunnen zo veel dingen misgaan en dat gebeurt vaak ook. Een oud Arabisch spreekwoord zegt daarover: de redenen zijn oneindig, de dood is altijd hetzelfde.

Na Ali's overlijden ben ik de dood anders gaan zien. Ik weet nu dat ik elk moment mijn laatste adem kan uitblazen. Dit had de laatste paragraaf kunnen zijn die ik schrijf. Er zit geen garantie op mijn lijf. In de 'handleiding' staat dat ik geen invloed heb op de levensduur. Als we de boel nauwkeurig onderhouden kunnen we er nog wel een paar duizend kilometer extra uitpersen. Maar we komen een keer zonder reserveonderdelen te zitten. Zo gaat het nu eenmaal.

Onthoud!

Je kunt de dood niet foppen. We moeten er allemaal aan geloven.

Als iets zo moeilijk te controleren valt, wordt het onmogelijk geluk te vinden totdat we *accepteren* dat de dood nu eenmaal deel uitmaakt van het leven. En toch blijft de dood moeilijk te aanvaarden als we geloven dat ons leven daarmee eindigt. Maar is dat wel zo?

Het langelevencontinuüm

Toen Nibal en ik eindelijk werden toegelaten op de intensive care om afscheid te nemen van onze zoon, zei ze: 'Habibi, je bent eindelijk thuis.' Ik kuste hem op zijn voorhoofd en zei: 'Ik zie je snel weer, vriend.' We hadden al vrede gesloten met alles en dat kwam door iets waar sommige lezers het niet mee eens zullen zijn: ons geloof in het hiernamaals.

Definities

Er zijn verschillende opvattingen over het leven na de dood, maar er zijn een aantal overeenkomstige kenmerken. De meest gangbare zijn het eeuwige leven, reïncarnatie en niets. Veel godsdiensten prediken een oneindig voortleven en een hemel of hel – een gedachte die ervan uitgaat dat het echte leven pas begint na de dood. Andere levensbeschouwingen zijn minder dualistisch en beweren dat we steeds opnieuw terugkeren. Het seculiere systeem gaat uit van 'zijn' en 'het niets'. Als we doodgaan is dat het: einde verhaal.

Geen van deze visies kan met zekerheid worden bewezen. Maar ze hebben wel een gemeenschappelijke definitie voor *leven*. Met het woord *leven* bedoel ik hier ons leven op aarde en met het woord *dood* het einde van dat leven. Dat lijkt me duidelijk. Nu we deze twee definities hebben vastgesteld, kunnen we kijken naar iets nieuws: *lang leven*. Dit is voor mij de combinatie van je levenstijd plus wat jij denkt dat er gebeurt *na* de dood. Dit komt neer op (leven) + (eeuwig leven) als je religieus bent, (leven) × (reïncarnatiecyclus) als je in non-dualiteit gelooft, of gewoon (leven) als je niet gelooft.

Een kwestie van tijd

Lang leven betekent dat we opnieuw moeten nadenken over wat we als normaal beschouwen. Wij vinden de dood

bijvoorbeeld een onderbreking van het leven, maar als je het eens vanuit een ander perspectief bekijkt kun je ook zeggen dat het leven de dood onderbreekt. De dood duurt immers veel langer dan het leven. Hoe kan zoiets waardevols als het leven zo onbeduidend zijn? Hoe kan het maar zo kort duren? En waarom vinden we iets belangrijk dat zo'n klein deel uitmaakt van een oneindig groot geheel?

Wel, het antwoord ligt in de relatie tussen leven en tijd. Gelukkig hoeven we hier niet te vertrouwen op de metafysica. De reguliere natuurkunde heeft de afgelopen anderhalve eeuw gekeken naar het grote geheel, de kleine details en alles wat ertussenin zit. De resultaten van dat onderzoek: de kwantummechanica, de oerknaltheorie en de relativiteitstheorie kunnen ons helpen te begrijpen waarom we het leven en de dood zien als we doen. Dat is goed nieuws, omdat het leven na – en voor – de dood een kernonderwerp is sinds mensenheugenis, en het is fijn om daarover te kunnen praten met een zekere objectiviteit.

Je hebt vermoedelijk weleens gehoord van het beroemde dubbelspleetexperiment in de kwantummechanica. Op deze plek is het voldoende als ik zeg dat het mijns inziens de enige link is tussen de fysica en de aard van het leven zelf. Het verbindt het bestaan van subatomaire deeltjes met de observatie door een levensvorm (jij). In dit eenvoudige experiment worden subatomaire deeltjes – fotons bijvoorbeeld – naar een wand geschoten waar twee spleten in zitten. Als je niet kijkt, schiet een enkel partikel door beide spleten door van deeltje te muteren in een golf. Alleen als je kijkt, verandert de golf weer in een deeltje en gaat dan door één van de spleten. Naar de foton kijken maakt dus dat die ervoor kiest een deeltje te zijn. Dit bizarre gegeven is het onderwerp geweest van vele studies, die uiteindelijk allemaal kwamen tot een unanieme conclusie: de fysieke wereld houdt op te bestaan als die niet wordt geobserveerd!

Schrödingers kat is een beroemde illustratie van dit fenomeen. In dit gedachte-experiment wordt een kat opgesloten in een stalen ruimte met een ingenieuze constructie die een substantie afgeeft waardoor de kat dood kan gaan. De constructie wordt geactiveerd om gif af te geven via een toevallige gebeurtenis waar we geen controle over hebben en die we niet kunnen voorzien van buitenaf. Omdat we het niet weten – aldus de wetten van de kwantummechanica – kan de kat in elke staat verkeren en zowel dood als levend zijn, dus meerdere hoedanigheden hebben. Alleen als we de ruimte openbreken en de conditie van de kat bepalen wordt de kat weer één van de twee hoedanigheden: dood of levend. Dit wordt in de wetenschap de *observers paradox* genoemd: een resultaat kan alleen bepaald worden door een observeerder, zonder de observeerder bestaat het resultaat niet.

De onzekerheidsrelatie van Heisenberg (genoemd naar

de gelijknamige Duitse natuurkundige Werner Heisenberg, 1927) gaat door op dit vreemde fenomeen en bewijst dat onze observaties de realiteit van de wereld die we observeren verandert. De onzekerheidsrelatie beweert dat de fysieke wereld – de wereld om ons heen – afhangt van de observeerder. Zonder een observeerder zou alles een golf van eindeloze waarschijnlijkheden blijven. Jij en ik en elke andere levensvorm zijn niet een product van de fysieke wereld, maar die fysieke wereld is een product van ons, omdat wij hem observeren maken wij de fysieke wereld wat hij is.

Ja, ja, ik flip elke keer weer als ik hierover nadenk!

Wel, met die kwantumgekheid in het hoofd gaan we een heel eind terug, namelijk naar het begin van ons fysieke universum. De oerknaltheorie is het heersende kosmologische model voor hoe ons universum is ontstaan en stelt dat het universum is begonnen met een enkele compacte massa die uitdijde en zo ons hele universum creëerde met alles erop en erin, zoals bijvoorbeeld jou en mij. Na de oerknal kostte het de aarde negen miljard jaar om te versmelten en nog eens vier miljard jaar om bewoond te raken met levensvormen. En daar zijn we dan, mensen.

De kwantum- en oerknaltheorieën samen bekeken werpt een intrigerende vraag op: wat bestond er het eerst? Het leven of het universum dat leven bevat? Het bestaan van elk enkel deeltje – waaruit bijvoorbeeld die oorspronkelijke massa bestond, de expanderende gassen, de oorspronkelijke aarde, elk partikeltje zuurstof in de atmosfeer, elk druppeltje water in de rivieren – had een soort van levensvorm nodig die het bestaan van dat deeltje observeerde. Anders bestond het niet. Tenzij de natuurkundige wetten die wij kennen niet van toepassing waren tussen de oerknal en het ontstaan van het leven in fysieke vorm, bestond er leven voor de fysieke wereld bestond.[3]

Sinds de oerknal is tijd – hoewel misleidend – een van de meest standvastige eigenschappen geweest van de fysieke wereld. En dit is het punt waar onze derde theorie zich gaat mengen.

Einsteins relativiteitstheorie levert nog een hoofdbrekende wetenschappelijke conclusie: dat alle tijd bestaat in een vierdimensionale structuur die ruimte-tijd heet. Zoals ik al eerder beschreef in dit boek betekent de relativiteit van tijd dat jij en ik een verschillende perceptie van tijd kunnen hebben, afhankelijk van onze snelheid, locatie, gezichtspunt en nog een aantal parameters. Overeenkomstig maakt de afwezigheid van absolute tijd elk van onze waarnemingen van het begin en het einde van een bepaalde gebeurtenis anders.

Als we deze drie monumentale theorieën bij elkaar voegen, wordt duidelijk dat het leven – dat het continuüm van alle mogelijke waarnemers omvat – er eerst was. Het leven houdt zich niet aan de regels en principes van de fysieke wereld die al het leven in gang zette. En dat brengt ons bij de volgende, zeer lastige vraag: hoe komt er een einde aan een leven? Een einde is een momentopname. Wanneer begint het? Volgens welke tijd? Jouw tijd of de mijne? Als tijd altijd heeft bestaan, welk leven was er het eerst? Mijn leven of Ali's? Wie ging het eerst dood? Ali of ik? Wat is 'eerst', 'laatst', 'voordat', 'nadat', als alle tijd altijd al heeft bestaan? Er is maar een antwoord:

Onthoud!

Het leven is er altijd.

Onze fysieke vorm heeft last van de beperkingen van het universum, maar volgens Einsteins opvatting van dat universum past in de ruimte-tijdboterham zowel Ali's dood als mijn geboorte. De echte waarnemer van die boterham moet wel buiten de ruimte-tijd staan en een onderdeel zijn van een leven dat al voor het universum bestond. De echte jij en ik, dus niet onze fysieke vorm, ontstijgen met ons langelevencontinuüm de tijd.

Ben je er nog? Ik geef toe dat dit een ingewikkeld concept is. Probeer het te begrijpen en denk eraan: je fysieke zelf is een illusie, jouw leven is niet het door ruimte-tijd beperkte lichaam. Als je aan jezelf denkt als waarnemer, denk dan aan de echte jij en niet de fysieke vorm die je vertegenwoordigt. Dat is wat het leven echt is.

Ik geloof dat Ali's fysieke vorm, zijn lichaam, van mij afstamt maar zijn leven niet. Dat heeft altijd al bestaan, net als het mijne, buiten de grenzen van ruimte-tijd. Ik zie de dood als het einde van onze fysieke gedaante, maar niet als het tegenovergestelde van het leven. De dood is het tegenovergestelde van de geboorte. Geboorte en dood zijn de poorten waardoor we onze fysieke vorm in- en uitgaan. Het leven staat daar los van en speelt zich daarbuiten af. Zonder voor of na. Daarom heb ik vrede met Ali's vertrek. Ik weet dat we elkaar weer tegenkomen.

Onthoud!

Onze fysieke gedaante sterft af, maar wij gaan nooit echt dood.

Wat is er na de dood?

De dood beangstigt ons omdat we bekend zijn met dit leven. We voelen ons hier veilig. Het is een beetje alsof we nog in de baarmoeder zitten waar het warm was, we kregen gratis te eten, er was geen tijdsdruk, we betaalden geen belasting, kortom, het leven was relaxed. Stel je voor dat iemand je toen had verteld dat de bevalling behoorlijk stressvol zou zijn. En dat je je veilige haven ging verlaten en dat je eenmaal buiten niet automatisch zuurstof en voedsel zou krijgen. En dat er daar een soort stadionverlichting in je ogen zou gaan schijnen. Je zou hebben gezegd: *hé man, dat ga ik echt niet doen. Ik vind het fijn hier. Veel beter wordt het niet.*

Maar was het echt zo fijn? Zou je weer terug willen in die baarmoeder? Vind je het hier niet net wat beter? Trek die gedachte eens door. We leven ons leven, met alle ups en downs, totdat iemand ons vertelt dat we op een bepaald moment doodgaan en dat we uit dit leven worden geschopt. Wij zouden op precies dezelfde manier reageren: *dat ga ik echt niet doen. Ik vind het fijn hier. Veel beter wordt het niet.*

Als we nu al wisten dat het allemaal goed komt na onze dood, zou doodgaan niet zo erg zijn, toch?

In Amerika alleen al zijn miljoenen gevallen van bijna-doodervaringen. De meesten komen met een positief verhaal, zoals Anita Moorjani die er een fascinerend boek over schreef. In haar TED-talk zei ze:

> Eigenlijk zou ik hier niet moeten staan vandaag. Ik had dood moeten gaan op 2 februari 2006. Ik leed al vier jaar aan vergevorderde lymfklierkanker. Op een morgen belandde ik in een coma en de dokters hadden me zo goed als opgegeven omdat mijn organen niet meer functioneerden. Toch was ik me overal bewust van, ook al waren mijn ogen gesloten. Ik was me bewust van mijn verdrietige man die mijn hand vasthield. Ik was me bewust van alles wat de dokters deden. Het voelde alsof ik een zicht van 360 graden had. Ik kon alles zien, maar niet alleen in de kamer. Ik was me bewust van mijn lichaam, ik zag het lig-

> gen op het ziekenhuisbed, maar ik zat er niet meer aan vast. Het voelde alsof ik overal tegelijk kon zijn. Ik volgde mijn bewustzijn. Ik was me bewust van mijn broer die in India was en maar net het vliegtuig haalde om naar mij toe te komen.
>
> Ik werd me ook bewust van mijn vader en mijn beste vriend, die allebei dood waren. Ze waren bij me, alsof ze me begeleidden. Wat ik voelde in die ongelooflijk expansieve staat was dat ik alles begreep. Ik begreep bijvoorbeeld dat we allemaal veel groter en machtiger zijn dan we denken als we in onze lichamen zitten. Ik voelde me ook verbonden met iedereen. Het leek alsof ik kon voelen wat zij voelden, maar ik raakte er niet emotioneel bij betrokken. Eerst wilde ik niet meer terug in mijn zieke, stervende lichaam. Ik was mijn familie tot last en ik had pijn, maar het volgende moment leek ik totaal te begrijpen dat mijn lichaam heel snel weer beter zou worden als ik erin zou terugkeren.

Tot verbazing van haar dokters werd Anita wakker uit haar coma. Binnen vijf dagen waren de tumoren in haar lichaam met zeventig procent geslonken en na vijf weken werd ze volledig kankervrij uit het ziekenhuis ontslagen.[4]

De meeste bijna-doodervaringen zijn hetzelfde: mensen gaan door een tunnel, zien licht en hun dierbaren. Ze zien tuinen en rivieren waar alles vredig is, er is liefde en geen ellende.

Veel mensen zeggen dat bijna-doodervaringen gewoon een antwoord zijn van het biologische brein op het proces van doodgaan. Dan zeg ik: *so what*? Wat maakt het uit of het leven na de dood er echt zo uitziet of dat het ons brein is dat maar niet dood wil gaan terwijl het aan het doodgaan is? Wat dan nog als dit het laatste beetje geklets is van je brein? Vergelijk het met een Windows-programma dat crasht. Je krijgt een prachtig blauw scherm te zien vlak voordat het echt 'overlijdt'. Er is niets engs aan. (Het is misschien wel supercool.)

Ik heb zelf ook een heerlijke bijna-doodervaring gehad toen een kleine operatie dreigde mis te gaan. Ik was ongeveer zo oud als Ali. Ik zag dat licht, ik racete door die tunnel en voelde me heel vredig. Het was fantastisch. Het was zelfs zo leuk dat ik best nog een ritje zou willen maken. Maar voorlopig hou ik me nog even bezig met het leven.

Onze sterfelijkheid is – ironisch gezien – onze levenscoach. Je gaat een keer dood, dus je kan maar beter een mooi leven leiden. We gaan eens kijken hoe je geluk kunt vinden ondanks de dood – of beter: *vanwege* de dood.

Dood en geluk

Je wordt gelukkig als je het leven ziet voor wat het waard is. Ali's dood zette mijn leven in perspectief. Toen hij ons verliet liet hij een kostbaar afscheidsgeschenk achter. Hij ontdeed het leven van alle franje, van alle bedrog en schonk ons een leven in al zijn naaktheid, puur. Dingen die be-

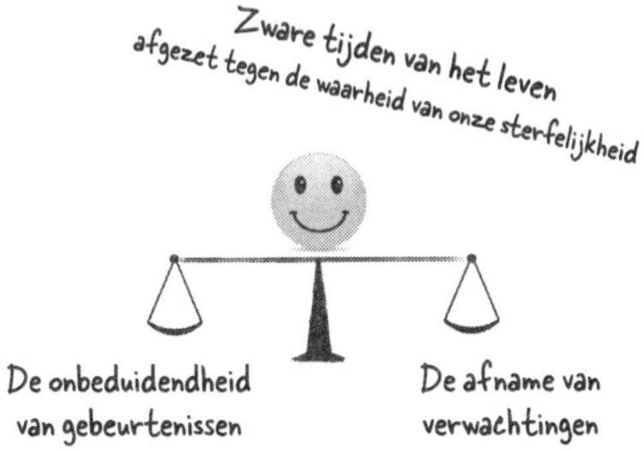

langrijk leken bleken waardeloos. De ware essentie van het leven kwam tevoorschijn.

De dood verankert ons in de waarheid. Het is een wegwijzer die een einde maakt aan alle illusies. Als je denkt dat je alles onder controle hebt gooit de dood roet in het eten. Als je te veel bezig bent met je fysieke omgeving herinnert de dood je eraan dat al het fysieke verdwijnt. Hoe trots je ook bent op je kennis, de dood blijft een onbegrijpelijk mysterie. Blijf maar knokken tegen de vergankelijkheid, de dood verplettert je met onvergankelijkheid. Als je de dood accepteert valt er niets meer te vrezen. Pas dan leef je zonder illusies. En zonder illusies bereik je opperste gelukzaligheid.

Onthoud!

De dood accepteren maakt je vrij, maar pas nadat je er echt nijdig over bent geweest.

De beste levenscoach ter wereld

In islamitische landen zeggen ze: als je een leraar zoekt, kijk dan niet verder dan de dood. Als we ons er echt in verdiepen en luisteren naar de dood, als we erover praten in plaats van het onderwerp te vermijden, leren we drie lessen. En die gaan niet over hoe je moet sterven, maar hoe je een zinvol leven lijdt.

Les 1: de dood is onvermijdelijk

Hoe onwelkom de dood ook is, hij is onvermijdelijk. Dus waarom zou je er je hele leven tegen vechten? De beste generaals beginnen geen oorlog die ze kunnen verliezen. Ze richten al hun aandacht en energie op wat ze *kunnen* beïnvloeden. De eerste les die de dood ons leert is acceptatie.

Geef je over!

Les 2: het leven is nu

Het begin en einde van je leven lijken op de voor- en achterkant van een boek. Ze voelen misschien heel belangrijk, maar ze vallen in het niet bij het verhaal ertussenin.
Hoe zou je leven als je wist dat vandaag je laatste dag was? Sterker nog, waarom leef je nu niet zo, wetende dat dit je laatste dag kan zijn?

Als je zeker wist dat vandaag je laatste etentje was, ga je je dan opvreten over een onvriendelijke ober? Of geniet je van ieder hapje? Als je voor het laatst in de file stond, doe je opgefokt? Of hoop je dat die file nog wel even duurt? Zou je keihard gaan toeteren of zou je rustig nog een keer naar je favoriete liedje luisteren? Waarom geniet je pas van iets als het voor het laatst is?

Onthoud!

Leef elk moment alsof het je laatste is.

Na Ali's dood zaten Nibal en ik een keer oude foto's te bekijken. Nibal liet me een paar babyfoto's van Ali zien en zei: 'Hij was zo'n rustige baby. Hij huilde of klaagde nooit. En nadat die baby een tijdje bij ons was geweest, vertrok hij. Toen kwam de peuter. Die was zo nieuwsgierig en vrolijk. Ook hij vertrok. Het kind kwam langs en dat kind was heel netjes en prettig. Daarna kwam die lieve, gulle jongen, die werd opgevolgd door de beheerste en slimme tiener. En tot slot was daar de knappe, wijze man. En ook die is vertrokken. Ik ben blij dat ik ze allemaal heb gekend en ik mis ze allemaal, maar ze moesten een keer van ons weg.'

Elke dag gaat een versie van jou of iemand die je kent dood. Hij gaat weg en komt nooit meer terug. Zorg dat je ze allemaal waardeert. We racen door het leven maar we vergeten te leven. We blijven maar verzinnen wat we allemaal nog willen doen, maar vergeten dat we er misschien nooit tijd voor zullen hebben. Het leven is één lange *bucketlist.* Ga ermee aan de slag zo lang het nog kan.

Heel belangrijk!

Leef voordat je doodgaat.

Les 3: Het leven is te huur

Onthoud dat je alles achterlaat als je tijd gekomen is: je materiële bezit, de mensen van wie je houdt, alles waar je zo aan gehecht bent.

Dat werpt de allerbelangrijkste vraag op: waarom houden we zo vast aan iets wat we vroeger of later niet meer hebben? Als je zeker weet dat al je geld achterblijft, waarom wil je er dan meer van dan je nodig hebt? Als iemand anders jouw baan later toch overneemt, waarom ben je dan zo bang hem te verliezen? Waarom verzamelen we bezittingen die we vandaag niet nodig hebben terwijl morgen misschien helemaal niet komt? We kunnen opnieuw een simpel rekensommetje toepassen om te begrijpen wat hier misgaat en wat we eraan kunnen veranderen.

Onthoud!

Alles wat je wint, verlies je uiteindelijk weer.

Je kunt hier of verdrietig van worden of de waarheid omarmen. Mijn hele leven en alles wat ik 'heb' is in wezen niets meer dan gehuurd. Ik als huurder geniet er enorm van, maar over een tijdje geef ik het graag aan iemand anders. Ik voel me daar heel vrij door. *Als niets van mij is kan ik ook niets kwijtraken.* Dus ik laat alles een beetje op zijn beloop en geniet zo lang het kan.

Toen ik eindelijk dingen los kon laten, kreeg ik er heel veel voor terug. Steeds wanneer iets uit mijn leven verdwijnt komt er iets nieuws voor in de plaats. Mijn leven wordt er rijker door. Het lijkt op de deeleconomie: je kunt jezelf laten rondrijden in de mooiste auto zonder er een te bezitten. Dus:

Onthoud!

Huur een vol en gelukkig leven.

Door mijn huurleven blijf ik hoopvol omdat ik me realiseer dat slechte tijden ook een einde hebben. Tijden van verdriet, ziekte, verlies of gebrek gaan voorbij. We hebben hier slechts tijdelijk last van. Niets is blijvend.

Doodgaan is alles achterlaten. Ik ben niet bang om

dood te gaan omdat *ik ervoor kies op mijn manier dood te gaan.* Ik kies ervoor om al mijn bezittingen los te laten voordat ze bij me worden weggehaald. Ik kies ervoor ervaringen te huren en ervan te genieten, maar ik laat me niet bezitten.

Als we leren los te laten, leren we dood te gaan voordat we doodgaan. We kunnen genieten van alles in het leven, zolang we ons realiseren dat het niet van ons is. We vinden een heel gevarieerd leven zonder angst. Het leven wordt onze focus. We denken niet meer aan het moment dat we in vrede mogen rusten en leren hoe we kunnen *leven in vrede.*

Heel belangrijk!

Live in peace.

Het spel

Toen Ali overleed vroeg ik me hardop af waar het leven over ging. Schrijven hielp me hierbij. Naarmate de puzzelstukjes op hun plek vielen – de Zelfillusie, de Kennisillusie, de Tijdillusie, de Gedachte-illusie en de Controle-illusie, en daarbij het besef van de dood – werd het beeld helderder. Ik heb alles samengebracht in mijn eigen levensfilosofie.

Als de ware jij niet je lichaam is of je gedachten, hoe verhoudt de echte jij zich dan tot jouw lichaam? En hoe bestuurt die echte jij dat lichaam in onze wereld? Ik vergelijk deze relatie met die van een speler en zijn avatar in een videospelletje waarbij je de virtuele wereld ziet door de ogen van je avatar. Met je controller beweeg je je avatar.

Ali en ik speelden jarenlang videospelletjes. Onze favoriet was Halo en wij hadden de rol van *Master Chief*. Constant werden we aangevallen door duizenden buitenaardse wezens, beesten en monsters. We werden beschoten, van hoge gebouwen gesmeten, opgeblazen, neergestoken en gingen vaak ook dood. Het gebied om ons heen bestond uit vulkanisch lava of gladde hellingen. Het gevaar kwam uit alle hoeken en alles en iedereen was erop uit ons kapot te maken. Maar Master Chief was een doorgewinterde veteraan. Op ons commando liep hij in het heetst van de strijd het spel binnen, schoot zijn vijanden dood en ging weer verder. Hij kreeg er zelf ook flink van langs, maar stond telkens weer op en ging door.

Ali en ik spraken vaak onze strategie door, gaven elkaar complimenten en lachten elkaar uit. We gingen helemaal op in het spel, alsof het echte aanvallen waren. Het grote tv-scherm, de fantastische *graphics*, de dramatische muziek en de realistische geluidseffecten van rondvliegende en inslaande munitie maakten alles heel echt. We speelden soms urenlang en verloren het contact met de 'echte' wereld tot het tijd was om te stoppen. Aan het eind zeiden we altijd tegen elkaar: 'Wow, dat was leuk!'

Leuk?! Het was grof en gewelddadig, als je alleen naar het scherm keek. Er werd een man in elkaar gebeukt, opgeblazen, beschoten en aangevallen vanuit elke denkbare hoek. Het was een bloedbad. Hoe kun je zoiets leuk vinden?

Het antwoord is simpel: *wij* waren niet het slachtoffer. Het geweld, het schieten, het was niet tegen ons gericht.

Winnen was niet belangrijk. Het ging om het spelen. Ik zat op de bank met mijn geweldige zoon en we hadden gewoon lol.

Denk nu eens na over het volgende: in hoeverre verschilt jouw leven op deze aarde van een videospel? Als jouw lichaam – zeg maar de avatar die je gebruikt om door het leven te gaan – niet de echte jij is, dan maakt het toch niet uit als je onderweg tegen een paar flinke uitdagingen aanloopt? Als het leven tegenzit, wat doet dat met de echte jij, de jij die op de bank de controller vasthoudt?

Hoe we ook opgaan in het leven, we redden ons heus wel. We hebben onze ups en downs, we winnen en verliezen, maar dat maakt niet uit, want als we focussen op het spel is elke ervaring nieuw en leuk. Hallo gamers!

Echte gamers willen hun spelletje altijd op het hoogste level spelen. Als Ali alleen speelde, stelde hij Halo altijd in op *legendary*, het ingewikkeldste level. Alleen als hij met mij speelde, nam hij met een lager level genoegen.

Als spelletjes te makkelijk zijn is er geen uitdaging. Het wordt saai, er is geen lol aan. Pas als het spel moeilijker wordt, doen we ons best, leren we iets en ontwikkelen we nieuwe talenten. De beste spelers krijgen soms behoorlijk wat klappen te verwerken, maar daar leren ze van. Ze passen hun spel aan en komen op het juiste moment terug. Het klinkt misschien raar, maar hoe moeilijker het spel, hoe leuker het wordt.

Beantwoord de moeilijke momenten in het leven met een glimlach. Het leven is nu eenmaal een complex spel. Laat je niet foppen door *sound effects,* laat je niet afleiden door een nepexplosie. Ali stuurde zijn avatar altijd naar plekken met veel lawaai en rook, omdat hij altijd actie zocht. *Waar het moeilijk wordt, is het leuk!*

Nog even terug naar de *levels*. Een level in een videospelletje is de ruimte die je als speler hebt om een bepaald doel te bereiken. Als je het einde van een level haalt, ga je door een soort portal. De console wordt even donker terwijl het spel nieuwe gegevens laadt. Als het scherm weer oplicht zit je in een totaal nieuwe omgeving, een nieuw level. Misschien zit je opeens in de jungle, in plaats van in de stad. Het nieuwe level verandert ook het spelgevoel. In de jungle kom je niet zo snel vooruit en zie je vaak niet goed waar je heen gaat, een extra moeilijkheidsgraad en dus meer plezier.

Bij elk level leer je nieuwe vaardigheden en leer je het spel beter kennen. Als je het doel van je level hebt bereikt, heeft het weinig zin om in dat level te blijven. Je wilt door naar het volgende niveau.

Intrigerend concept, toch? En het is uit het leven gegrepen.

Het doel van het leven is misschien iets lastiger dan het volgende level van een videospelletje, maar het proces is vergelijkbaar. We zijn via een portal die geboorte heet in dit levenslevel terechtgekomen vanuit een voorgaand level dat we niet kennen. En we verlaten dit level via een portal dat dood heet naar een level dat we ook niet kennen. Is dit leven misschien slechts een leven in een veel groter spel?

De meeste religies en spirituele leerstellingen lijken hierin te geloven. Ze vertellen ons dat de dood gewoon een poort is naar een ander leven en dat we nooit echt doodgaan – alleen onze fysieke gedaante sterft. Als je dit level verlaat neem je niets mee, alhoewel je goede daden je een betere positie kunnen verschaffen in het volgende level. Sommige godsdiensten prediken dat als je in je haast om door het spelletje te klikken wat steken hebt laten vallen, je via reïncarnatie nog een kans krijgt het level over te doen.

Ik wil die vergelijking graag nog verder doortrekken en je vertellen hoe je vals kunt spelen en sluiproutes kunt nemen. Je weet dat Ali een serieuze gamer was. Terwijl ik onhandig zat te klooien met de controller en probeerde de virtuele omgeving te bevatten met mijn oldskool hersenen, leek het alsof Ali zijn eigen ogen en benen in het spel gebruikte. Als we samen speelden was hij me altijd een stap voor, ik kon hem nauwelijks bijbenen. Hij racete door de saaie onderdelen van het spel en genoot van de spannende dingen.

Soms sloeg hij af en bleef dan een moment wachten voor een boom of een muur. Dan keek hij even om waar ik bleef om daarna dwars door het obstakel heen te rennen. Hij speelde vals, gebruikte een sluiproute om naar het volgende level te komen. Dan legde hij zijn controller neer en zei liefdevol tegen me: 'Geeft niks pap, ik wacht hier op je.' Soms moest ik door een heel level heen ploegen en door de portal om me bij hem aan te kunnen sluiten. Soms vond ik dezelfde sluiproute. Ali stond me altijd op te wachten, met een high five en zei dan glimlachend: 'Ik ben trots op je, pap.' En dan verkenden we samen het volgende level van het spel.

Ali had een vol leven. Hij genoot van de beste onderdelen van dit level – het leven – met vrienden, muziek en nog veel meer. Hij was altijd blij. Ik heb er geen wetenschappelijk bewijs voor maar ik denk dat hij op 2 juli 2014 een sluiproute nam. Toen Nibal en ik om elf over vier in de ochtend op de gang van de intensive care zaten te wachten, voelden we opeens een enorme positieve energie. Ali's oom, die duizenden kilometers van ons af zat, sms'te ons dat hij ook zoiets had gevoeld.

Een paar seconden later kwam een dokter in paniek naar buiten rennen. Hij riep er andere artsen bij die allemaal jachtig op en neer begonnen te lopen. Wij zaten er rustig bij en keken ernaar. We wisten dat het allemaal oké was. De artsen zeiden dat Ali weer stabiel was, maar ik wist vanbinnen dat hij zijn sluiproute had gevonden. Hij keek ons liefdevol aan en zei: 'Geeft niks pap, ik wacht hier op je.'

Ooit, als mijn werk hier klaar is, kom ik ook aan het einde van dit level. Wij allemaal. Doe je ding, *ya habibi*. Ik haal je wel weer in.

Begrijp je het al? Het is allemaal maar een spel. Dus speel, leef, leer en:

Heel belangrijk!

Have fun!

Ali's laatste wens

Alsof hij wist dat hij ons ging verlaten vroeg Ali zijn laatste maanden van zijn leven aan bijna iedereen die hij ontmoette: wat gebeurt er met ons als we doodgaan? Zoals typisch voor hem was luisterde hij vervolgens aandachtig naar het antwoord. Hij stelde ook vervolgvragen, luisterde en knikte dan instemmend. Hij kreeg heel veel verschillende antwoorden. In een van zijn laatste gesprekken, een paar dagen voor zijn dood, vertelde hij een vriend hoe hij erover dacht. Hij zei: 'Ik denk dat we het pas weten als het zover is, maar ik ben optimistisch. Alles wat ik wil aan de overkant is naar de hoogste plek gaan en het gezicht zien van degene die dit geweldige universum heeft geschapen.'

Zelfs bij zijn vertrek liet hij nog een boodschap achter.

Hij vertelde ons dat hij dagen voordat hij vertrok zijn vrede had gevonden. Ga zo door, mijn geweldige vriend, maar beantwoord nog even deze vraag: is je wens uitgekomen? Is er een spelontwerper? Is er iemand die dit allemaal heeft gemaakt, of verzinnen we dat maar?

We moeten nog één waarheid bespreken, lieve lezer. Niet stoppen, alsjeblieft. Lees verder.

HOOFDSTUK 14

Wie maakte wie?

Is 'God' een idee van ons, of zijn wij een creatie van 'God'? Het is de meest besproken kwestie ooit. En ook al wordt het debat meestal op ideologische manier gevoerd, de discussie is cruciaal bij het streven naar geluk, helemaal als je iemand verliest.

Aan één kant van het spectrum heb je de gelovigen die denken dat een god alles heeft gecreëerd. Als onderbouwing van dit idee vertrouwen ze volkomen op hun geloof en zijn logica en wetenschap niet per se nodig. Aan de andere kant van het spectrum staan de ongelovigen die zeggen dat de herhaling van een reeks willekeurige gebeurtenissen de wereld heeft gecreëerd. De oerknal en later de evolutie en natuurlijke selectie zorgden voor waar en wie we nu zijn. Er is weinig raakvlak tussen deze ideeën. We geloven allemaal in iets, maar we zijn het er niet over eens wat de kern van de discussie is.

Wat we bedoelen als we 'god' zeggen hangt enorm af van onze culturele, geestelijke en religieuze achtergrond. Veel meningsverschillen zijn dan ook eerder misverstanden dan fundamentele meningsverschillen. Maar bij ons onderzoek naar geluk zijn we op zoek naar de waarheid, dus zijn we geïnteresseerd in de basisprincipes – vooral waarom het leven ons steeds zo blijft verrassen, ook in negatieve zin en niet aan onze verwachting voldoet. De belangrijkste vraag voor onze zoektocht naar geluk is: *zijn het leven en het universum toevallig ontstaan of zit er een ontwerp achter?*

Als je het hebt over een ontwerp, is de vraag naar een ontwerper niet ver: een god. Toen ik begon te schrijven over de grote waarheden, zei iedereen dat ik dit onderwerp moest vermijden. Praten over god werkt polariserend en er komt niets goeds uit. Maar de kwestie bleef steeds terugkomen omdat het concept van het grote ontwerp een hoofdrol speelde in het verwerken van mijn verlies en het vinden van mijn geluk. Mijn geluksmodel zou zelfs een belangrijk ingrediënt missen als ik geloofde dat mijn verlies toeval was.

Het idee van het grote ontwerp houdt in dat elke minuscule beweging in het universum volgens een nauwkeurig, ingewikkeld patroon verloopt. Dat niets toevallig is. Hierdoor begrijp ik dat lange rijen voor de kassa daar niet staan omdat ik een rotdag heb maar omdat de aanbiedingen die dag meer mensen naar de supermarkt hebben gelokt. Ontwerp betekent ook dat de tsunami in Azië niet is veroorzaakt door een boze of afwezige god, maar door de verschuiving van tektonische platen waardoor een aardverschuiving onder de zeebodem plaatsvond.

Als we de op onszelf gerichte en door ons brein bedachte verhaaltjes over waarom dingen gebeuren elimineren, ontdekken we dat alles deel uitmaakt van een secuur gesynchroniseerd universum, waar bepaalde formules (hoewel ons soms onbekend) altijd toepasbaar zijn. Als je deze eenvoudige waarheid accepteert kan dit je leven veranderen en je Geluksformule voor eens en voor altijd kloppend maken.

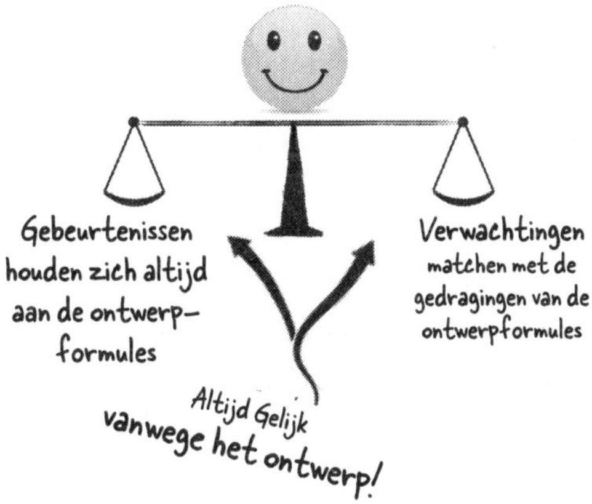

Een simpel voorbeeld. We weten dat de tegenovergestelde polen van een magneet elkaar aantrekken. Er is een natuurkundige wet die dit gedrag nauwkeurig aantoont, dus het zou stom zijn daaraan te twijfelen of van slag te raken als het gebeurt. Op dezelfde manier weet ik dat dingen meestal gaan als ik ongeveer verwacht en hoewel ik dat niet altijd *leuk* vind, zou het naïef zijn te verwachten dat het anders zou zijn. Ik heb daar vrede mee. Ik weet inmiddels dat ik maar één van de miljoenen parameters ben die invloed hebben op het pad van het leven.

Er komt bij ontwerp meer kijken dan alleen een ander verwachtingspatroon. Als je gelooft in ontwerp, geloof je ook in een ontwerper. En dat heeft een belangrijke invloed op ons geluk. Als je meevoelt met mijn verdriet over Ali, begrijp je waarschijnlijk ook waarom ik geloof in een ontwerper. Ik geloof namelijk echt dat we deel uitmaken van iets groters dan alleen de fysieke wereld en dat het goed gaat met Ali. Dit idee is voor mij geruststellend omdat ik niet wil geloven dat hij in het niets is verdwenen, ook al is hier geen wetenschappelijk bewijs voor. Geloven in zo'n 'sprookje' verzacht de pijn een beetje. Maar wat nog meer helpt is mijn geloof dat het geen sprookje is.

Stel dat ik wiskundig kan bewijzen dat het idee van een ontwerper klopt. Ik denk dat ik het kan. Als ik wetenschappelijk bewijs heb, vind ik niet alleen *troost* in het verhaal, maar kan ik zelfs weer *gelukkig* worden.

Ik ga je het idee van een ontwerper uitleggen, niet vanuit religieus oogpunt maar met het verstand van een analytisch ingenieur. En vergeet niet, het is slechts *mijn* standpunt. Er zullen dingen zijn waar je het mee eens bent en waar je niets mee hebt. Zoek vooral je eigen waarheid.

We gaan op zoek naar het antwoord op de vraag die de mens al eeuwen bezighoudt. Dus geef me een paar pagina's om de puzzelstukjes bij elkaar te leggen en er een samenhangend geheel van te maken.

Ben je er klaar voor?

De probleemstelling

Het gaat in mijn vak net als in het leven: de belangrijkste stap op weg naar een antwoord is altijd de vraag zelf. Als we niet weten wat we willen oplossen, deugt het antwoord niet. Dus moeten we de vraagstelling nauwkeurig formuleren.

Om verwarring te voorkomen en heen te stappen over eeuwenlang gesteggel over dit onderwerp, vermijden we begrippen als *god, schepper, Heilige Geest, hogere macht, collectief bewustzijn* of zelfs *de macht*. Religies en spirituele instellingen hebben deze termen al zo vaak misbruikt voor hun eigen bestwil. Ik gebruik daarom *de ontwerper*, waardoor onze vraag zo puur mogelijk wordt.

Gelaagdheid aanbrengen

Een volgende belangrijke stap is de vraag *eenvoudig* formuleren, zodat er niet steeds vervolgvragen komen. Als we de kernvraag eerst oplossen is het makkelijker om eventuele vragen te beantwoorden die daaruit voortvloeien.

De stand-upcomedian George Carlin maakt graag grappen over de gelaagdheidskwesties van religie en God:

> Godsdienst heeft mensen ervan overtuigd dat er een *onzichtbare* man is, die in de hemel woont en alles ziet wat jij en ik de hele dag doen. Hij heeft *een lijst van tien dingen die je van hem niet mag doen*. En als je ze wel doet heeft hij een *speciale plek met vuur* waar wordt gemarteld, waar hij je heen stuurt om tot *in het oneindige* te lijden … Maar hij houdt van je! ... En *hij heeft je geld nodig*. Hij is almachtig en alwetend, maar kan op de een of andere manier niet met geld omgaan. Ik heb geprobeerd in God te geloven maar ik kom er steeds meer achter dat er iets niet klopt. *Oorlog, ziektes, dood, vernietiging, hongersnood, viezigheid, armoede, marteling, misdaad en corruptie*. Wat een knoeiwerk! Dat hoort toch niet thuis op het cv van een hogere macht. Dit soort

broddelwerk verwacht je van een incompetente uitzendkracht. Als er een god is zouden mensen toch moeten zien dat hij incompetent is, of dat het hem gewoon *geen **** interesseert.*[1]

Deze kwesties zijn belangrijk en moeten worden besproken. Ik weet zeker dat jij er ook weleens over nadenkt. Het zijn ook allemaal goede voorbeelden van gelaagdheid.

Als die gelaagdheid de kernvraag in de weg staat ontspoort de discussie. We raken hierdoor gefrustreerd en het wordt steeds moeilijker het probleem op te lossen. Het is efficiënter om bijzaken van het ontwerp-ontwerpervraagstuk te vermijden.

Carlin stipt de claims, interpretaties en fabeltjes aan van religieuze instituten die pretenderen eigenaar te zijn van het merk God. Ik vind veel van die fabeltjes ook onzinnig en provocerend, maar ze doen er hier nu even niet toe. Als iemand met een onzinverhaal komt, bijvoorbeeld dat Facebook is ontstaan nadat er een meteoriet op Mark Zuckerbergs computer viel, betekent dat toch niet dat Zuckerberg zelf niet bestaat? Het maakt niet uit wat wij vinden van een eeuwigheid in de hel of wandaden van de mens, vreselijke natuurrampen of andere gebeurtenissen die aan god worden toegeschreven. Je kunt ze vergelijken met je afkeer van een politieke partij: je weet dat die afkeer niet betekent dat de partij niet bestaat.

Ik probeer de subvragen even los te laten en logisch na

De kwestie van 'God'

te denken totdat we de formulering van de kernvraag te pakken hebben. Ik ontken al die andere zaken niet, maar ik leg ze even apart. Probeer het concept van de veronderstelde 'ontwerper' niet te koppelen aan religie of sprookjes en probeer er ook niets aan toe te kennen. We gaan eerst dit probleem oplossen: *is ons universum toevallig ontstaan of zit er een intelligent ontwerp achter?*

Als de conclusie is dat er geen ontwerper is, zijn alle subvragen sowieso overbodig. Maar als we erachter komen dat er waarschijnlijk wel een is, kun je al die vragen een voor een stapelen op die basisvraag. Heeft die ontwerper ook gecreëerd? Was er een boodschap? Enzovoort. Laten we gewoon beginnen. Het zal je niet verbazen hoe we beginnen, want je kent mijn achtergrond.

Het is een wiskundig probleem

Ik ben geboren als moslim. Moslimgeleerden roepen al eeuwenlang doe *dit* en doe *dat* niet. Net als alle andere geestelijk leiders. Ze gaan voorbij aan de bron van spirituele islam en ze ontmoedigen mensen vaak hun eigen antwoorden te zoeken.

Toen ik zestien werd ging ik me hiertegen verzetten en verzon ik mijn eigen hypothese. Ik zei tegen mezelf dat ik een agnost was en ik ging op zoek naar mijn eigen antwoord. Ik liet alle bijzaken weg, de legendes, de fabeltjes, de gospels en de emoties. En wat hield ik over? Wiskunde. Ik ging aan de slag met getallen en ontcijferde de feiten rondom intelligent ontwerp. Tussen alle oude en wazige opvattingen vond ik twee termen die fundamenteel – en oplosbaar – tegenstrijdig zijn: *afwezigheid* en *aanwezigheid*.

Afwezigheid versus aanwezigheid

Als agnost vond ik het makkelijker de atheïstische kant van de discussie te kiezen en de vraag zo te formuleren: hoe kun je *bewijzen* dat er een ontwerper is?

Ik dreunde meteen de antwoorden op die ik met mijn creationistische achtergrond had geleerd – spirituele verhalen en oude geschriften die helemaal niets bewijzen. Ik liep een beetje vast in mijn hoofd totdat ik me realiseerde dat *de vraag niet compleet was* en dat ik nooit tevreden zou zijn met de antwoorden. Een evenwichtige, agnostische vraag zou moeten gaan over bewijs dat er een ontwerper is maar ook over bewijs dat die er niet is. Hierdoor zou de bewijslast bij beide partijen terechtkomen. Ik verbaasde me erover dat atheïsten deze vraagstelling nooit hadden gehanteerd. Pas toen ik het me afvroeg werd het me duidelijk:

Heel belangrijk!

Er is geen wetenschappelijke manier te bewijzen dat iets niet bestaat.

Het is wetenschappelijk onmogelijk een ontkenning te bewijzen. Het is natuurlijk makkelijk te bewijzen dat apen bestaan. Je hoeft er maar een te vinden en klaar ben je. Maar het is onmogelijk te bewijzen dat een denkbeeldig figuur, we noemen hem een *flieper*, niet bestaat. Je zou elke millimeter van het universum moeten uitpluizen om daar zeker van te zijn. Het universum is daar natuurlijk veel te groot voor. Daar komt bij dat we met onze beperkte zintuigen een ontkenning nooit volledig kunnen bewijzen. Als fliepers minuscuul klein zouden zijn, zouden we ze niet kunnen waarnemen en dat zou ook zo zijn als ze groter waren dan ons universum.

Maar ook dit is waar:

Onthoud!

Gebrek aan bewijs dat iets bestaat betekent niet dat het niet bestaat.

Het is vaak voorgekomen in de geschiedenis dat we bepaalde essentiële delen van het universum over het hoofd hebben gezien. Sterker nog, we hebben het grootste deel ervan eeuwenlang niet gezien. We hebben duizenden jaren de ruimte ingekeken en gedacht dat de sterren en planeten rondzwierven in het niets, in een vacuüm. Nu weten we dat alles volledig is ondergedompeld in zwarte materie.

Was er ooit een manier om te bewijzen dat dit belangrijke deel van het universum niet bestond? Nee, nooit. Er was wel een manier, in de jaren zestig, om eindelijk aan te tonen dat het wel bestaat, maar we kunnen de zwarte materie nog steeds niet *zien*. We kunnen het bestaan alleen bewijzen door naar het gedrag van de kosmos te kijken.

Nu we erachter zijn dat we het grootste deel van het universum een tijdlang verwarden met een vacuüm, kunnen we ons afvragen wat er nog meer bestaat zonder dat we het kunnen zien. Misschien moeten we anders gaan kijken naar het bestaan in het algemeen.

Heel belangrijk!

Gebrek aan bewijs dat iets niet bestaat zou gezien moeten worden als een *waarschijnlijkheid* voor dat bestaan.

En hier moeten we met getallen gaan werken. (Ik zei het toch, het is allemaal wiskunde!)

We meten de kans op het bestaan van iets met een *waarschijnlijkheid*, hoe klein die kans ook is. Hoewel jij en ik bijna zeker weten dat fliepers niet bestaan, is er een heel kleine kans dat ze bestaan. Sinds ik zo ben gaan denken gebruik ik steeds vaker het woord *waarschijnlijkheid* in mijn onderzoek. En zo kwam ik op een belangrijk onderscheid in de probleemstelling.

Zeker vs. misschien

Het debat over het grote ontwerp speelt zich af binnen de Kennisillusie. De ene partij gelooft heilig in de goddelijke macht als intelligente ontwerper en de andere partij gelooft even sterk in toeval. Ze 'weten' allebei dat ze gelijk hebben. Helaas *hebben ze het allebei verkeerd.* Er ontbreekt sluitend bewijs voor beide kanten. En in de wiskunde leidt het ontbreken van sluitende antwoorden – de belangrijkste premisse van onze conversatie, tot een kwestie van *waarschijnlijkheid*: de vraag welke partij het *waarschijnlijkst* gelijk heeft. Door deze kleine verschuiving van perspectief wordt de probleemstelling duidelijk:

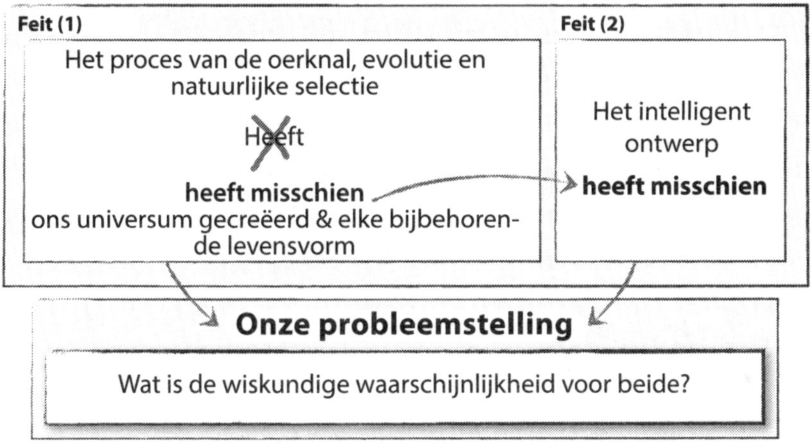

Nu we de probleemstelling geformuleerd hebben, kunnen we gaan zoeken naar het antwoord. We hoeven alleen de waarschijnlijkheid van het gelijk van beide partijen te berekenen. Geen eigenzinnige argumentatie meer. We kunnen ons in feite zelfs beperken tot slechts de helft van de vraag. Volgens de waarschijnlijkheidstheorie kunnen we één kant van het probleem oplossen, want als we de getallen kennen die die kant ondersteunen, vinden we de waarschijnlijkheid voor de andere kant door die af te trekken van 100 procent. Oké, we gaan kauwen op de wetenschappelijk ondersteunde willekeurigheidskant.

Wil je even pauzeren terwijl ik aan het rekenen sla? Dat is geen slecht idee. Kom zo lekker fris weer terug. Er komen flink wat getallen langs.

Welkom in het creatiecasino

De ongelovigen beweren dat een reeks willekeurige gebeurtenissen, gereguleerd door natuurlijke selectie genoeg is om alles te creëren wat wij kennen. Toeval biedt ruimte voor elk mogelijk scenario (bij de dobbelsteen bijvoorbeeld is dat 1, 2, 3, 4, 5 of 6) waarna de natuurlijke selectie zich ermee bemoeit, de eerste vijf mogelijkheden verwerpt en de zes overhoudt. Natuurlijke selectie vermindert niet het aantal pogingen om tot een bepaald resultaat te komen, maar stoot gewoon de missers af nadat die zijn ontstaan. In het geval van een complex systeem, zoals levende organismen, kan er veel misgaan, maar als er maar genoeg tijd is – denken de evolutionisten – komt er iets uit dat zich heel goed heeft aangepast aan ons universum en alles wat zich daarin afspeelt. Mijn wiskundige brein is het hier volledig mee eens. De vergelijkingen kloppen. Als je maar genoeg pogingen doet is elke samenstelling mogelijk. Hierop zijn geen uitzonderingen.

Maar het feit dat het mogelijk is bewijst niet dat het waar is. Je de echte wereld voorstellen en wat daarin allemaal gecreëerd is door natuurlijke selectie is wel wat anders dan even een paar cijfers toevoegen aan een vergelijking. Alles *zou* gecreëerd kunnen zijn door evolutie, maar de vraag is: *wat is de kans dat het ook echt zo is?* Hoe groot zijn die getallen waar we het hier over hebben? Laten we beginnen met een eenvoudig voorbeeld van willekeur om je wiskunde even op te frissen.

Stel je voor dat je een miljard euro kunt winnen in een casino. Je hebt een aantal doosjes met daarin een aantal dobbelstenen. Je taak is simpel: gewoon gooien met die stenen. Als bij elke worp alle stenen op de zes terechtkomen, ben jij een miljardair. Doen?

Een kwestie van geluk

Dobbelen komt het dichtst in de buurt van toeval. Als je maar vaak genoeg gooit komen de stenen altijd wel een keer goed terecht (op 1, 2, 3, 4, 5 en 6). Op een gegeven moment gebeurt het, maar wanneer? Dat hangt helemaal af van het resultaat dat je wilt bereiken.

Eerst probeer je een zes te scoren. Geen geheim: je gooit gemiddeld elke zes keer een zes. Als je mazzel hebt gebeurt het al snel en anders doe je er wat langer over, het gemiddelde blijft hetzelfde.

Nu gaan we voor een iets moeilijker resultaat. Gooi met twee dobbelstenen en probeer dubbel zes te gooien. Het wordt ingewikkelder maar nog niet echt moeilijk. Je moet wat meer geluk hebben. De kans om zes te gooien met losse dobbelstenen is nog steeds 1 op 6, maar je kans om met beide op hetzelfde moment zes te gooien is niet verdubbeld omdat je nu met twee stenen gooit, het iis gekwadrateerd. Niet 1 op 12 dus, maar 1 op 36.

Dit gaat zo door en het duurt niet lang voordat je kansen als sneeuw voor de zon verdwijnen. Hoe meer dobbelstenen, hoe minder kans. Als je met drie dobbelstenen gooit heb je gemiddeld 216 pogingen nodig om drie zessen te gooien en als je met tien stenen – tien maar – werpt is je kans 1 op 60 miljoen.

Met tien dobbelstenen dobbelen klinkt eenvoudig, maar als je daarop je geluk zou baseren, zou je het spel dan spelen met tien stenen? Wat zouden je kansen zijn? Denk daar eens over na voor je verder leest. Zou je de gok wagen?

Vergelijk het proces van dobbelen met tien stenen eens met de creatie van een complex systeem, de complexiteit van het creëren van een compleet universum, of zelfs maar één levend wezen. De kans dat dat lukt staat gelijk aan het gooien van miljoenen, nee miljarden en nog eens miljarden dobbelstenen. Zou je daarop gokken?

Er is simpelweg niet genoeg geluk

De complexiteit van het universum gaat ons voorstellingsvermogen te boven, zelfs mijn wiskundig brein schiet hier tekort. Het zou allemaal misschien wel te bevatten zijn als we het 'probleem' terugbrengen tot één gebeurtenis of nog makkelijker, een roman die de gebeurtenis beschrijft. Hoe groot is de kans dat zo'n boek toevallig wordt geschreven?

Ik wil graag een bekend voorbeeld uit *De Ontrafeling van de Kosmos* van Brian Greene aanhalen. Hierin wordt de complexiteit van het universum aangetoond aan de hand van een roman. *Oorlog en Vrede* is het wereldberoemde boek van Leo Tolstoi over de Franse invasie van Rusland, gezien door de ogen van vijf Russische families. Tolstoi heeft meer dan 560.000 woorden nodig om dit flinterdunne stukje van ons complexe universum te beschrijven. Tolstoi *creëerde* geen gebeurtenissen in die tijd, hij schiep ook niet de vijf families, Frankrijk of Rusland, Napoleon en zijn leger of de sneeuw waar ze doorheen moesten. Hij ordende alleen zijn woorden zodat hij de gebeurtenissen kon beschrijven. Hij creëerde hiermee een *uiterst gesimplificeerde* versie van ons universum, een versie die nooit toevallig had kunnen gebeuren. Tolstoi moest de letters in de goede volgorde zetten om tot die honderdduizenden woorden te komen. Die woorden moeten op hun beurt ook weer goed komen te staan, om vervolgens terecht te komen in tienduizenden zinnen, duizenden paragrafen en honderden pagina's. We kunnen al deze waarschijnlijkheden berekenen, te beginnen met een experiment dat je zelf kunt doen.

Koop *Oorlog en Vrede*, scheur de pagina's eruit en gooi die in de lucht. Stel dat ze door een wonder der natuur allemaal op één stapel terecht komen. Wat is dan de kans dat ze precies in de goede paginavolgorde op elkaar landen?

Ze kunnen maar op één manier goed terechtkomen en op een gigantisch groot aantal manieren verkeerd. Om precies te zijn: er zijn voor de pagina's 10 tot de macht 1878 mogelijkheden (dat is een 1 gevolgd door 1.878 nullen) om neer te komen.[2] Slechts *één* hiervan is de correcte manier.

Dit soort duizelingwekkende getallen worden voor het gemak weggelaten in de discussie over evolutie en intelligent ontwerp. Maar nu je de getallen kent, kun je misschien wel beter gokken. Als een fruitautomaat gevuld moest worden met zoveel miljarden munten voor elke jackpot, hoeveel spelers denk je dat er voor die automaat zouden blijven wachten? Zou jij het doen?

Wat is de enige manier om de pagina's van die roman weer in een geordende stapel te krijgen? *Interventie.* Iemand moet die pagina's oprapen en ze op een *intelligente* manier weer op volgorde leggen om er een leesbare roman van te maken.

We gaan door. Laten we eens inzoomen op het boek en na de pagina's eens naar de zinnen kijken. We geven een aap (we noemen hem Randy) een typemachine en leren hem op de toetsen te drukken. Randy is geen auteur, hij produceert gewoon een reeks letters achter elkaar. Geef Randy een oneindige hoeveelheid papier en tijd. Het schrijven van een legendarische roman is geen sinecure, dus laten we eerst eens kijken hoe effectief onze willekeurige aap een simpele zin optikt.

Deze kortere zin wordt geschreven met zomaar wat toetsen

Deze zin bestaat uit 56 leestekens en spaties. Er kan een willekeurige keuze worden gemaakt uit een alfabet van 26 letters en een spatiebalk. We gaan bij elke 56 aanslagen van Randy kijken of hij een zin correct heeft getypt. Makkelijk toch? Nee, niet echt.

Als we ervan uitgaan dat Randy met 220 woorden per minuut de snelst typende aap ter wereld is, moeten we hem om de tweeënhalve seconde checken.[3] Het is inderdaad saai, maar laten we het maar doen zodat we snel door kunnen naar onze belangrijkste opdracht. Hoe lang zou het duren voordat toeval een goed resultaat oplevert? Welnu, dat duurt wel even: 143 miljoen-biljoen-biljoen-biljoen jaar om precies te zijn. En in die tijd kwam je 11,4 biljoen-biljoen-biljoen-biljoen-biljoen-biljoen spelfouten tegen.[4] O, en trouwens, dat is ongeveer 2,5 biljoen-biljoen-biljoen-biljoen-biljoen-biljoen keer de leeftijd van de aarde.[5] Onwaarschijnlijk lang toch, voor zo'n simpele opdracht? En hoe zit dat met het schrijven van *Oorlog en Vrede*, de belangrijkste opdracht?

Hou je vast. Als Tolstoi *Oorlog en Vrede* had geschreven door willekeurige toetsen in te drukken, uitgaande van een gemiddelde van zes letters per woord, zou het hem 27 tot de macht 3.480.000 (dat komt neer op een 27 gevolgd door 3.48 miljoen nullen) pogingen hebben gekost om het tot een einde te brengen. Randy's versie zou geen interpunctie bevatten en het hele boek zou een lange zin zijn, waardoor het veel moeilijker te lezen werd, maar hé, hij is maar een aap. Typ dat getal in een rekenmachine van je keuze en het intelligente ding zal de waarde vervangen door iets begrijpelijkers: *oneindigheid.*

Het wachten op die ene geordende versie zou een gigantisch lange tijd duren, gelijkwaardig aan het wiskundige nooit. *Oorlog en Vrede* kan niet toevallig geschreven worden, ook niet als onze willekeurige aap tig keren de leeftijd van onze aarde zou hebben. Hierop wachten zonder dat er een intelligente auteur aan te pas komt, zou een mega gok zijn, eentje die een wiskundige niet zou aanbevelen. Daar ben je het waarschijnlijk wel mee eens.

Randy's simpele opdracht was een zin te schrijven en daarna een roman. We hebben hem niet gevraagd de mensen te creëren die in het verhaal spelen, of het land dat werd binnengevallen, of de miljarden levende wezens eromheen die niet in het plot waren verwerkt. En als we dat wel hadden gedaan? Wat als toeval niet begon op een onbeschreven velletje papier maar in het luchtledige? Wat als Randy de sterren had moeten scheppen, de planeten, de gunstige omstandigheden voor leven op aarde, het leven zelf, met zijn willekeurige aanslagen op de typemachine? Hoeveel pogingen zou hij daarvoor nodig hebben? Denk je echt dat een aap dat allemaal kan?

Als we naar de berekeningen kijken, geloven we nooit dat een roman toevallig tot stand kan komen. Waarom geloven sommigen dan toch dat die complexe wereld, waarover het boek gaat, tot stand is gekomen door toeval? Ik vraag het me echt af.

Er is gesjoemeld

Brian Greene gebruikte het beeld van *Oorlog en Vrede* en het omhoog gooien van de pagina's om een interessante eigenschap van ons universum aan te tonen: entropie. Het is een eigenschap die ik niet meenam in de oorspronkelijke berekening omdat die de opdracht voor de aap nog moeilijker had gemaakt.

Stel je voor dat er geknoeid was met de typemachine zodat die regelmatig een zin uitwiste die net was geschreven. Zo'n kleine ramp zou Randy's onmogelijke taak nog kanslozer maken – en dat is precies hoe het universum werkt.

Onze wereld neigt naar chaos. Alles wordt steeds ongeorganiseerder, in lijn met de voortschrijdende tijd. Entropie (waarmee in de wetenschap de mate van wanorde wordt gemeten) wordt nooit minder. Je hoeft geen natuurkundige te zijn om te zien dat de wereld de neiging heeft af te breken wat net perfect tot stand is gekomen. Onze wereld wordt steeds chaotischer. We zien regelmatig een glas breken, maar nooit weer heel worden. We zien wilde planten op afgelegen plekken, maar we zien ze nooit netjes transformeren tot een keurig geknipte heg. Duizenden bubbels borrelen willekeurig in een glas prik, maar ze keren samen nooit weer terug in de fles. De chaostheorie laat dit niet toe. Hierdoor kunnen opeenvolgende gebeurtenissen in een complex systeem zich nog moeilijker afspelen in de juiste volgorde.

En orde is belangrijk. Ik heb al laten zien dat de kans dat je in één keer tien zessen gooit 1 op de 60 miljoen is. Als ik je nou eens vroeg dit drie keer achter elkaar te laten gebeuren. Tien zessen gooien, de dobbelstenen weer pakken en nog eens tien keer zes te gooien en daarna nog eens.

Onwaarschijnlijk, of niet? De waarschijnlijkheid dat een bloem overleeft is nog veel kleiner. Zelfs als een prachtige bloem toevallig zou ontstaan, is een gunstige omgeving nodig om in leven te kunnen blijven. Die omgeving bevatte geen bijen (die kwamen pas later) maar evolutionisten doen dit af als een klein detail en beweren dat bloemen toen geen bijen nodig hadden voor bestuiving. Toch had een bloem zeker nog een aantal andere dingen nodig om te overleven: regen, vruchtbare grond, genoeg zon, enzovoort. Evolutionisten gaan ervan uit dat deze losstaande gebeurtenissen willekeurig bleven gebeuren totdat ze op een gelukkig moment allemaal samenkwamen. Er is niets mis met dat verhaal: het klinkt aannemelijk. Maar vergeet niet de vergelijking met het aantal worpen dat nodig is om tien keer zes te gooien. En dan moeten we ook nog rekening houden met hoe vaak entropie roet in het eten gooit en elke keer als er een bloem de kop op steekt, die door het universum wordt weggeblazen om chaos te laten ontstaan.

Een detail over het hoofd gezien

Begrijp me niet verkeerd: *evolutie is een wetenschappelijk feit*. Het heeft geen zin dat te bestrijden. We zien het bewijs overal om ons heen. Maar vaak wordt een klein detail over het hoofd gezien: het verschil tussen micro- en macroevolutie.

Door de recente ontdekking van biogeen grafiet in Groenland denken wetenschappers dat het leven op onze planeet 3,7 miljard jaar geleden is begonnen. Sindsdien, zeggen ze, heeft evolutie de overhand gekregen en is er heel veel verschillend biologisch leven ontstaan op ieder niveau. Ze halen verschillende voorbeelden aan om de evolutietheorie te ondersteunen: motten die van kleur veranderden als antwoord op de vervuiling, Darwins vinken waarvan de grootte van de bekjes en het vogeltje zelf veranderden als aanpassing aan nieuwe voedselbronnen, Italiaanse muurhagedissen van wie de kopjes veranderden zodat ze vegetariërs konden zijn en nog veel meer. Al die voorbeelden zijn uitmuntend en overtuigend, maar er zit een duidelijke beperking aan. De veranderingen vinden plaats binnen dezelfde soort. Dit heet *micro-evolutie.* Die motten bleven motten, de vijftien vinken van Darwin bleven vogels en de vegetarische hagedissen veranderden niet in koeien.

Er is in de evolutionaire literatuur geen bewijs te vinden voor een verandering van soort, voor *macro-evolutie.* Er is geen *zichtbaar* bewijs voor de verandering van een vis in een amfibie, een vogel of een dinosaurus. Wetenschappers baseren zich op een reeks *historische* bewijzen, schijnbaar afkomstig van chronologische gebeurtenissen, zoals fossiele ontwikkelingen, en bouwen vervolgens theorieën om ze te verklaren. Maar niemand heeft ooit zichtbaar bewijs gevonden voor deze theorieën. Deze gebeurtenissen duren duizenden jaren, zeggen evolutionisten dan en de evolutietheorie zelf is pas tweehonderd jaar oud. Als we maar lang genoeg wachten gaan we het bewijs vanzelf zien. Dat is een gegronde wiskundige redenering maar feit blijft dat de evolutietheorie zonder zichtbaarheid hooguit een verhaal is. En weet je hoe we een verhaal noemen dat niet wordt ondersteund door zichtbaar bewijs?

We noemen het geloof! David Foster Wallace schreef ooit:

Onthoud!

Iedereen aanbidt. We kunnen alleen kiezen wat we aanbidden.

Evolutionaire aanpassing *is* onweerlegbaar, maar het is onvoldoende om de overvloed aan schepping om ons heen te verklaren. Zou er een iets geloofwaardigere versie bestaan? Om daarachter te komen moeten we eerst nog een gangbare mythe doorprikken.

Evolutie versus ontwerp

Ontwerp is niet de tegenhanger van evolutie. Evolutie kan net zo goed een vorm van bewust ontwerp zijn. Je kunt dit zien als je kijkt naar de technologische producten die wij maken. Door een proces van opeenvolgende herhalingen, uitgaves en versies wordt elk nieuw product beter dan het vorige. Toch zijn al deze producten ontworpen en in elkaar gezet. Daar komt geen enkele willekeur bij kijken.

Stel je voor dat een buitenaards volk over miljoenen jaren een serie auto's zou opgraven, die er nog piekfijn uitzagen. Fossiele modellen van het merk Audi. Als deze buitenaardse wezens de huidige evolutionaire theorie erop zouden toepassen zouden ze geloven dat de Audi's zich hadden ontwikkeld als een soort.

Kijk er maar eens naar. Audi's waren een beetje duf tot 1980, toen er een duidelijke evolutionaire verschuiving kwam met de Audi Quattro, de missing link. Het was de eerste auto met vierwielaandrijving. Hierdoor werd deze Quattro veel beter dan zijn voorganger, won dit type Audi races van andere soorten en maakte hij de andere types overbodig. Hij overleefde omdat hij de sterkste was. Sindsdien boekte de Audi nog een aantal evolutionaire vooruitgangen en werd het een steeds verfijnder model. De R8 haalt enorme snelheden en de Q7 heeft zich aangepast aan off-roadomstandigheden.

De hele soort is veel betrouwbaarder geworden en de levensverwachting is hoger zodat hij honderdduizenden kilometers meekan. De Audi werd zich ook bewuster van zijn omgeving door het GPS-systeem, camera's en sensoren. Ze leerden zelfs gesproken taal. Door natuurlijke selectie werden de oude modellen overbodig en bleven de sterke over. *Ze evolueerden!*

De buitenaardse wezens hebben gelijk. Het zou irrationeel zijn aan te nemen dat Audi's niet zouden evolueren. Je bent het waarschijnlijk ook met me eens dat het dom zou zijn aan te nemen dat ze bij toeval ontstonden, zonder intelligent ontwerp en zonder productie.

Een auto kan volgens de evolutietheorie, *theoretisch* gezien, willekeurig in elkaar gezet worden. Als we oneindig veel tijd hebben en oneindig veel pogingen wagen kan het gebeuren dat stukken metaal op een bepaalde plek op aarde zo landen dat er een Audi uit ontstaat. Het is wiskundig gezien mogelijk, maar is het waarschijnlijk? Hier komt nog bij dat auto's simpele creaties zijn en zichzelf voortplantende levende organismes niet. Dit veel hogere niveau van complexiteit zou je kunnen vergelijken met een orkaan die over een schroothoop raast en daarna een perfect ontworpen, totaal zelfvoorzienende fabriek achterlaat, die perfect ontworpen auto's aflevert. Is die kans daarop wiskundig gezien aanwezig? Zeker, maar het is totaal onwaarschijnlijk.

Als jij niet kan geloven dat een auto geproduceerd kan worden door alleen evolutie, hoe kan iemand er dan van uitgaan dat evolutie verantwoordelijk is voor de creatie van een nog veel ingewikkelder universum?

Als je evolutie wilt begrijpen is het wiskundig juist om aan te nemen dat alles tot stand *kan* zijn gekomen door puur toeval. Maar zeggen dat het ook echt zo *is,* klopt niet helemaal – tenzij, zoals wetenschappers zeggen, het universum oneindig veel tijd had. En dat is helaas weer zo'n megamythe.

Er is domweg niet genoeg tijd

We hadden niet oneindig veel tijd! Het universum bestaat inmiddels zo'n 13,7 miljard jaar en de leeftijd van de aarde is ongeveer 4,5 miljard jaar. We weten dat het leven in zijn meest primitieve vorm 3,7 miljard jaar geleden begon. Dit klinkt misschien als heel lang geleden maar het is vreselijk kort als je het vergelijkt met de tijd die nodig is om iets te creëren. Ons universum is niet eens oud genoeg voor Randy om zijn simpele zin van negen woorden te typen, laat staan een vlieg te creëren. Maar dat houdt ons toch niet tegen om het nog een keer te proberen? We hebben alleen een snellere aap nodig om de opdracht *binnen de tijd* uit te voeren. Ik bedoel, 4,5 miljard jaar voor een zinnetje, daar moet toch een aap voor te vinden zijn? We ontslaan Randy en vervangen hem door een razendsnelle aap. We noemen hem Flash. Flash is niet goedkoop, hij eist grote bananen voor hij aan het werk gaat.

De opdracht is hetzelfde: hij moet 11,4 biljoen zinnen schrijven voordat er misschien eentje klopt. Daarvoor moet Flash 550 duizend-biljoen-biljoen-biljoen-biljoen-biljoen woorden per minuut optikken.[7] Succes lijkt binnen handbereik. Of toch niet?

Wat als we de behoefte om sneller te creëren vermenigvuldigen met het aantal levende wezens op aarde? In alle oceanen bij elkaar zitten ongeveer 226.000 bekende soorten[8] en naar schatting twee miljoen nog onontdekte soorten. Het totale leven op aarde bestaat uit zo'n 8,74 miljoen soorten[9]. Laat je niet foppen door het bekende evolutieverhaal en de natuurlijke selectie, het venijn zit hem in de wiskundige details. Als het scheppen van een van deze types zo makkelijk is als typen – en dat is niet zo – hoeveel pogingen hebben we dan nodig? En hoeveel sneller zouden we moeten zijn als we alles om ons heen hadden moeten creëren? Ik ga niet eens beginnen met rekenen, mijn punt is duidelijk.

Nog één vraag dan.

Waar zijn alle fossielen gebleven?

Een van de opvallende verschillen tussen een van onze voorouders, de *homo habilis* en onszelf, de *homo sapiens*, is dat onze herseninhoud drie keer zo groot is. Tussen deze twee soorten ligt een periode van ongeveer twee miljoen jaar. Als we de kansberekeningen van ons aap-experiment toepassen op de overgang van *homo habilis* naar *homo sapiens*, zou je 20 miljard-biljoen-biljoen-biljoen-biljoen-biljoen-keer-onze-hele-bevolking kansen nodig hebben om toevallig te komen tot de eerste *homo sapiens*.[10] De hamvraag wordt dan: waar zijn die oneindig vele skeletten gebleven? Het zou niet zo moeilijk moeten zijn ze te vinden omdat er gemiddeld 137 miljoen-biljoen-biljoen-biljoen-biljoen van zouden moeten liggen op elke vierkante meter van het landoppervlak van onze aarde.[11]

Zijn die dan allemaal, zonder uitzondering, vergaan? Zelfs als dat zo zou zijn, waarom zien we geen bewijs van dit patroon – de creatie van 5,7 biljoen-biljoen-biljoen-biljoen mensen per maand – tot aan nu?[12] Zijn wij zo perfect dat we niet meer evolueren? Wat is er gebeurd met onze wiskundige kennis? Waarom worden deze simpele berekeningen genegeerd?

Het is niet geloofwaardig dat elk mogelijk type door toeval is getest totdat het een houdbaar type vond om op verder te bouwen. We hebben geen snelle aap nodig om al deze stappen door te nemen. We hebben er een nodig met vooral heel veel geluk. Een aap die het steeds bij de eerste keer al goed heeft.

We hebben onze aap gevonden

Stel je voor dat er een aap bestond die een paar keer achter elkaar zes keer tien kon gooien, zich niets aantrekkend van de kans van 1 op 60 miljoen. Als snelheid alleen niet genoeg is, dan is onze nieuwe aap Lucky Bastard misschien een uitkomst. Als we zijn opdracht omschrijven zal de aap zich eerst even achter de oren krabben. We vragen hem 55 dobbelstenen te gooien met ieder 27 zijdes. En die moeten allemaal zo neerkomen dat er een zin van negen woorden wordt gevormd. Laten we aannemen dat dit ongeveer zo moeilijk is als de creatie van een vlieg. Dan moet de aap dit kunstje 8,74 miljoen keer achter elkaar herhalen om al het andere leven te scheppen, in een totaal gesynchroniseerde volgorde. Hij is niet de moeilijkste aap dus hij waagt een poging maar in plaats van een banaan vraagt hij of jij je verstand wil inzetten op het resultaat. De aap wil wel een gokje wagen, jij ook?

Ik geloof heilig in de constante evolutie van het leven, maar tijdens mijn zoektocht moest ik de onderliggende stelling aanpassen. Evolutie is een feit, maar net als met Audi's zijn de opeenvolgende, verbeterde modellen gewoon het resultaat van ontwerp. De berekening klopt: niets verloopt willekeurig.

Onthoud!

We zijn allemaal deel van een groot ontwerp.

Het spul waarvan we zijn gemaakt

Genoeg over dobbelstenen, Russische romans en auto's. Laten we eens kijken naar waar wij allemaal van gemaakt zijn, namelijk proteïnen. Dit toont misschien wel het beste aan hoe ongelooflijk ingewikkeld alles wat wij altijd zomaar aannemen eigenlijk is.

Proteïnen zijn over het algemeen gemaakt van aminozuren die verbonden zijn in een keten. Er zijn twintig verschillende soorten aminozuren bekend. De keten waarin ze zijn verbonden bepaalt hoe een proteïnemolecule zich gedraagt.

Stel je een ketting voor met kralen in twintig verschillende kleuren. Rijg dertig groene kralen gevolgd door een witte, dan nog een groene en twaalf blauwe aan elkaar en je hebt een soort proteïnemolecule die bijvoorbeeld past in je spieren. Rijg nog eens dertien gele, tweeëntwintig rode en twee zwarte aan elkaar en je krijgt een andere molecule die werkt als een antilichaam. Elke proteïne is een uitermate verfijnde machine die een bepaalde taak uitoefent. Sommige werken als pomp, andere strijden tegen bacteriën en weer andere werken als motoren. Je lichaam heeft meer dan twintigduizend van dit soort machines. Er zijn veel levende wezens die er meer dan honderdduizend hebben.

Het meest ongelooflijke is dat deze ketens niet zo maar los hangen in een rechte lijn. Ze plooien zich in de volgorde waarop ze zijn geregen. En dat blijven ze net zo lang doen totdat ze een zeer solide 'maximale energiesamenstelling' vormen. Elke vouw moet nauwkeurig uitgevoerd worden, in de goede volgorde zodat het eindproduct zijn ultieme vorm krijgt. Je kunt het vergelijken met een origamivouwsel. Dit soort perfectie is moeilijk voor een proteïne, omdat watermoleculen die kleine ketens door elkaar schoppen terwijl ze zich vouwen.

Laten we even niet denken aan die evolutionaire stappen waardoor jouw voorouders zijn gecreëerd, maar kijken naar een van die twintigduizend proteïnen waaruit jouw lichaam bestaat. Zo'n proteïne kan alleen bestaan als de aminozuren uiterst nauwkeurig aan elkaar zijn geregen. En in precies de goede volgorde en dan moeten ze ook nog zo gevouwen zijn dat ze hun solide structuur krijgen. Zou zoiets toevallig tot stand kunnen komen?

In 1969 ontdekte Cyrus Levinthal dat de proteïnemolecule op ontzettend veel manieren gevouwen kan worden. Nobelprijswinnaar Christian B. Anfinsen berekende dat het 10^{26} jaar zou duren voordat een enkele eenvoudige proteïnemolecule zich willekeurig vouwt tot een stabiele structuur. Wat is de kans dat de proteïne zich perfect vouwt in de tijd die ervoor staat? Je weet het antwoord nu wel: interventie. De proteïne zou de oorspronkelijke volgorde moeten kennen voor het vouwen. Weten hoe iets *moet* zijn voordat het *gaat* zijn noemen wij *ontwerp*. De proteïneketen zou voorgeprogrammeerd moeten zijn met de precies te volgen stappen. Net als bij een origamivouwsel.

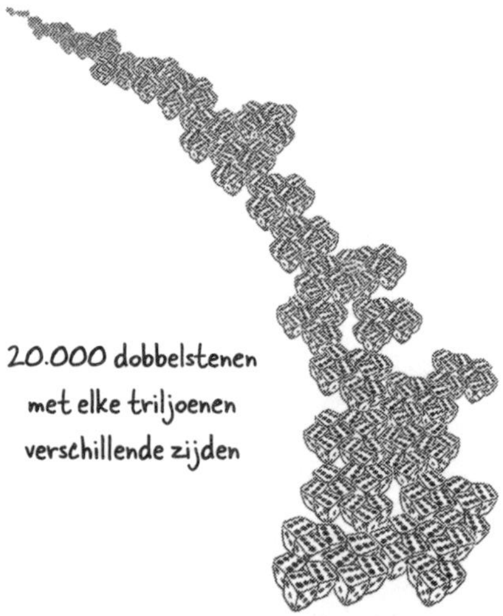

De kans dat alle twintigduizend proteïnen in jouw lichaam zich willekeurig vouwen en jou vormen, staat gelijk aan de kans dat je met twintigduizend dobbelstenen tegelijk zes gooit. En dan hebben deze dobbelstenen niet zes vlakken maar biljoenen. Succes ermee!

Ik heb je laten zien dat er nogal iets ontbreekt bij het bewijs voor de oerknaltheorie, evolutie en natuurlijke selectie. Ik heb geprobeerd een verhaal te vertellen waarin alles perfect is ontworpen, waar niets afhangt van toeval, willekeur of vallen en opstaan, waar alles zich naar verwachting gedraagt en volgens de kosmische vergelijkingen die voortvloeien uit het ontwerp. Dit verhaal *vereist* de aanwezigheid van een ontwerper. Het is jammer dat religie het verhaal gekaapt heeft en dat wij het bestaan van ontwerp daarom liever ontkennen.

Steve Jobs, wie is dat?

Ons universum is zo complex dat we ons vaak verliezen in details. Zelfs Einstein gaf de beperkingen toe: '[Als we kijken naar de schepping] gedragen we ons als een klein kind dat een grote bibliotheek binnenkomt die is gevuld met boeken in een vreemde taal. Het kind weet dat de boeken door iemand geschreven moeten zijn. Het weet alleen niet hoe. Het kent ook de talen niet waarin de boeken zijn geschreven. Het kind vermoedt ergens wel een mysterieuze orde in de opstelling van de boeken, maar weet niet wat die is. Zo, stel ik me voor, staat zelfs de intelligentste mens ten opzichte van god.'[13]

Om het wat te vereenvoudigen heb ik geleerd een simpel verhaal te maken van de logica achter het grote ontwerp. Stel je voor dat je mij had leren kennen toen ik mijn eerste iPhone kocht, ze waren toen net uit. Je bent er enorm van onder de indruk dus je vraagt me waar je die kunt kopen. Wat zou je denken als ik je dit had gezegd:

Het spijt me maar je kunt dit technische wonder niet kopen in een winkel. Het is ontstaan door evolutie. Ik vond het in mijn achtertuin, een stuk grond dat 4,5 miljard jaar oud is.

Ik heb gewoon enorme mazzel gehad, een kans van 1 op een triljard, dat het zand precies zo smolt dat het een glazen schermpje werd dat precies de juiste, rechthoekige vorm kreeg en een kat erop stapte zodat het precies in de aluminium behuizing klikte. Dat mooie frame is gemaakt uit een stuk verfijnd aluminium dat in duizenden jaren is ontstaan uit de tuingrond en daarna zijn vorm heeft gekregen door jarenlange subtiele zandstormen. Het fantastische, hoge-kwaliteitsscherm verscheen zomaar op een morgen en viel op zijn plek en verbond zich met de micro-elektronica die toevallig ontstond uit de siliconen in het zand. De microfoons en speakers zijn door insecten gevormd die zich door het apparaat heen aten en de verbindingen werden gelegd via flinterdun koper dat werd gevonden in een oud begraven voorwerp vlakbij. Door entropie bleef deze samenstelling heel lang in stand totdat toevallig wat chemicaliën en geleiders samen een batterij vormden. Die werd opgeladen door een bliksemflits tijdens een aardbeving. De rest van het aluminium werd gevormd door de hitte en maakte de behuizing af. O ja, en de software schreef zichzelf toevallig, door willekeurige aanslagen op een toevallig ontstane computer die een jaar daarvoor in de tuin van de buren was gevonden.

Dit mirakel heeft misschien miljarden jaren gekost, maar ons universum had genoeg tijd, dus gebeurde het. Deze iPhone is toevallig tot stand gekomen, en het maakt mij niet uit als ik Steve Jobs beledig want ik geloof niet dat er ooit werkelijk een Steve Jobs geweest is. Jij?

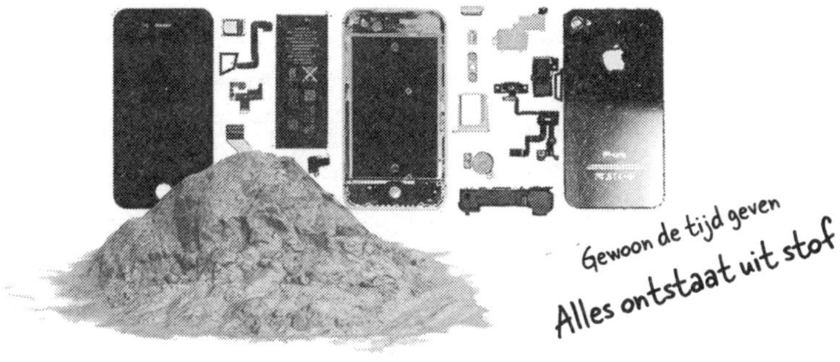

Waarom is het zo moeilijk te geloven dat een veel intelligentere ontwerper jou in elkaar heeft gezet? De iPhone en jij zijn niet toevallig ontstaan.

Onthoud!

Er is een grote ontwerper en er was ook een Steve Jobs.

Terug naar geluk

Ik ben gaan geloven in het grote ontwerp als de basis van mijn bestaan. Ik ben daarna alle lagen ervan gaan bestuderen, een voor een. Ik ben ervan overtuigd dat er een ontwerper is en dat die ons verschillende boodschappen heeft gestuurd via verschillende religies. Ik zoek wijsheid in die boodschappen en negeer de onzin die mensen hebben verzonnen over religie en geloof.

Deze kijk op het leven maakt mij gelukkig. Ik word er ook rustiger van in mijn hoofd te weten dat ik mijn korte leven wiskundig kan verklaren. Ik weet dat ik deel uitmaak van iets veel groters dan dit leven en dat Ali bij een ontwerper is die dit universum heeft weten te scheppen. En dat die ontwerper veel beter voor Ali kan zorgen dan ik ooit heb gekund.

Toen we dit gesprek begonnen vroeg ik je alle subvragen over ontwerp te negeren zodat we ons konden beperken tot het antwoord op de kernvraag. Nu we weer terug zijn bij het onderwerp geluk, gaan we in op een van die subvragen.

De regels van het spel

We lijden veel omdat wc niet blij zijn met het ontwerp. Wij mensen stellen, in tegenstelling tot de machines die we maken, het ontwerp steeds ter discussie. We vinden dat het beter had moeten zijn. We zijn het vooral oneens met de ontwerper vanwege zijn gedrag, en keuren daarom zijn hele concept af. (Ik gebruik 'zijn' hier uit gemak en niet vanwege gendervoorkeur.) De manier waarop de ontwerper lijkt te werken voldoet vaak niet aan onze verwachtingen in de Geluksformule en daarom zijn we ongelukkig. Maar moeten we die daden wel toeschrijven aan de ontwerper?

Allereerst zijn de meesten van ons het niet eens met zijn 'vertegenwoordigers' hier op aarde. De religieuze instituten, die vinden dat alleen zij mogen communiceren met de ontwerper, maken er een zooitje van. De meeste godsdiensten zijn onnodig streng. Ze dwalen af van hun premisse. Ze zijn voorstander van overdreven straffen en heffen 'belasting' terwijl hun eigen leiders zich vaak misdragen. Ik heb hier geen moeite mee. Ik beschouw mezelf als redelijk religieus, ondanks de daden van deze instituten, omdat mijn loyaliteit uitgaat naar de ontwerper en niet naar de *zelfbenoemde* tussenpersoon.

Veel van de daden die wij toeschrijven aan de ontwerper zijn moeilijk te verklaren. Waarom is het leven zo hard? Waarom is er oorlog, hongersnood, armoede, marteling, misdaad en corruptie? Waarom krijgen we zoveel natuurrampen over ons heen? Waarom werd Ali zo jong al bij ons weggehaald? Als de ontwerper zo liefhebbend en meelevend is, heeft hij de boel kennelijk niet goed onder controle.

Ik denk eigenlijk dat de designer *helemaal geen controle uitoefent* over de boel. De vergelijkingen die hij creëerde doen dat wel. Daarin ligt de schoonheid van het grote ontwerp en de uiteindelijke waarheid – en geluk.

Een tsunami is het gevolg van seismische verschuivingen onder de bodem van de zee waardoor het water optrekt richting land. Er zit verder niks achter. Er is geen interventie nodig. Het komt door de natuurwetten die bij het ontwerp horen. Als Audi een auto ontwerpt, maken ze die zo dat die vooruit gaat als jij hem in zijn versnelling zet en gas geeft. Misschien wil je er liever tegen schreeuwen maar dan gaat hij niet vooruit. Zo is het ontwerp nu eenmaal. Audi staat erop dat je de auto regelmatig laat nakijken en de olie laat verversen. Dit is geen defect, het is gewoon het ontwerp. Je gaat niet naast je auto staan en klagen over het verversen van de olie. Je gaat ervan uit dat het ooit moet gebeuren. Onze aarde lekt af en toe lava, seismische verschuivingen leiden tot aardbevingen en winters zijn koud en guur. Als zeven miljard mensen worden geboren gaan er zeven miljard mensen dood. Zo gaat het nu eenmaal. Het is geen drama, het is een feit.

Voor een ingenieur betekent een vergelijking de ultieme gerechtigheid. Een vergelijking gedraagt zich altijd als verwacht. Afhankelijk van de waarden die je erin stopt, is de uitkomst bekend. Leven en dood, rijkdom en armoede, gezondheid en ziekte, ze *gebeuren* gewoon. Zo is het leven.

Onthoud! **Er is geen goddelijke interventie.**

Waarom lijkt het ontwerp zo grof? Ik had een aardiger wereld ontworpen. Waarom moeten slangen zo giftig en eng zijn? Ik had vriendelijker reptielen ontworpen.

Stel je eens een wereld voor zonder insecten. Zou dat niet geweldig zijn? We zouden kunnen kamperen zonder last van kruipende beestjes en prikkende muskieten. Maar pas op. Zonder insecten zou er geen plek zijn om te kamperen omdat onze aarde vol zou komen te liggen met dierlijk afval en dode planten. Omdat er geen insecten zijn om het af te breken. Insecten spelen een cruciale rol als verstuivers en voedselbronnen voor andere dieren. Onze voedselbronnen zouden drastisch verminderen als ze er niet waren. Zou het verwijderen van insecten tot een beter ontwerp leiden? Nee. De reden waarom onze wereld functioneert is omdat het een geheel is, een ecosysteem. Niets kan er zomaar uit gehaald worden. Als je daaraan twijfelt, pas dan de gumtest toe. Gum ieder ongewenst deel van het universum uit met alles wat erbij hoort en kijk of je dan een wereld overhoudt waar je blijer van wordt.

Onthoud! **Het ontwerp is simpelweg functioneel.**

En trouwens, we klagen meestal over iets wat we zelf gedaan hebben. Wij beginnen oorlogen waarbij miljoenen mensen omkomen en geven een onoplettende en wrede god de schuld. Er wonen nog steeds zeven miljard mensen op aarde, maar door onze hebzucht en verspilling gaat een miljard dood van de honger en nog een miljard mensen sterft doordat ze te dik zijn. Het komt door ons gedrag, maar we geven het ontwerp de schuld. We vervuilen onze omgeving, doen nucleaire proeven, willen veel te rijk worden en misbruiken elkaar voor onze eigen doeleinden. En wie krijgt de schuld? De grote jongen die ons zou moeten tegenhouden. Als wij in een auto rijden en een scherpe bocht nemen met 160 kilometer per uur, zouden we niet de ontwerper van de auto de schuld moeten geven, toch?

Onthoud!

Het ontwerp moet niet de schuld krijgen van het resultaat van onze daden.

Je kunt je voorstellen dat Ali en ik nooit zoveel plezier hadden gehad met gamen als we de hele tijd hadden zitten zaniken over de spelregels. We wisten gewoon dat ze bestonden, verwachtten dat ze ergens goed voor waren en we beheersten het spelletje binnen de opgelegde beperkingen.

Ook het leven heeft zo zijn spelregels. Die te accepteren in plaats van te hopen dat ze anders zouden zijn kan je brengen waar je wilt zijn.

Hiermee laat ik je aan het werk met alle andere lagen. Zij zijn jouw puzzel. Die oplossen is een onderdeel van het spel.

....

Er zijn maanden voorbijgegaan en het boek is bijna af. Ik hoop dat je er gelukkig door wordt en blijft. Als je verder niets aan dit boek hebt gehad, onthoud in ieder geval dat toeval niet bestaat. Ons universum is het resultaat van een meesterlijk ontwerp. De ontwerper heeft het niet voor het zeggen, zijn vergelijkingen wel. Focus je op jouw Geluksformule, want daar heb je invloed op. Als je de gebeurtenissen in je leven vergelijkt met je verwachtingen, bedenk dan dat wat gebeurt hoort te gebeuren. In plaats van een hekel hebben aan de gebeurtenis zou je ook kunnen twijfelen aan je verwachting, hoe hard dat soms ook kan zijn:

Onthoud!

Het leven voldoet altijd aan realistische verwachtingen.

Ons universum is veel te ingewikkeld om te voorspellen. Het geeft je een vrij gevoel als je je overgeeft aan het ontwerp. Die vrijheid heet geluk. Probeer je toekomst in eigen hand te houden en streef ernaar de wereld te verbeteren. Maar wees je ervan bewust dat je weinig invloed op het grote ontwerp hebt. Accepteer het als je niet precies bereikt wat je vooraf verwachtte. Geef je over aan de schoonheid van het ontwerp, dan wordt je leven een grote, geweldige reis.

Heel belangrijk!

Accepteer het ontwerp.

Ik heb honderden pagina's met je gedeeld over wat ik zie als illusies, blinde vlekken en waarheden. Wat voor mij goed werkte, werkt voor jou misschien niet. Dus neem mee wat je kunt gebruiken en weet dat één ding altijd werkt: als je rust en geluk wilt vinden, moet je alle illusies afzweren en altijd zoeken naar wat echt is.

Heel belangrijk!

Leef de waarheid. Zo eenvoudig is het vinden van geluk.

EPILOOG

Een gesprek met Ali

Toen ik het voorhoofd van mijn overleden zoon kuste, overviel me een overweldigend gevoel van rust. Ik kon het niet verklaren. Misschien was het dat Nibal en ik bevrijd waren van de angst van de nacht ervoor, niet wetend wat er met onze lieve zoon zou gaan gebeuren? Of waren we opgelucht dat we niet meer op de intensive care zaten met een zoon die kunstmatig in leven werd gehouden? Of waren we rustig nu we wisten dat onze zoon niet door het leven hoefde met een zwaar gehavend lijf?

Het waren wel rustgevende gedachten maar geen goede redenen om ons *vredig* te voelen. Hoe kwam het dat ik niet woest was over al die te voorkomen fouten die hadden geleid tot de dood van mijn beste vriend?

Ik dacht dat ik gek geworden was, maar misschien was gek wel goed. Gek was vredig. En dat vredige gevoel hielp me al mijn moed bijeen te rapen en vanuit de intensive care de gang op te lopen om het afschuwelijke nieuws aan zijn moeder te vertellen. Hoewel hij officieel dood was verklaard, probeerde ik het nieuws wat af te zwakken. 'Nibal,' zei ik, 'het lijkt erop dat Ali het niet gaat halen.' Haar reactie was nog verrassender dan de mijne. Ze zei: 'Breng me naar hem toe.' Ik deinsde terug; ik wist niet zeker of Nibal als liefhebbende moeder een dode Ali wel aankon. Maar ze glimlachte zelfbewust en zei: 'Ik weet dat hij er niet meer is, dus breng me naar hem toe. Ik wil afscheid nemen.'

Ali zag er knap uit, zelfs in die toestand. Hij had zijn baard de vorige dag getrimd en zijn krullen waren kort. Zijn gezicht zag er ontspannen uit, ik had hem nog nooit zo vredig gezien. Nibal glimlachte, raakte Ali's gezicht aan en zei iets totaal onverwachts: 'Habibi, je bent eindelijk thuis.' Helder. Wat ons hart verwarmde was dat hij oké was, hij was zelfs beter dan oké. Hij was thuis.

We denken er nog steeds zo over, hoewel dat niet altijd zo was. Toen we het ziekenhuis uitkwamen kwam de omvang van ons verlies hard binnen. De vredigheid van daarvoor zakte weg. We moesten alles geven om die weer terug te krijgen.

Jarenlang had mijn geluksmodel me geleerd de gedachten in mijn hoofd te beheersen. Ik kon mijn brein opdragen een negatieve gedachte los te laten en er een betere voor terug te geven. Na veel oefening kon ik mijn brein zelfs helemaal uitschakelen. Maar de onverwachte dood van Ali zette alles op zijn kop. Dat vredige gevoel van eerst veranderde al snel in gemene, agressieve gedachten. Ik zat er volledig doorheen.

Ik bleef maar huilen. Het verdriet om Ali voelde als een speer door mijn hart. Het bleef maar malen in mijn hoofd. Het voelde letterlijk alsof ik gek werd – helemaal toen ik een eentonig, vrolijk gitaardeuntje in mijn hoofd hoorde dat zich steeds weer herhaalde. Ik kon die monotone muziek niet meer uitzetten. Het was krankzinnig.

Het voelde wreed. De enige die me uit deze spiraal kon halen leefde niet meer. Ik wilde hem zo graag vragen: 'Ali, hoe ga ik om met jouw verlies?'

Toen ik thuiskwam na de uitvaart viel ik van uitputting in slaap en droomde ik over Ali. Ik zag hem zitten op de operatietafel en hij keek naar me. Hij lachte, keek langs me heen en rende me voorbij alsof hij iemand wilde omhelzen die achter me stond, iemand van wie hij hield.

Ali! Ik sprong uit bed. Mijn hart ging tekeer, maar ik voelde me rustig. Toen realiseerde ik me wat er zonet was gebeurd. Ik huilde en realiseerde me hoe graag ik hem wilde zien, al was het maar in een droom. Om over alles te praten.

De dagen daarna deed ik soms mijn ogen dicht en droomde ik dat hij op me af kwam lopen met die glimlach, die dreadlocks die hij had als tiener, met zijn zwarte T-shirt en spijkerbroek. En dan sprong ik op om hem te omhelzen. *Ali, je bent er weer, ik heb je gemist.* En dan zou hij als altijd zeggen: *Ezayak ya abuya – Hoe is het nu met je, papa?* Misschien was dat dit keer niet het beste moment om dat te vragen, want dan barstte ik in tranen uit en stortte ik mijn hart uit.

Het is moeilijk Ali, heel moeilijk. We missen je en we weten niet wat we zonder je moeten.

Ik begrijp het, Phat Hobbit. (Zo noemde hij me sinds hij langer was geworden dan ik ☺.) We moeten nog een heel eind vliegen en we kunnen nog uren kletsen.

Mijn brein maakt overuren, Ali. Het heeft allemaal geen zin meer. Mijn gedachten zijn giftig. De dokter heeft mijn zoon vermoord. Niemand zou zo jong moeten sterven. Het leven is oneerlijk. Het leven heeft geen zin meer. En nog veel meer van die gedachten.

Ik word in beslag genomen door illusies, ik krijg bijna waanbeelden. Door de Zelfillusie denk ik dat het allemaal om mij gaat, dat het leven me straft voor iets wat ik heb gedaan. Mijn ego doet pijn. Ik blijf vragen: *waarom is mijn zoon me afgenomen*? Door de Kennisillusie denk ik dat ik je nooit naar dat ziekenhuis had moeten brengen. Waarom heb ik geen ander medisch team uitgekozen? Ik had beter moeten weten. De Controle-illusie sloopt mij en mijn geloof in het leven. Waarom heb ik dit niet zien aankomen? Wat heb ik nog meer niet gepland? De Tijdillusie vertraagt het besef van tijd, waardoor ik urenlang blijf huilen en me schuldig en kwaad blijf voelen over het verleden. En ik zie op tegen de lange toekomst zonder jou. De dagen gaan zo langzaam voorbij. De wereld om me heen boeit me niet. Ik zit vast in mijn hoofd met mijn eindeloze gedachten en emoties. En ik ben als de dood dat er wat met Nibal en Aya kan gebeuren en voor wat het leven me nog meer kan afpakken.

Terwijl ik dagdroomde over Ali en hoe hij zijn magische rustgevende kracht uitoefende, zoals altijd, bleef ik dat nare deuntje horen. En toen kwam het eerste bericht.

Zou het Ali terugbrengen?

Nieuws gaat als een lopend vuurtje. Ik kreeg een telefoontje van een hoge ambtenaar uit Dubai. Hij had gehoord wat er was gebeurd en beloofde iets te gaan doen aan medische fouten. Hij vertelde dat er al een onderzoek was gestart. Hij vroeg of we mee wilden werken en of ze een autopsie op Ali's lichaam mochten uitvoeren. Ik vroeg aan Nibal wat zij ervan vond en ze zei iets wat heel erg waar was: 'Krijgen wij Ali ermee terug?'

Het was alsof iemand het licht aandeed. Door Nibals vraag ging ik opnieuw nadenken. De waarheid was simpel. De aardigste man die wij kenden had ons verlaten. We konden er niets aan doen – en niets zou hem terug kunnen brengen. Elke gedachte buiten die naakte waarheid om was boosaardig, waardeloos en eenvoudigweg onwaar.

Is dat waar?

Sindsdien zijn de gedachten in mijn hoofd rustig en helder. Steeds als een nare gedachte opkwam hoorde ik Ali's stem: *is dat waar?*

De dokter vermoordde mijn zoon. *Is dat waar, papa? Welke dokter wordt 's ochtends wakker en zegt: vandaag ga ik iemand vermoorden en mijn carrière op het spel zetten?*

Niemand zou zo jong moeten sterven. *Is dat waar? Dagelijks gaan duizenden jonge mensen dood.*

Mijn leven houdt nu ook op. *O, is dat waar? Het leven stopt voor niemand. Jij bent hier tot je tijd is gekomen. Je kunt je er maar beter op instellen.*

Dit is het ergste wat me ooit zal overkomen. *Is dat echt waar, papa? Het had veel erger kunnen zijn, hoor. Ik had kanker kunnen hebben of opgeroepen kunnen worden om in Syrië te vechten, in plaats van rustig te sterven in mijn bed.*

Maar ik heb jou zelf naar het ziekenhuis gereden. Ik had beter moeten weten. *Is dat waar? Hoe had jij beter kunnen weten? Jij deed wat jou het beste leek. Jij wilde me helpen. Je wilde dat ik beter werd. Niemand had kunnen weten dat het zo zou aflopen. Kennis is een illusie. Laat je niet in de war brengen.*

Ik kan zo echt niet verder leven. Dit zal me de komende jaren blijven achtervolgen. *Is dat waar? Jij blijft leven en de tijd gaat voorbij. De dagen zullen lang zijn en de jaren kort. Maar over een tijdje kijk je terug en denk je: is hij echt al zo lang weg? Het leven blijft doorgaan. Tijd is een illusie. Denk niet aan de jaren die komen maar kijk naar het nu. Doe je best, maak me trots. Pluk de dag. Toen ik in Boston was, zagen we elkaar maar één keer per jaar en dat was prima. Ik ben nu iets langer en wat verder weg. Je hoeft nergens op te wachten. De tijd zorgt voor zichzelf. En dat moet jij ook doen.*

Maar waarom doet het leven me dit aan? Mijn zoon is van me afgenomen. *Is dat waar? Met alle respect, papa, ik was nooit van jou. Ik was altijd van mij. Dit is mijn film en het is tijd voor een andere scène.*

Er moet toch iets zijn wat ik kan doen? Ik heb altijd de controle gehad. *Haha! Daar klopt toch helemaal niets van, papa? Niemand heeft de controle. We doen allemaal ons best, maar we kunnen niets beïnvloeden. Controle is een illusie. Wat ga je vandaag doen en hoe sta je vandaag in het leven? Dat is veel belangrijker.*

Ik weet het. Door jouw dood is dit allemaal veel duidelijker, maar ik ben zo bang. Gaan Nibal en Aya het wel redden? *Angst is ook een illusie, papa. Wat gebeurt gebeurt. En uiteindelijk komt alles goed. Er is niets om echt bang voor te zijn.*

Gaat het echt goed met je? Waar ben je nu? Is het veilig daar? Zie ik je ooit nog eens?

De conversatie in mijn hoofd bleef maar doorgaan. Als zijn stem een antwoord had gegeven kwam er weer een nieuwe vraag. Ali hielp mij nog steeds, maar mijn brein was keihard bezig mij ongelukkig te maken. Totdat ik Ali hoorde zeggen: *Papa, we zien elkaar voorlopig niet. Kun je daarmee leven? Laat je gedachten los, anders wordt je leven een lijdensweg. Weet je wat jij moet doen? Ik wil dat je gelukkig wordt. Gedachten zijn een illusie. Jij kunt je brein vertellen wat het moet denken. Zeg je brein dat het de waarheid moet vinden.*

De waarheid

Verdriet begint met een fase van ontkenning, aldus de stadia van het rouwproces volgens Elisabeth Kübler-Ross.

Daarna volgen woede, marchanderen en depressie, voordat we ons erbij neerleggen.[1] Nibal en ik sloegen de fase van ontkenning over. We hadden geen vertekend beeld van Ali's dood. Toen zijn dood werd aangekondigd zagen we meteen wat er aan de hand was. *Ali vertrok.* Er was geen discussie mogelijk en niets kon hem terug brengen. Maar dat besef werd al snel verwrongen door allerlei gedachten en de lijdensweg begon. We moesten als familie de rust terugvinden die we hadden gevoeld op de intensive care. Door al mijn onderzoek naar geluk wist ik dat ik die rust zou vinden in de waarheid.

In dit geval was de waarheid eenvoudig. Ali had een vol leven. Hij was volledig aanwezig, hij leefde intens en was altijd gelukkig. Ik voelde me daardoor oké.

Ik begon mijn focus te verleggen van wat Ali niet meer is naar wat hij was. Ali was een vriendelijke gast die licht en geluk bracht in ons huis. Maar gasten blijven nooit voorgoed. Hij ging niet te vroeg van ons weg. Ik dacht terug aan de dag dat hij werd geboren en hoe snel de jaren voorbij waren gegaan. Als ik nog eenentwintig jaar met hem had gehad waren die jaren ook voorbij gevlogen. In plaats van aan zijn verlies te denken, dacht ik aan een prachtige waarheid: we *hadden* hem in ons midden. In plaats van verdrietig te zijn over zijn vertrek, was ik voor het eerst blij dat hij überhaupt bij ons was langsgekomen.

Daarna leerde ik stevig te vertrouwen op de twee moeilijkst te accepteren waarheden: dood en ontwerp. Ik dacht terug aan wat ik als kind had geleerd over het concept van ontwerp en aan de cryptische, soms verwrongen boodschappen van allerlei religies, en ik realiseerde me dat er iets was wat al die geloven gemeen hadden. Een heel eenvoudige kernboodschap: de dood is niet het einde en iedereen die goed doet in dit leven, is oké in de volgende ronde van het spel. De dood in onze fysieke vorm is echt, maar het is niet het einde. De echte ik, de echte jij en de echte Ali gaan nooit echt dood. Vroeg of laat kom ik Ali weer tegen. De ontwerper is gul en aardig, ook al is hij volgens velen verantwoordelijk voor veel ellende in deze wereld. Hij gaat beter voor Ali zorgen dan ik ooit heb gedaan.

Ik kan dit allemaal niet bewijzen, maar zo gaat het toch altijd met kennis? Als mijn hersenen proberen de boel over te nemen, als twijfel, cynisme en het oeverloze geklets de kop opsteken, denk ik aan mijn gouden regel voor geluk: als je moet kiezen tussen twee gedachten en je kunt ze beide niet bewijzen, kies dan voor de gedachte die je gelukkig maakt. Wat is er eenvoudiger?

Ik kies ervoor gelukkig te zijn. Ali is oké. Hij zit in het volgende level van zijn spel.

Zijn laatste woorden

Pas na deze positieve gedachten kon ik helder nadenken. Ik realiseerde me dat het gesprek dat ik zo graag had willen hebben met Ali al had plaatsgevonden.

Tijdens zijn laatste weken had Ali iedereen die hij tegenkwam gevraagd wat er met ons gebeurt als we doodgaan. Hij sprak nauwelijks nog over iets anders. Het leek wel of hij zich voorbereidde op een reis. Een paar dagen voor zijn onverwachte vertrek zei hij er dit over: 'Ik denk dat we het pas weten als het zover is. Maar ik ben optimistisch!' Hij was er klaar voor. Hij had zijn rust al gevonden voor hij was vertrokken. *Daar werd ik gelukkig van.*

Op een morgen, een week voor zijn dood, vertelde hij zijn zus dat hij een droom had gehad. In die droom was hij overal en maakte hij deel uit van iedereen. Hij zei dat hij niet kon uitleggen wat hij voelde maar hij wilde niet meer gevangen zitten in zijn fysieke lichaam. Toen hij ons verliet, werden duizenden mensen in alle uithoeken van de wereld geraakt door zijn verhaal. Zelfs nu nog vertellen mensen me dat ze van Ali houden, ook al hebben ze hem nooit gekend. Door dit boek gaan nog meer mensen hem kennen. Hij is overal en van iedereen. Zijn droom is uitgekomen. *Daar word ik gelukkig van.*

Een paar dagen later gaf Ali zijn laatste advies, zoals een wijze opa dat zou doen. Hij vertelde Nibal, Aya en mij hoeveel hij van ons hield en vroeg ons hoe wij het leven gingen omarmen. Hij zei: 'Ik weet niet waarom ik dit zomaar zeg, maar ik voelde dat het moest.' Hij overspoelde ons met liefde en gaf ons advies. Hij vertelde zijn moeder domweg 'gelukkig te zijn' en het leven te ontdekken als Walter Mitty. (Ga die film vooral zien.) Hij vroeg zijn zus 'bewust te zijn' en haar eigen, prachtige ik te vinden. Hij vroeg mij nooit op te houden met werken. Hij zei: 'Je doet het zo goed, papa, jij maakt echt het verschil. Jouw werk hier is nog niet af.' Die woorden hebben mijn leven veranderd en hebben mij gemaakt tot wie ik nu ben. Hij vertelde me wat ik moest doen om over zijn dood heen te komen en *daar word ik gelukkig van.*

Ali glimlachte tevreden alsof hij wilde zeggen: *nu is* mijn *levenswerk af.* Op zijn eigen muzikale manier zei hij daarna: 'Oké, dat was het. Ik heb niets meer te zeggen.' Het waren zijn laatste woorden die dag. Hij werd weer zijn eigen stille zelf – elke dag een stukje stiller.

Terwijl zijn laatste dag naderde, praatte hij nog maar weinig, sliep veel en at bijna niets. Het leek alsof hij op was.

Zijn allerlaatste boodschap sleept me er nog steeds doorheen. Ali had spijt van maar één ding in zijn leven: een tattoo die hij als kind liet zetten en jarenlang voor mij verborgen hield. Hij wist dat ik het goed had gevonden maar hij voelde zich schuldig omdat hij mijn geld had gebruikt (hoewel het zijn zakgeld was), zonder mijn toestemming. Jarenlang wachtte hij op het juiste moment om het mij te vertellen. Het was zijn enige geheim. Hij vertelde het wel aan zijn moeder en zij weer aan mij. Ik wilde er niet over beginnen totdat hij er klaar voor was. Nibal herinnerde me eraan in het ziekenhuis, dus het lag vers in mijn geheugen.

Toen hij naar de operatiekamer werd gereden zag ik de tattoo voor het eerst.

Ik zei hardop: 'Ik vind het goed, *ya habibi*.' Ik hoop dat hij me hoorde zodat hij geen spijt meer zou hebben. Hij was sowieso volledig kalm. Hij had het me onbedoeld toch verteld. Zijn geweten was schoon en *daar werd ik heel gelukkig van.*

Zijn tattoo bevatte zijn laatste woorden aan mij. En de ultieme waarheid.

'The gravity of the battle means nothing to those at peace.'

Bedankt dat je me eraan herinnert Ali, en bedankt voor het prachtige gesprek.

Misschien denk je dat ik slechts naar iets op zoek was om me aan vast te klampen om positief te blijven. Dat was ik. En daar is niets mis mee. Lijden is een keuze en ik koos om niet te lijden. Op dat moment waren de slechte gedachten weg. En ik bleef positief in mijn dromen.

De avond van de herdenking, nadat iedereen weg was, droomde ik dat ik hem zag staan in een menigte. Hij hield zijn armen gekruist en keek glimlachend om zich heen naar alle mensen die hun steun hadden betuigd. Hij zag er gelukkig uit en leek trots op de positieve energie bij ons thuis.

Een paar dagen nadat ik was begonnen met dit boek, had ik weer een droom. Hij stond lachend te dansen en zwaaide met zijn armen in de lucht. Hij zong een vrolijk liedje: *but I'm proud of everyone, proud of everyone.* Ik voelde nog steeds het pijnlijke verlies, maar ik was gelukkig. Niet alleen vanwege mijn dromen, maar omdat ik een heldere boodschap van Ali had ontcijferd.

Weet je nog dat vreselijke deuntje dat ik in mijn hoofd had nadat hij net was vertrokken? Ik probeerde het af te zetten, maar het deuntje was er natuurlijk niet voor niets. Het duurde even voor ik me realiseerde dat het ook een boodschap was. Het gesprek dat ik met Ali wilde was er al die tijd al geweest, en ik had het niet gemerkt. Het zat verstopt in dat liedje.

Portal

Ali nam zijn videospelletjes heel serieus. Hij zag filosofische boodschappen in de simulaties. Ali was ook een getalenteerde muzikant. Als hij me dus een boodschap wilde sturen dan deed hij dat natuurlijk via muziek of computerspelletjes. Ik kwam erachter dat ik het deuntje in mijn hoofd één keer eerder had gehoord tijdens een concert met Ali, een paar jaar geleden. Het was de tune, geschreven door Jonathan Coulton en gezongen door Ellen MacLain, van het spelletje Portal, dat we allebei geweldig vonden. Het liedje zat aan het einde van het spel, maar omdat ik het nooit had afgemaakt (nu wel natuurlijk), had ik het alleen gehoord tijdens dat concert.

Portal gaat over een foute computer, Glados, die doet alsof ze je beste vriend is terwijl ze je begeleidt bij een aantal experimenten. Je moet gewoon van Glados houden. Ze

is als een stem in je hoofd, ze lijkt je te helpen. Ze vertelt je wat je moet doen en het klinkt meestal als goed advies. Ze motiveert je en belooft je taart als je moeilijke opdrachten uitvoert. Maar als je dieper in het laboratorium komt, zie je verontrustende graffiti op de muren: 'De taart is een leugen.' En aan het eind van ieder level blijkt Glados haar belofte gebroken te hebben. En ook al krijg je geen taart, je houdt toch van haar omdat ze heel erg grappig is. Dus je vergeeft haar.

Halverwege het spel kom je erachter dat ze, net als dat stemmetje in je hoofd, tegen je liegt. Ze wil je pijn doen. En je komt erachter dat de taart inderdaad een leugen is, net als alle illusies in het leven. Je wint het spel alleen als je niet meer naar haar luistert en je op het echte spel richt. Klinkt dat bekend?

In het spel gebruik je een zogenaamd portalpistool, een wapen waarmee je niet doodt, maar waarmee je portals schiet door de muren van het lab waardoor je weer naar buiten kunt. Het spel lijkt erg op Ali's vertrek door een onverwacht portal.

Toen ik wist waar het deuntje vandaan kwam, luisterde ik het op YouTube. De tekst zat er ook bij. Bijna elk woord had dezelfde humoristische, lichtvoetige toon waarop Ali altijd sprak. Het liedje begint met een geluid in de verte, een soort ruis van een radio. Na een paar seconden hoor je, naast een gitaar, een elektronisch vervormde stem, die lijkt op een stem uit een andere dimensie:

This was a triumph
I'm making a note here: huge success
It's hard to overstate my satisfaction.[2]

Ik rilde en zette het liedje huilend af. Als dit een boodschap was van mijn zoon, was die heel helder. Het ging goed met hem, fantastisch. Hij keek terug op zijn leven- en doodspel en concludeerde dat het een *triomf* was. Het deed me denken aan de opdracht die hij me gaf:

Aperture Science
We do what we must
because we can
For the good of all of us.
Except the ones who are dead.

Ik hoorde zijn advies aan mij weer: *Hou nooit op met werken, papa. Maak het verschil. Niet zomaar, maar omdat jij het kan. Je kunt niets doen voor de doden, maar wel voor hen die leven.* Hij zei dit vlak voor zijn dood. Het werd mijn levensmissie. Weer verder:

But there's no sense crying over every mistake.
You just keep on trying till you run out of cake.

Blijf niet hangen in die menselijke fout waardoor ik overleed. Blijf zo doorgaan tot ook jouw tijd is gekomen. Focus je op het leven en doe goede dingen. Zo moet je de rest van je leven inhoud geven. Kop op.

I'm not even angry.
I'm being so sincere right now.
Even though you broke my heart.
And killed me …

Mijn mooie zoon heeft vergeven, zoals altijd. Hij weet dat het goedkomt en hij is blij dat wij dit meemaken.

Go ahead and leave me.
I think I prefer to stay inside.
Maybe you'll find someone else to help you.

'Go ahead and leave me'? Ik moest alweer huilen, maar de boodschap was duidelijk. *Ga door, papa. Je weet wat je moet doen. Er zijn anderen die je kunnen helpen bij je missie – misschien willen al je lezers helpen je boodschap te verspreiden.* Ik vond dit een moeilijk onderdeel van de boodschap. Ik werd er verdrietig van. Ik wilde mijn zoon bij me hebben maar dat kon niet. Aan het einde van het liedje vertelde hij waarom:

And believe me I am still alive
I'm doing Science and I'm still alive.
I feel fantastic and I'm still alive.
While you're dying I'll be still alive.
And when you're dead I will be still alive.
still alive
still alive

Ik weet dat je nog leeft, *ya habibi.* Ik weet zeker dat je gelukkig bent waar je ook bent – pratend met de interessantste mensen die ooit hebben geleefd.

Ik maak mijn werk hier ook af en dan vind ik mijn portal. Wij allemaal. Ik mis je nog steeds, maar ik beloof je dat ik zo gelukkig zal zijn als jij wilde. Je zult trots op me zijn en ik ben je voor altijd dankbaar dat je mijn gids bent geweest.

Bedankt lieve lezer, voor het lezen van mijn verhaal en het nadenken over mijn kijk op het leven. Ik hoop dat je ook gelukkig wordt en dat ik je op een dag ontmoet. Ondertussen kun je misschien opschrijven wat je met mijn ideeën hebt gedaan en of je er iets aan hebt gehad. Ik hoor het graag en leer graag van jou.

Alles wat ik wil aan de overkant is naar de hoogste plek gaan en het gezicht zien van degene die dit geweldige universum heeft geschapen, zei Ali voor zijn dood.

Hoop met mij dat zijn wens uitkomt.

Dankwoord

Dit boek was niet tot stand gekomen zonder de ongelooflijke support van het hele North Star Way Team. Michele Martin, ik bewonder je visie, je assertiviteit en coaching. Dank je dat je aan boord stapte van deze missie. Diana Ventimiglia, je hebt dit allemaal helemaal op z'n kop gezet. Altijd met een lach op je gezicht kreeg je ons waar we moesten zijn. Ik heb zoveel plezier gehad. Het voelde nooit als werk. Dit boek is zoveel beter geworden dankzij jullie beiden, Michele en Diana. Dank jullie wel.

Mijn reis bracht me bij Michael Carlisle, mijn agent en vriend voor het leven. Je geloofde in mijn missie en gidste me met veel liefde. Hoe kan ik je ooit voldoende bedanken?

Nibal, umm Ali, bedankt voor al die jaren samen, voor je wijsheid, je vriendschap en liefde. Elke gedachte in dit boek is ontsprongen uit een gesprek met jou. Ik zou mezelf niet zijn zonder jou.

Aya, mijn zonneschijn, ik hou van je en ik hou van onze gesprekken samen. Ik heb zoveel van je geleerd, lieve dochter. Blijf stralen, gekke meid!

Ummy, Amira Wahby, jij bent de beste. Dank je dat je me zoveel liet lezen als kind en me de ruimte gaf om te ontdekken. En dank je dat je er altijd voor me was en bent.

Bedankt Carole Tonkinson, voor je vertrouwen aan het

begin van deze missie en voor je hulp bij het structureren van het boek.

Peter Guzzardi: ik wou dat we meer tijd met elkaar konden doorbrengen. Dank je voor al je ervaring, voor je geduld en je support.

William Callahan: je bent als een dynamo met je inzichten, je eloquentie, je passie en je snelheid. Man, wat ben jij snel.

Rick Horgan: wat jij me hebt geleerd is goud waard. Ik heb ontzettend veel respect voor je en ben je zo dankbaar.

William Patrick, dank voor je hulp.

Tento: ik dacht dat ik alles wel geleerd had, tot jij zei dat ik moest ophouden met oordelen en voorspellen en de dingen benoemen. Een van die gouden tips die me hebben geholpen de manier waarop ik de dingen zie te veranderen. Dank je voor al je tips.

Dank aan Ellis en het team van Chartwell Speakers voor al die duizenden mensen publiek.

Gracias Marcella Gomez, voor het verspreiden van de boodschap in Latijns-Amerika.

Jennifer Aaker, jij omhelsde dit boek letterlijk. Het concept te kunnen delen met de slimste koppen op deze wereld in Stanford heeft me enorm geholpen.

Betty Lin, dank je voor het verspreiden van de boodschap over de hele wereld tot aan Hong Kong aan toe en dank je Emily Ma, voor alle tussenstations.

Halverwege de reis postte ik een beginversie van dit boek online. Honderden lezers van het eerste uur gaven hun feedback. Ze ruzieden, debatteerden, deelden onderzoek en pasten zelfs de tekst aan. Tienduizenden commentaren en aanpassingen maken dat dit boek met recht een boek is dat eigenlijk door de lezers zelf is geschreven. Dank dus aan Anne, Ossama, Karla, Lori-Ann, Gulnara, George,

May, Alix, Nader, Emily, Maysam, Emel, Eslam, Hana, Agnietszka, Yee Hui, Astuti, Jenni, Dina, Samaa, Aurore, Gladys, Karina, Karishma, Evan, Angela, Lamia, Nikesh, Tracy, Viviana en al die anderen die zo gul hebben bijgedragen aan dit boek. Dank jullie wel. Ik ben jullie allemaal eeuwig dankbaar.

Dank aan alle auteurs en knappe koppen van wie ik uitspraken in dit boek kon gebruiken. Hun wijsheid wees me de weg.

Bedankt voor alle obstakels en moeilijkheden die me dwongen om te zoeken, te onderzoeken en te reflecteren. Ik had geen enkel moeilijk moment willen missen.

Dank aan alle mensen die ik nog niet heb ontmoet maar die gaan helpen met onze geluksmissie. Ik kan #10millionhappy niet bereiken zonder jullie.

En dank je, Ali. Voor alles wat je me leerde, je overstelpende liefde en dat je me aan het schrijven bracht. Ik hou van je, kerel. Blijf gelukkig tot we elkaar weer zien en ik klaar ben met mijn werk hier.

Noten

1. De formule bepalen

1. Ed Diener & Richard Easterlin, 'Rising Income and the Subjective Well-Being of Nations', *Journal of Personality and Social Psychology*, 2013.

2. Andrew J. Oswald, Eugenio Proto & Daniel Sgroi, 'Happiness and Productivity,' Warwick Social Sciences, working paper, February 10, 2014.

3. Malcolm Gladwell, *Outliers: The Story of Success*, Little, Brown, 2008.

2. 6-7-5

1. Mihaly Csikszentmihalyi, *Flow: The Psychology of Optimal Experience*, Harper Perennial Modern Classic, 2008.

3. Het stemmetje in je hoofd

1. Eckhart Tolle, *A New Earth: Awakening to Your Life's Purpose*, Penguin, 2008.

2. Gartner, 'Gartner Says 6.4 Billion Connected 'Things' Will Be in Use in 2016, Up 30 Percent from 2015', persbericht, 10 november 2015.

3. Daniel Kahneman, *Thinking, Fast and Slow*, Farrar, Straus & Giroux, 2013.

4. Bhavin R. Sheth, Simone Sandkuhler & Joydeep Bhattacharya, 'Posterior Beta and Anterior Gamma Oscillations Predict Cognitive Insight', *Journal of Cognitive Neuroscience* 21.7, 2009.

5. Norman A. S. Farb et al., 'Attending to the Present: Mindfulness Meditation Reveals Distinct Neural Modes of Self-Reference', *Social Cognitive and Affective Neuroscience* 2.4, 2007.

4. Wie ben jij?

1. *The New York Public Library's Science Desk Reference,* Stonesong Press, 1995.

2. Nicholas Wade, 'Your Body Is Younger Than You Think', *New York Times*, August 2, 2005.

5. Wat je weet

1. Donald Rumsfeld, persconferentie Ministerie van Defensie VS, 12 februari 2002.

7. Houston, we hebben een problem

1. Nassim Nicholas Taleb, *The Black Swan: The Impact of the Highly Improbable,* Random House, 2010.

2. 'Butterfly Effect', op Wikipedia.

8. De sprong in het diepe

1. 'John B. Watson', op Wikipedia.

2. 'Pain Tolerance', op Wikipedia.

9. Is het waar?

1. Mihaly Csikszentmihalyi, *Flow: The Psychology of Optimal Experience*, Harper Perennial Modern Classic, 2008

2. Raj Raghunathan et al., *If you're so smart, Why Aren't You Happy?*, Portfolio, 2016.

3. Deepak Chopra, 'Why Meditate', blog op eigen website: www.deeprakchopra.com.

4. Roy F. Baumeister, Ellen Bratslavsky, Catrin Finkenauer & Kathleen D. Vohs, 'Bad Is Stronger Than Good', *Review of General Psychology* 5.4, 2001.

5. Felicia Pratto & Oliver P. John, 'Automatic Vigilance: The Attention-Grabbing Power of Negative Social Information', *Journal of Personality and Social Psychology* 61.3, 1991.

6. David L. Thomas & Ed Diener, 'Memory Accuracy in the Recall of Emotions', *Journal of Personality and Social Psychology* 59.2, 1990.

7. Tugend, Alina, 'Praise Is Fleeting, but Brickbats We Recall', *New York Times*, 23 maart 2012.

8. Rick Hanson, *Just One Thing: Developing a Buddha Brain. One Simple Practice at a Time,* New Harbinger Publications, 2011.

9. Christopher Chabris & Daniel Simons, 'The Original Selective Attention Task', *The Invisible Gorilla*, op www.theinvisiblegorilla.com.

10. Vilayanur S. Ramachandran & Diane Rogers-Ramachandran, 'Extreme Function: Why Our Brains Respond So Intensely to Exaggerated Characteristics', *Scientific American*, 1 juli 2010.

11. Daniel Kahneman, *Thinking, Fast and Slow*, Farrar, Straus & Giroux, 2013.

12. Dan Cray, 'How We Confuse Real Risks with Exaggerated Ones', *Time*, 29 november 2006.

13. Shawn Achor, 'The happy secret to better work', TED 12 februari 2012.

Deel 4

1. Jan B. Stanley, 'Arianna Huffington is Redefining Success', *livehappy*, 21 mei 2015.

10. Hier en nu

1. Matt Killingsworth, 'Want to be happier? Stay in the moment', TED, November 2011.

11. De pendula

1. Robert A. Emmons & Michael E. McCullough, 'Counting Blessings versus Burdens: An Experimental Investigation of Gratitude and Subjective Well-Being in Daily Life', *Journal of Personality and Social Psychology* 84.2, 2003.

2. 'In Praise of Gratitude', *Harvard Mental Health Letter*, November 2011.

12. Love is all you need

1. Elizabeth W. Dunn, Lara B. Aknin & Michael I. Norton, 'Spending Money on Others Promotes Happiness', *Greater Good.*

13. L.I.P.

1. WHO, Global Health Observatory (GHO).

2. Peter Saul, 'Let's Talk about Dying', *TED*, november 2011.

3. Een observerende levensvorm kan niet die van ons of een buitenaardse levensvorm zijn geweest die buiten ons universum bestond. Tenzij dat buitenaardse leven een set nieuwe natuurkundige wetten zou hebben

gecreëerd die in ons universum anders zijn dan in zijn eigen, zou het aan dezelfde scheppende uitdaging onderhevig zijn en een levensvorm nodig hebben om zijn universum bij het ontstaan te observeren. En die levensvorm zou weer een andere levensvorm nodig hebben … enzovoorts. Of die levensvorm is de ontwerper van al het leven, maar dat is het onderwerp in het volgende hoofdstuk.

4. Anita Moorjani, 'Dying to Be Me!', TEDX, 11 december 11 2013.

14. Wie maakte wie?

1. George Carlin, op: YouTube

2. Brian Greene, *The Fabric of the Cosmos: Space, Time, and Texture of Reality*, Vintage, 2005.

3. Zinnen per seconde *(S)* = (9 *woorden* / 220 *woorden/minuut*) × 60 *seconden/minuut.*

4. Jaren om af te ronden *(J)* = *(C)* x *(S)* / (60×60×24×365) *seconden/jaar.* Aantal mogelijke configuraties *(C)* = 27 *mogelijkheden* ^ 56 *posities.*

5. Veelvouden van de leeftijd van de aarde = *(J)* / 4.5 × 10^9 *jaar.*

6. Pogingen om *Oorlog en Vrede* willekeurig te schrijven = 27 *mogelijkheden* ^ (580,000 *woorden* × 6 *letters/woord*).

7. Typsnelheid die nodig is om op tijd af te ronden = *(C)* × 9 *woorden/zin* / (60 × 24 × 365) *minuten/jaar* × 4.5 × 10^9 *jaar.*

8. World Registry of Marine Species, op: www.marinespecies.org.

9. Camilo Mora et al., 'How Many Species Are There on Earth and in the Ocean?', PLOS *Biology*, 23 augustus 2011.

10. Pogingen als een veelvoud van de menselijke populatie *(M)* = *(C)* / 7 × 10^9 *mensen.*

11. Skeletten per vierkante meter = *(M)* / 1.49 × 10^14 *landoppervlak.*

12. Te creëren mensen per maan = *(C)* / 2 *miljoenen jaren* / 12 *maanden.*

13. George Sylvester Viereck, *Glimpses of the Great,* Macaulay, 1930.

Epiloog

1. Elisabeth Kubler-Ross, *On Grief and Grieving, Finding the Meaning of Grief Through Five Stages of Loss*, Scribner, 2007.

2. Jonathan Coulton, 'Still Alive', op: YouTube.